Phil Mason

LES TESTICULES DE JEANNE D'ARC

... et autres surprises de l'Histoire

Traduit de l'anglais par Mickey Gaboriaud

Éditeur : Stéphane Chabenat
Marketing éditorial : Sylvie Pina
Suivi éditorial : Clotilde Alaguillaume
Conception graphique : Emmanuelle Noël
Conception couverture : Philippe Marchand

Les Éditions **de l'Opportun**
16, rue Dupetit-Thouars
75003 PARIS

www.editionsopportun.com

Titre de l'édition originale :
What needled Cleopatra… and other little secrets airbrushed from history
Publié par : J. R. Books, Londres

À Phillip,
qui a déjà suffisamment de difficultés avec l'Histoire.
Voici pourtant quelques petites choses à désapprendre.
Désolé, fiston !

SOMMAIRE

INTRODUCTION

Le présent ouvrage est consacré à l'Histoire que l'on n'est pas censé connaître, aux grains de sable que l'on a soigneusement ôtés des rouages de notre passé pour que son récit tourne sans heurts.

Dans *Les Testicules de Jeanne d'Arc*, vous allez découvrir ce que vos professeurs ne vous ont pas enseigné à l'école. Il s'agit bien d'Histoire mais pas telle que vous la connaissez.

Vous allez apprendre des choses que vous ignoriez ignorer sur de nombreuses grandes figures historiques (ainsi qu'à propos de quelques événements). Des personnages dont on a conservé une image figée – suite à des oublis ou à des cachotteries délibérées – révéleront maints aspects inattendus. Après avoir lu ces pages, vous n'aurez plus jamais le même regard sur certains faits historiques familiers.

La réputation de certaines personnes célèbres prend ici une teinte entièrement nouvelle, celle qu'elle aurait naturellement si on avait toujours le temps de tout bien étudier. Car qu'est-ce que l'Histoire si ce n'est justement une histoire, un ensemble de faits qui s'imbriquent de manière à former un récit pertinent du passé ? Cependant, il ne s'agit pas de n'importe quels faits agencés n'importe comment. Ils sont souvent arrangés de manière à leur faire dire ce que l'on veut.

Et ils sont parfois difficiles à gérer. Certains vont dans le sens voulu et d'autres non, surtout quand on parle d'êtres humains. Si certains personnages sortent du lot, c'est, bien entendu, pour leurs accomplissements mais parfois également parce qu'ils incarnent toute une époque. Avec le temps, nous finissons souvent par porter ces célèbres ancêtres aux nues. Ils restent alors dans la mémoire collective comme les symboles de concepts que nous nous plaisons à considérer comme notre culture et que nous aimerions probablement voir les générations futures perpétuer : la bravoure, l'abnégation, l'art du commandement, l'intégrité, le sens du devoir, la sagesse, l'inventivité… et une infinité d'autres choses.

Par conséquent, quand les faits poussent dans des directions différentes, il devient difficile de tenir un discours net et objectif. Nos grands noms historiques ont été de véritables personnes, avec toutes les faiblesses inhérentes à la condition humaine. Ils avaient des secrets, des côtés sombres, des aspects qui ne correspondent pas à la façon dont nous aimerions nous souvenir d'eux. Alors, que faisons-nous ?

C'est simple. Nous avons tendance à conserver et à enjoliver (voire à inventer) les éléments qui corroborent le récit voulu tandis qu'au contraire nous omettons, enterrons et étouffons ceux qui vont à son encontre. Ainsi l'Histoire que l'on nous enseigne dans notre enfance et que nous transmettons aux générations suivantes est-elle claire, nette, facile à comprendre… et, bien trop souvent, inexacte : rarement totalement fausse mais pas totalement vraie non plus.

Nous arrangeons les éléments qui ne nous conviennent pas comme un joaillier lisse ses pierres brutes ou un photographe retouche ses clichés. Au bout d'un certain temps, on obtient l'image voulue – épurée, simple et acceptable par tous – et la société peut ainsi la transmettre aux générations suivantes par l'intermédiaire des enseignants. Au fil des années, des décennies et des siècles, cette image communément admise tient lieu de réalité. Le récit semble cohérent. On peut raconter l'Histoire.

« Arranger » l'Histoire – c'est-à-dire parvenir à un consensus sur une version manipulée des faits – n'a rien de nouveau. Il s'agit pourtant rarement de l'acte d'historiens malveillants cherchant délibérément à déformer la vérité. En général, c'est une société tout entière qui, inconsciemment, se crée un passé confortable en répondant à ses besoins du moment.

Les Testicules de Jeanne d'Arc rend à l'Histoire les morceaux qu'elle a perdus en route. Son objectif est d'agiter les squelettes tapis au fond des placards et de froisser les images trop lisses qui nous sont traditionnellement transmises.

Nous irons de surprise en surprise en découvrant des secrets et des manigances qui changeront à tout jamais notre perception de l'Histoire : en quoi George Washington, le « père de la nation » américaine, était loin d'être le grand altruiste que l'on nous dépeint aujourd'hui ; comment l'amiral Nelson s'est lui-même forgé son statut de héros et a escroqué son pays ; pourquoi l'assassinat de Jules César n'a peut-être pas été ce que l'on pense généralement ; comment les jeux Olympiques modernes ont été créés pour des raisons très différentes de ce qu'on voudrait nous faire croire…

Nous verrons que les Premiers ministres britanniques et les présidents américains ont caché des choses que l'on ignore encore souvent aujourd'hui (tout comme leurs électeurs à l'époque) : le Premier ministre qui a passé pratiquement tout son mandat à se terrer chez lui en état de dépression psychotique ; celui qui a débuté sa carrière par la fraude fiscale ; celui qui courait constamment les jupons, y compris pendant qu'il était au pouvoir ; celui qui était un fervent adepte du paranormal ; celui qui était tellement peu physionomiste qu'il ne reconnut pas l'un des membres de son cabinet qui le servait depuis dix ans…

Il y a également eu le président qui aimait gérer les affaires de l'État depuis ses toilettes ; Abraham Lincoln, surnommé « le grand émancipateur », qui était en fait tout ce qu'il y a de plus ouvertement favorable à l'esclavage ; et le président qui a écrit la Déclaration d'indépendance (« tous les hommes sont créés égaux ») mais possédait quatre-vingt-trois esclaves. Nous verrons encore comment l'affrontement qui, en temps de guerre, a permis à John F. Kennedy de sauver l'équipage de son bateau de patrouille – et lui a valu le statut de héros populaire – était en grande partie dû à sa propre inconscience. Et comment, lors des plus sombres heures de la Guerre froide, alors qu'il était en charge de la crise des missiles de Cuba, un charlatan de conseiller médical lui donnait tous les jours un cocktail de huit substances, dont certaines fortement hallucinogènes.

Du côté des arts plastiques, de la musique et de la poésie, nous découvrirons que plusieurs de nos plus grands génies devaient principalement leur talent à la malchance de souffrir de problèmes mentaux ou physiques ; que certains des peintres les plus hautement considérés du monde ont « triché » en utilisant un dispositif simple mais astucieux pour créer leurs chefs-d'œuvre ; que des écrivains ou des réalisateurs aussi appréciés qu'Enid Blyton, Walt Disney ou Charlie Chaplin avaient des aspects très déplaisants qui ont soigneusement été occultés. Enfin, nous verrons également comment les guerres sont la porte ouverte à l'amnésie et à la manipulation.

Si, comme la plupart des gens, vous pensiez jusqu'alors que l'Histoire était quelque chose de figé et totalement immuable, *Les Testicules de Jeanne d'Arc* saura vous convaincre du contraire.

Mark Twain qualifiait l'encre avec laquelle on écrit l'Histoire de « préjugé à l'état fluide » et Napoléon parlait d'une « suite de mensonges sur lesquels on est d'accord ». L'un et l'autre connaissaient aussi bien le pouvoir des mots que celui de l'Histoire et savaient donc que l'humain est capable – et a parfois besoin – de les déformer. Ils restaient critiques face aux idées bien établies. Nous aussi.

Attendez-vous à remettre en question tout ce que vous pensiez savoir.

Phil Mason

HÉROS OU ZÉROS ?

L'Histoire a conféré à certains individus le statut de héros, soit pour leurs accomplissements soit pour leur influence sur le monde. Cependant, les descriptions que nous en ont transmises nos ancêtres ne sont pas toujours tout à fait conformes à la réalité. Dans ce chapitre, nous allons découvrir des aspects de quelques-uns de ces personnages dont vos professeurs ne vous ont probablement jamais parlé.

ET VOUS CROYEZ AU PÈRE NOËL ?

Comme chacun le sait, le Père Noël – le personnage le plus apprécié des enfants occidentaux – est lié à saint Nicolas. Cependant, la façon dont nous le dépeignons aujourd'hui a des origines beaucoup plus terre à terre et nettement moins religieuses : Coca-Cola. En fait, le Père Noël typique, le symbole des fêtes de fin d'année, a été inventé dans le cadre d'une campagne publicitaire. Et ce qui est encore plus surprenant, c'est que cela ne remonte qu'à 1931.

Saint Nicolas, saint patron des enfants et martyr du IVe siècle, a été associé aux cadeaux dès le XIIe siècle. Son jour – le 5 ou le 6 décembre selon les pays – s'est progressivement superposé à la coutume païenne qui voulait que l'on s'échange des cadeaux lors des Saturnales. Jusque-là, pas de problème. Mais, de toutes les générations d'enfants qui ont attendu avec impatience la venue du Père Noël, seules les trois ou quatre dernières lui ont donné le visage d'un vieil homme replet et barbu, vêtu d'une tenue rouge à liseré de fourrure blanche et coiffé d'un bonnet à pompon.

Des débuts très différents

Jusqu'au milieu du XIXe siècle, le Père Noël avait un tout autre aspect. Il n'était pas toujours représenté en rouge. Il portait plus souvent du vert ou était juste entièrement vêtu de fourrure. Sur une illustration américaine de 1858, on le voit même sans barbe. Il n'était pas non plus associé au traîneau et aux rennes. Avec le goût de la communication et du commerce qui les caractérise, ce sont les Américains qui ont commencé à créer son image actuelle à partir de la guerre de Sécession.

Sa première représentation moderne, par l'illustrateur Thomas Nast, est parue dans le numéro de janvier 1863 de *Harper's Weekly*. On peut y voir un Père Noël patriote, enveloppé dans le drapeau américain et perché sur un traîneau tiré par des rennes, en train de distribuer des cadeaux aux soldats de l'Union.

Le personnage rondouillard vêtu de rouge a fait surface sur les cartes de vœux américaines dès les années 1880. Cependant, son image peaufinée d'aujourd'hui – le visage rieur, les joues colorées, la longue barbe blanche, le costume d'un rouge éclatant, la ceinture et les bottes noires et le bonnet à liseré de fourrure – n'est apparue que lors de la campagne de Coca-Cola en 1931. Elle a été conçue par Haddon Sundblom, un immigrant suédois, alors âgé de trente-deux ans, que le fabricant de soda avait engagé comme graphiste en 1924. Dans les années 1940, il produisait à lui seul la moitié des illustrations publicitaires de la société. Le choix du rouge et du blanc s'était imposé de lui-même puisqu'il s'agissait des couleurs de la marque.

Le commerce l'emporte

La campagne de 1931, qui a laissé derrière elle un impact culturel indélébile, était motivée par des considérations très pragmatiques. Son but premier était de modifier la perception du produit de sorte qu'on en consomme toute l'année et non plus uniquement en été. C'est pourquoi elle a été lancée au cœur de l'hiver alors que cela pourrait sembler décalé de la part d'une société vendant une boisson rafraîchissante. En outre, on avait choisi le personnage du Père Noël pour cibler les enfants, car il était alors illégal de montrer ces derniers en train de consommer le produit à cause des dérivés de cocaïne que comportait encore sa recette à l'époque.

C'est donc de ces deux considérations aussi pratiques qu'intéressées que découle notre vision actuelle du Père Noël. Étant donné que Noël est devenu une affaire essentiellement commerciale au cours des dernières décennies, il ne semble que trop approprié de découvrir ces origines on ne peut moins pieuses du personnage qui en est l'incarnation même.

ROBIN DES BOIS – PLUS JEUNE QU'ON LE CROIT

Les origines de Robin des bois sont, elles aussi, moins anciennes qu'on ne le croit généralement. Siècle après siècle, les historiens n'ont cessé de tenter de faire la lumière sur sa véritable existence. Les recherches menées ces trente dernières années nous ont appris que pratiquement tous les éléments de son histoire que nous pensions bien connaître ont en fait été ajoutés postérieurement au premier récit et, parfois même, étonnamment récemment.

On trouve la première trace écrite de Robin des bois dans *Pierre le laboureur*, de William Langland, que l'on estime remonter aux alentours de 1387. Il n'y est que brièvement mentionné mais d'une façon qui laisse entendre que ses histoires sont bien connues. Le premier exemple de fausse idée répandue est que Robin aurait entamé son combat contre l'autorité en 1190 en s'opposant au prince Jean tandis que le frère de ce dernier, Richard Cœur de Lion, était parti aux croisades. En fait, les plus anciens récits ne le font pas apparaître avant les règnes des premiers Édouard d'Angleterre, c'est-à-dire entre 1272 et 1377, soit environ un siècle plus tard.

Des ajouts tardifs

En 1982, James Holt, professeur d'histoire médiévale à Cambridge, a publié ce que l'on considère aujourd'hui comme l'ouvrage de référence absolu sur Robin des bois. Selon lui, ce n'est qu'en 1432, soit un demi-siècle après la parution de *Pierre le laboureur*, que le greffier d'un shérif a présenté Robin comme un « homme bon » pour la première fois. L'idée qu'il puisse s'agir d'un noble (supposément, le comte de Huntingdon légitime) connaissant un revers de fortune temporaire ne date que de la première moitié du siècle suivant. Quant à Marianne, elle n'est apparue qu'après 1500.

La découverte la plus inattendue concerne l'aspect de Robin des bois que nous pensons probablement le mieux connaître. Étonnamment, dans les premiers récits de ses aventures, on parlait de bravades envers l'autorité et non d'actes de banditisme. On n'a commencé à dire qu'il volait aux riches pour donner aux pauvres qu'au XVIe siècle et ceci n'a pas été présenté comme sa raison d'être avant le XIXe siècle.

* * *

LE ROI ARTHUR – UNE OPÉRATION DE COMMUNICATION DES NATIONALISTES GALLOIS ?

Dans les années 1990, des recherches universitaires ont abouti à un tournant radical en ce qui concerne les origines de la légende de Camelot. L'existence même du roi Arthur a toujours été controversée et peu d'indices corroborent les faits mais, jusqu'alors, on attribuait ce manque de preuves aux effets du temps. En 1992, les découvertes du médiéviste John Gillingham ont apporté une couleur plus terre à terre à l'affaire. Selon lui, divers éléments démontrent que les Gallois auraient créé Arthur de toutes pièces au XIIe siècle. Ils auraient apparemment eu besoin d'une figure héroïque pour revaloriser leur image en cette époque où les rois anglais commençaient à considérer les populations celtes de Grande-Bretagne comme des barbares. Arthur ne serait donc ni un personnage historique méconnu à cause de sa basse extraction ni une figure légendaire issue de siècles de tradition orale comme Robin des bois, mais plutôt un produit délibérément fabriqué dans un objectif politique précis.

Arthur apparaît dans une époque troublée

Bien qu'il existe de rares références au nom d'Arthur dans les toutes premières chroniques galloises, le fait que sa première apparition détaillée – dans *Histoire des rois de Bretagne* de Geoffroy de Monmouth – date de 1139 est significatif. Selon Gillingham, la politique de l'époque évoluait inexorablement au désavantage des Écossais, des Gallois et des Irlandais. Auparavant, de manière générale, les monarques anglais avaient longtemps considéré leurs populations limitrophes comme des égaux en termes de religion, de culture et de société. Mais cela avait changé après l'invasion normande de 1066 quand le nouveau régime s'était étendu. Plusieurs documents révèlent l'émergence d'une antipathie envers les Gallois à partir de 1125. Ces derniers étaient désormais perçus comme des parias incultes.

Toujours d'après Gillingham, l'œuvre de Geoffroy de Monmouth – qui était gallois – était une réaction à ce retournement de situation. Arthur y était présenté comme le descendant raffiné d'une éminente lignée royale dont les racines remontaient aux fondateurs de Rome. On l'y dépeignait, au VIe siècle, roi de toute la Bretagne (ainsi que d'Irlande, de Norvège, d'Islande et de certaines parties de la Gaule), parvenant à unifier le pays et à battre les Saxons. Les exploits chevaleresques de sa Table ronde et la qualité de son commandement avaient pour but de montrer que la nation galloise était civilisée.

Apparue dans le sillage de la « grande révolte » de 1136-1138 (durant laquelle les Gallois avaient vaincu deux fois les armées anglaises et repris beaucoup de terres), l'existence symbolique d'Arthur arrivait à point nommé pour améliorer l'image de la nation.

* * *

LE PORTUGAL MARQUE CONTRE SON CAMP

Christophe Colomb est soit admiré soit haï pour avoir ouvert le Nouveau Monde aux Européens selon que l'on en apprécie ou non le résultat. S'il existe des querelles ancestrales quant à son statut de premier véritable « découvreur » de l'Amérique (revendiqué par des dizaines d'autres, des Phéniciens aux Romains et aux Chinois, en passant par les Vikings, les Polonais, les Écossais, les Gallois et les Irlandais), tout le monde s'entend à peu près sur les motivations supposées de son entreprise : la cour royale espagnole l'avait engagé pour développer son empire. C'est, du moins, ce que l'on pensait jusqu'à récemment.

En 1991, un universitaire portugais a proposé une explication alternative intéressante à la mission de Colomb et, par la même occasion, à ses origines personnelles. Selon Augusto Mascarenhas Barreto, l'explorateur ne serait pas le fils d'un humble tisserand génois mais celui d'un prince portugais qui l'aurait envoyé en Espagne pour y agir comme arme secrète du roi de son pays.

Une mission de diversion

Barreto a consacré vingt ans à faire des recherches généalogiques sur la famille royale portugaise. Il affirme avoir découvert des documents signés de Colomb l'impliquant dans le complot. Selon sa théorie, Colomb serait le fils du prince Fernando, neveu du roi portugais Jean III. Après avoir été formé à la navigation par la célèbre école fondée par Henri le Navigateur, il aurait été envoyé en Espagne dans le cadre d'une opération visant à nuire au plus grand rival du Portugal.

Sa mission consistait à détourner l'attention de la cour espagnole de ce que l'on supposait être la seule route viable vers les Indes, c'est-à-dire en contournant la pointe sud de l'Afrique. Le roi portugais avait commandité une expédition pour explorer cette voie en 1486 et Bartolomeu Dias l'avait confirmée en 1488, soit quatre ans avant le fameux voyage de Colomb aux Amériques. Cet itinéraire devait donc rester secret aussi longtemps que possible pour que le Portugal puisse s'approprier les richesses fabuleuses qui l'attendaient à l'arrivée.

Toujours selon Barreto, cette théorie est corroborée par les dates des deux entreprises. Colomb a, en effet, obtenu sa première audience à la cour d'Espagne en mai 1486, juste quelques mois avant le départ de l'expédition de Dias. D'innombrables historiens se sont longtemps étonnés qu'un modeste roturier sans relations ait pu avoir accès à la cour royale, mais tout s'expliquerait si des diplomates portugais l'y avaient aidé.

Ce perfide stratagème aurait donc eu pour but de faire perdre son temps, son argent et son énergie à l'Espagne en l'orientant vers une fausse piste. On sait que ce n'est pas tout à fait ce qui s'est produit. Suprême ironie du sort, la découverte du Nouveau Monde et les richesses encore plus grandes qu'en ont rapportées les conquistadors ont fait de l'Espagne la première puissance mondiale de l'Histoire. En l'espace d'un siècle, elle a tellement éclipsé son voisin que Philippe II l'a envahi et s'est emparé de sa couronne.

Si les affirmations de Barreto sont exactes, il s'agit probablement de l'un des buts les plus déterminants qu'un pays ait jamais marqué contre son camp.

* * *

MARCO POLO – UN VILAIN MENTEUR ?

En 1995, la directrice de la section chinoise de la prestigieuse British Library a publié les conclusions de ses recherches sur Marco Polo. Selon elle, le navigateur n'est probablement jamais allé en Chine alors qu'il est censé avoir été le premier Européen à la découvrir au XIIIe siècle.

À sa parution en 1928, le récit des vingt-deux ans de voyage de Marco Polo est instantanément devenu un best-seller. L'explorateur y raconte comment son père et lui ont parcouru l'Asie centrale. Il y explique également avoir vécu dix-sept ans comme ambassadeur à la cour de Kubilaï Khan dans cette civilisation jusqu'alors inconnue. À l'époque, ses descriptions de la vie en Chine ont convaincu les Européens mais les recherches menées par le docteur Frances Wood dans les archives chinoises semblent indiquer autre chose : Polo aurait tout inventé en se basant sur les écrits d'autres voyageurs.

Des motivations commerciales

On savait déjà que le livre de Marco Polo était l'œuvre d'un nègre. (À l'époque où le navigateur était emprisonné à Gênes, un de ses compagnons de cellule qui se trouvait être romancier l'a persuadé de lui dicter son récit.) D'après les éléments recueillis par Wood – ou, plus précisément, du fait de l'absence de ceux qu'elle aurait dû trouver –, il y a fort à penser que le scribe de Polo a pris certaines libertés littéraires afin d'enjoliver l'histoire, probablement en plagiant des guides existants sur l'Arabie et la Perse.

Wood note que, bien qu'il soit censé avoir passé presque vingt ans en Chine, Polo ne mentionne jamais la Grande Muraille, une omission étonnante de la part d'un voyageur curieux. Il évoque également des visites dans des zones de culture du thé mais ne parle pas des rites, pourtant bien connus, que suivent les Chinois pour le consommer. Il ne dit rien non plus sur le fait que la langue s'écrive sous forme de pictogrammes, pas plus que sur l'étrange coutume de bander les pieds des femmes, une singularité culturelle qui n'aurait raisonnablement pu échapper à personne lors d'un aussi long séjour.

En outre, les archives chinoises regorgent de références à des visiteurs étrangers à la cour de Khan et donnent même leurs noms mais celui de Polo n'y figure pas. On n'y trouve, d'ailleurs, aucun Italien.

En ajoutant ces manques troublants aux raisons qui ont pu motiver l'écriture du livre, on obtient quelque chose d'assez pragmatique : sous l'impulsion d'un compagnon de cellule capable de repérer une opportunité commerciale, ce qui n'aurait pu être que le récit d'un séjour sur les sentiers déjà bien battus des limites du monde connu est devenu, grâce au plagiat, un ouvrage documentaire à succès sur un voyage lointain. En fait, le docteur Woods pense que Marco Polo n'est jamais allé plus loin que la Perse.

* * *

FAITES CE QUE JE DIS, PAS CE QUE JE FAIS

Thomas Jefferson est légitimement resté dans l'Histoire comme celui qui a mis par écrit le souhait des treize colonies d'Amérique du Nord de briser leurs liens avec la Grande-Bretagne. Et ce pour devenir une nation distincte reposant sur certains principes (évidents en soi), dont le principal était que « tous les hommes sont créés égaux ». L'appel à l'égalité de l'auteur de la Déclaration d'indépendance de 1776 – et troisième président du pays de 1801 à 1809 – était le fil rouge de la rupture avec le Royaume-Uni et de la fondation de la nouvelle république. Hélas, les actes de « Jefferson l'homme » n'étaient pas vraiment à la hauteur de la prose élégante et émouvante de « Jefferson le communicant ».

Une vie secrète

Même à l'époque où il rédigeait la Déclaration, avec ses grandes phrases sur l'égalité entre les hommes, il possédait lui-même des esclaves. Il en avait quatre-vingt-trois dans sa propriété de Monticello, en Virginie.

Quand son épouse bien-aimée, Martha, mourut à l'âge précoce de trente-trois ans, après lui avoir donné six enfants en dix ans de mariage, Jefferson entama une relation avec l'une de ses esclaves métisses, Sally Hemings (qui était, en fait, une demi-sœur de son épouse, née d'une relation extra-conjugale entre le père de cette dernière et l'une de ses esclaves).

Sally Hemings eut également six enfants, dont deux moururent peu après leur naissance. Apparemment, la ressemblance entre Jefferson et l'un de ses esclaves était si grande que, de loin, les gens de passage à Monticello n'arrivaient pas à les distinguer l'un de l'autre. Le président a nié cette relation toute sa vie (des rumeurs, parues dans la presse alors qu'il gouvernait encore, lui avaient fait du tort sur le plan politique) et, même si des soupçons subsistaient, ils ont été officiellement considérés comme infondés pendant cent soixante-dix ans après sa mort.

Confirmations modernes

En 1998, grâce aux avancées scientifiques, les historiens ont pu faire procéder à des tests ADN sur les descendants de Jefferson et de Hemings afin de régler la question. En janvier 2000, le président de la Jefferson Memorial Foundation a annoncé qu'un panel d'historiens de renom avait réuni tous les éléments disponibles – ADN, documents originaux, témoignages oraux et informations statistiques – et conclu que le président était presque certainement le père de l'un des enfants de Hemings, voire des six. Outre les résultats des tests ADN, on sait également que les dates de conception des six enfants correspondent à des moments où Jefferson se trouvait à Monticello.

Jefferson a poursuivi sa relation avec Sally Hemings jusqu'à la fin de ses jours, soit pendant près de quarante ans.

Jefferson s'explique

Sur ses vieux jours, Jefferson estimait que l'esclavage était voué à disparaître. Cependant, sa conversion à l'esprit de sa Déclaration ne fut jamais très ferme. Dans ses *Notes sur la Virginie*, écrites en 1785, il exprime clairement sa perception des Noirs : « Ils secrètent moins par les reins et plus par les glandes de la peau, ce qui leur donne une odeur très forte et désagréable [...] Ils se montrent plus ardents avec leurs femmes mais, pour eux, l'amour semble plus être un vif désir qu'un mélange tendre et délicat de sentiments et d'attirance. » Selon lui, ils font preuve d'une « prédisposition à dormir lorsqu'on les soustrait à leurs distractions ou à leur labeur [...] En les comparant en termes de facultés de mémoire, de raison et d'imagination, il m'apparaît que pour la mémoire, ils sont égaux aux Blancs ; pour la raison, nettement inférieurs [...] et pour l'imagination, ils sont plats, insipides ».

Prophétisant qu'après leur émancipation les Noirs ne seraient pas capables de vivre aux côtés des Américains blancs, le président voulait qu'on les renvoie tous en Afrique. Si des esclaves émancipés restaient en Virginie, ils seraient « soumis à des restrictions ». L'un des biographes de Jefferson est même allé jusqu'à affirmer que les idées du Ku Klux Klan découlaient des siennes.

Égalité à deux vitesses

Néanmoins, il ne serait pas juste de ne s'en prendre qu'à Jefferson car les autres pères fondateurs des États-Unis partageaient son état d'esprit. La rédaction de la Constitution – dont le propos était d'établir ce que signifiait la Déclaration d'indépendance en termes légaux et organisationnels – s'est, elle aussi, heurtée aux réalités de l'époque. Bien que son concept sous-jacent soit « tous les hommes sont créés égaux », pendant les quatre-vingts premières années, la Constitution a comporté un article manifestement contradictoire. Et il ne s'agissait pas d'un accident dû à quelque angle mort culturel non identifié mais bien d'une mesure longuement considérée.

L'article 1, section 2, clause 3 spécifiait le mode de calcul à employer pour déterminer le nombre de délégués dont disposerait chaque État à la Chambre des représentants en fonction de l'importance de sa population. Pour cela, il fallait donc commencer par évaluer la « vraie » population des États en faisant la somme du nombre de personnes libres et des trois cinquièmes de celui des autres. Ces « autres » étaient évidemment les esclaves noirs. Comme le Congrès avait déjà estimé qu'un esclave valait les trois cinquièmes d'une personne libre dans le cadre d'une loi fiscale, cette règle fut reprise sans états d'âme à la convention de Philadelphie. Peu nombreux étaient ceux qui se rendaient compte que cela allait à l'encontre des principes élevés qu'ils avaient énoncés auparavant.

L'article resta dans la Constitution jusqu'à ce que le quatorzième amendement établisse les droits civiques des anciens esclaves après la guerre de Sécession en 1868.

* * *

LES DESSOUS INCONNUS DE LA DÉCLARATION D'INDÉPENDANCE

La genèse d'une nation est cruciale pour ses premiers citoyens et leurs descendants car elle constitue les fondations de leur identité. Elle définit la société à laquelle elle va donner naissance. C'est pour cela qu'on en déforme et simplifie souvent le récit, quitte à ce qu'il soit erroné, et rien n'illustre mieux ce phénomène que la Déclaration d'indépendance des États-Unis.

Tous les Américains peuvent déclamer les grands principes du document qui a établi la création de leur pays. En théorie, il s'agit de la « déclaration unanime des treize États unis d'Amérique réunis en Congrès le 4 juillet 1776 ». En réalité, le vote pour l'indépendance a eu lieu deux jours plus tôt. À l'époque, John Adams, le futur deuxième président, a écrit que le 2 juillet serait désormais célébré comme l'anniversaire de la nation. En fait, la date du 4 juillet marque le jour où le Congrès a officiellement adopté le texte.

Non seulement la situation était confuse dès le départ mais elle n'a fait qu'empirer : tout d'abord, aucun vote pour l'indépendance n'a jamais été unanime. Lors de la première séance, le 1er juillet, il n'y avait eu que neuf voix favorables (les quatre États de la Nouvelle-Angleterre, ainsi que la Géorgie, le Maryland, le New Jersey, la Caroline du Nord et la Virginie). La délégation du Delaware était en ballottage et celle de l'État de New York s'était abstenue. Deux États – la Caroline du Sud et la Pennsylvanie – s'étaient exprimés contre. Les dirigeants avaient donc reporté la « décision finale » au lendemain afin de tenter d'obtenir l'unanimité.

Le 2 juillet, le nombre d'États favorables était passé à douze. La Caroline du Sud avait changé son vote ; le Delaware n'était plus en ballottage grâce à l'arrivée, dans la nuit, d'un délégué supplémentaire ;

et la Pennsylvanie était passée de trois voix « pour » contre deux à quatre contre trois. Par conséquent, seuls douze États sur treize ont donc officiellement proclamé l'indépendance le 2 juillet, contrairement à ce que prétend la Déclaration. L'État de New York ne s'est joint à eux qu'une semaine plus tard et sa décision n'a pas été enregistrée au Congrès avant le 15 juillet. Et le Congrès n'a ordonné la signature de la Déclaration que le 19 juillet. La plupart des délégués se sont exécutés le 2 août mais certains avaient déjà quitté Philadelphie. L'un d'entre eux n'a pas apposé sa signature avant 1781, soit cinq ans après l'événement. Finalement, certains des participants n'ont jamais signé alors que des gens qui n'avaient pas contribué l'ont fait. Clair comme de l'eau de roche, non ?

Remettons quelques pendules à l'heure

En y regardant de plus près, d'autres éléments de la genèse de l'Amérique ne sont pas aussi limpides que nos professeurs nous l'ont fait croire. En effet, on attribue généralement la responsabilité de la rupture originale avec la nation mère aux Britanniques, dont la politique d'extorsion fiscale aurait poussé à bout des colons pourtant raisonnables. En réalité, les impôts perçus en Amérique restaient sur place et contribuaient à financer la défense militaire des colons en question. En outre, ils ne couvraient qu'une petite proportion des coûts réels tandis que le solde était à la charge du contribuable britannique.

On présente généralement les impopulaires taxes Townshend comme le point de départ de la

Révolution américaine. Celles-ci avaient été instaurées, en 1767, par le chancelier de l'Échiquier dont elles tenaient leur nom et concernaient divers biens de consommation, dont le verre, le papier et, surtout, le thé importé. Elles avaient pour objectif de rapporter environ quarante-trois mille livres la première année afin que les deux millions et demi de colons locaux participent aux coûts nécessaires à leur propre défense, que l'on estimait à quatre cent six mille livres. À l'échelle individuelle, la demande était minime : à l'époque l'Américain moyen payait six pence d'impôt par an (environ l'équivalent de trente euros actuels) alors que chaque Britannique déboursait vingt-cinq shillings, c'est-à-dire cinquante fois plus.

L'Amérique tue le père

Même Benjamin Franklin comprenait l'intérêt potentiel de la taxe, ce qu'il exprima par écrit en 1764 : « Il est très possible que la Couronne estime nécessaire de conserver des troupes en Amérique pour […] défendre les colonies ; et que le Parlement décide que certains des revenus du commerce américain doivent servir à les financer. Il se peut également que, dans quelques années, nous soyons généralement satisfaits de cette mesure, du fait de la protection constante qu'elle nous apporte… »

Il changea d'opinion quand des forces plus enivrantes vinrent submerger le débat rationnel et que de nouvelles grandes directions commencèrent à se dessiner. Une société arrivant à maturité se débarrassait de ses chaînes et rejetait des liens vieux d'un siècle et demi sans autre véritable raison que les maux de croissance dont souffre toute nation balbutiante. Comme cela engendrait forcément un sentiment de culpabilité, il fallait désigner un ennemi. On enterra donc les détails qui s'y prêtaient mal sous une version des faits plus simple et plus flatteuse : un pays parent déraisonnable saignait à blanc les colonies qu'il avait créées. Et la plupart des Américains y croient encore dur comme au fer aujourd'hui.

Le célèbre slogan qui n'a jamais été prononcé

De même, personne n'a jamais lancé le slogan « pas d'imposition sans représentation ». Aucun document d'époque ne l'attribue à James Otis, le délégué du Massachussetts à la Chambre des représentants. Cela n'a été fait que par son biographe, dans un flamboyant compte rendu de sa contribution rédigé soixante et un ans après qu'il se fut plaint des relations entre la Grande-Bretagne et les colonies en 1762. Par conséquent, cette citation n'est entrée dans la mythologie américaine que bien après la révolution et quarante ans après la mort de son auteur présumé. Même s'il est évident que l'idée qu'elle véhicule tenait une place importante dans le mécontentement de l'époque, cette formule n'a jamais été le cri de ralliement qu'elle passe pour être dans les livres d'histoire.

En outre, il était curieux de l'imputer à Otis. En 1764, il a écrit l'un des plus célèbres textes de la période prérévolutionnaire dans lequel il expliquait – visiblement à tort – qu'il était impossible de ne pas s'incliner face au Parlement. Il y affirmait également que le roi avait « les plus pures et les plus irréprochables des intentions » et poursuivait ainsi : « Nous lui devons la plus parfaite et la plus prompte obéissance tant qu'il est au pouvoir [...] Il n'y aura plus de gouvernement si un ou plusieurs sujets, ou des provinces subordonnées, s'autorisent à juger l'équité d'un acte du Parlement au point de refuser de s'y plier [...] Par conséquent, laissons le Parlement nous imposer les charges qu'il souhaite. Il nous faut – cela est notre devoir – nous y soumettre et les supporter patiemment jusqu'à ce que l'on daigne nous en libérer. »

Otis a maintes fois rappelé que sans la suprématie du Parlement, les colonies seraient indépendantes, « ce que seuls des rebelles, des imbéciles ou des fous pourraient vouloir ». Il est vrai qu'il désapprouvait les taxes exigées par le Royaume-Uni. Cependant, il était loin d'être le séparatiste dont les spécialistes de la culture populaire américaine nous font aujourd'hui le portrait en se basant sur une seule formule (certes, indéniablement accrocheuse mais inventée soixante ans après l'événement).

Pour couronner le tout, il aurait été extrêmement saugrenu de baser des revendications sur ce concept. En effet, la majorité des colons n'étaient pas représentés dans leurs propres assemblées en raison de règles d'éligibilité au droit de vote généralement liées à la surface de terrain possédée. De ce fait, moins de six pour cent des adultes de Virginie pouvaient s'exprimer dans les urnes à l'époque de la révolution. Le Massachussetts comptait seize pour cent de votants et la Pennsylvanie, deux pour cent.

Petite émeute deviendra grande

Certains événements s'avèrent ne pas avoir tout à fait été les cataclysmes que l'on nous dépeint aujourd'hui. En réalité, le prétendu « massacre » de Boston, en 1770, n'a été qu'une émeute d'ivrognes. Lors de celle-ci, deux douzaines de soldats de sa majesté ont ouvert le feu sur une foule très supérieure en nombre, aussi imbibée qu'incontrôlable, et cinq personnes ont été tuées. D'ailleurs, le futur président John Adams a défendu les accusés lors de leur procès et obtenu leur acquittement (sauf pour deux d'entre eux). Ce sont des agitateurs radicaux qui ont présenté l'affaire comme une agression britannique et un « massacre » d'innocents.

Quand une mutinerie de contrebandiers passe pour une révolte héroïque

La Boston Tea Party, en 1773, n'a jamais été l'emblématique action de résistance aux taxes britanniques excessives que l'on croit. Les mesures contestées étaient certes nuisibles mais pas pour les raisons invoquées dans nos livres d'histoire. En fait, cet assaut contre les cargaisons de thé dans le port de Boston était une réponse à l'instauration du *Tea Act*, une loi grâce à laquelle la Grande-Bretagne espérait augmenter ses importations en Amérique pour tenter de sauver la Compagnie des Indes orientales de la faillite. Il s'agissait donc d'une *diminution* des taxes sur le thé. Et c'était là tout le problème pour les marchands américains car ceux-ci tiraient d'énormes profits de la contrebande en vendant leur thé en dessous des prix très élevés, dus aux taxes, du marché officiel. À l'époque, le gouverneur du Massachussetts estimait que cinq sixièmes du thé consommé dans la colonie provenaient de ce trafic. En outre, la pratique était si courante et les poursuites si rares que ce marché parallèle était plus considéré comme un simple risque commercial qu'un délit sérieux. Telle est donc la véritable raison pour laquelle les Bostoniens se sont révoltés. Après la Révolution, on a donné une couleur nettement plus profonde et patriotique à cet épisode.

* * *

UNE IMAGE RETOUCHÉE

Le plus édifiant exemple de retouche historique est celui de Benjamin Franklin, qui jouit d'une image immaculée au panthéon des héros américains. Véritable esprit universel, il fut l'un des pères fondateurs de la république américaine : l'un des cinq membres de la convention de Philadelphie à avoir préparé l'ébauche de la Déclaration d'indépendance puis l'une des figures centrales des congrès des années 1780 durant lesquels la Constitution a été rédigée. Il est le seul à avoir signé les quatre principaux documents qui ont donné naissance aux États-Unis : la Déclaration d'indépendance ; la Constitution ; les traités avec la France qui ont permis une victoire cruciale aux alliés durant la guerre de Sécession ; et, pour finir, le traité de paix avec l'Angleterre qui a entériné la rupture avec la nation mère.

Il a été également l'un des premiers à publier un journal en Amérique. En tant que diplomate, il a d'abord représenté les colonies à Londres, durant les années précédant la rupture avec l'Angleterre, puis à Paris, pendant la guerre, pour s'assurer du soutien de la France à la cause américaine. C'était aussi un pionnier scientifique, célèbre pour ses expériences sur la foudre et l'électricité ; un inventeur, à qui l'on doit les premières lunettes à double foyer (parce qu'il avait lui-même des problèmes de vue) ; le créateur d'un curieux instrument de musique, appelé armonica (sans « h »), composé de bols de cristal qui émettent des sons lorsqu'on frotte leurs bords ; et il a même fait des recherches pour tenter de donner une odeur agréable aux flatulences.

Cependant, l'image simpliste de patriote pur et dur dont il bénéficie aujourd'hui cache une réalité moins tranchée. En ce qui concerne la fondation de l'Amérique, il n'a pas été aussi vertueux que le prétendent nos manuels d'histoire.

Pour commencer, il était absent la plupart du temps. Il a pratiquement passé à Londres toute la vingtaine d'années fébriles qui ont précédé la guerre d'Indépendance. À l'exception de deux ans, entre 1762 et 1764, il a séjourné en Angleterre de 1757 à 1775, c'est-à-dire précisément quand la situation fermentait outre-Atlantique. D'autre part, ses activités étaient très différentes de ce que l'on pourrait croire. Il consacrait la majeure partie de son temps à essayer d'obtenir une charte *royale* qui lui permettrait de remplacer la famille Penn à la tête de la colonie qu'elle avait fondée, la Pennsylvanie. Il s'agissait déjà là d'un incroyable retournement de veste.

Le protégé ingrat fricote avec les Anglais

Les Penn l'avaient lancé dans la vie en lui confiant un poste administratif dans leur colonie alors qu'il n'avait encore que dix-sept ans puis en le promouvant au rang de maître des postes à l'âge de vingt et un ans. Pourtant, lorsque, des années plus tard, il fut élu membre de l'assemblée de Pennsylvanie, sa loyauté s'avéra volatile. Il se retourna contre ses protecteurs en acceptant une mission consistant à se rendre en Angleterre pour tenter de les faire destituer de leur gouvernance.

À Londres, loué dans la société cultivée pour ses talents et son raffinement, il devint de plus en plus royaliste et partisan de l'Empire britannique. Ses biographes ont souvent des difficultés avec cette époque de sa vie car elle est énormément en contradiction avec le rôle de figure emblématique de la naissance des États-Unis qu'il a eu par la suite. La vérité est que Franklin s'est converti très tard à l'indépendance et n'a renoncé à la nationalité britannique qu'à contrecœur. Il aurait préféré renforcer les liens avec la nation mère et établir une communauté commerciale transatlantique.

En 1762, ses manœuvres londoniennes ne lui ayant pas permis d'obtenir l'éviction de ses anciens bienfaiteurs, il rentra en Pennsylvanie et s'y fit l'avocat d'une gouvernance royaliste. Cette position allant à l'encontre de la tendance de l'époque, il devint très impopulaire et, en 1764, on le renvoya à Londres afin qu'il y reprenne sa lutte contre les Penn. Sa sympathie envers les tentatives de la Grande-Bretagne de contrôler les colonies rebelles était donc visible. Bien qu'il ait essayé de s'opposer au célèbre *Stamp Act* de 1765 – qui, pour la première fois, imposait des taxes directes aux colonies américaines –, lorsque celui-ci fut néanmoins adopté, il recommanda l'un de ses amis pour le poste d'agent du timbre en Pennsylvanie. Ceci consterna ses anciens collègues et ne lui valut certainement pas la réputation de défendre les intérêts locaux.

La rupture

Ce qui l'a conduit à rompre personnellement avec la Grande-Bretagne est loin d'être clair. En 1768, il a écrit que les colonies devraient être traitées séparément, en ce sens que le Parlement pourrait promulguer des lois spécifiques pour elles, mais il demeurait fondamentalement attaché à la nécessité de rester loyal envers la couronne britannique – ce qui constituait une forme précoce de décentralisation. « La question », expliquait-il, « est de savoir si une telle union [...] serait ou non avantageuse pour tout le monde. Je ne doute pas de l'affirmative. »

Aussi tard qu'en 1774, la société britannique le tenait toujours en haute estime. Cette année-là, il était présent au 10 Downing Street quand le Premier ministre, Lord North, fut nommé chancelier de l'université d'Oxford. Mais son temps en Angleterre commençait à toucher à sa fin quand – toujours en 1774 – treize courriers officiels échangés entre le bureau du gouverneur du Massachussetts et le Trésor de Londres furent publiés par des militants indépendantistes bostoniens. Ces lettres, dans lesquelles la politique britannique était présentée sous un jour défavorable, avaient été secrètement transmises aux activistes par Franklin qui se les était lui-même mystérieusement procurées (par la corruption ou de quelque autre manière illégale, selon certains). On lui reprocha alors sa duplicité et ses manigances, ce qui entacha évidemment sa réputation. La presse anglaise l'accusa d'être un caméléon politique doublé d'un fraudeur et le cloua au pilori. Ce fut peut-être la goutte d'eau qui fit déborder le vase et le conduisit à abandonner toute tentative de contribution à la survie de l'Empire britannique en Amérique du Nord. Ce qui est certain, c'est qu'il quitta l'Angleterre en disgrâce et menacé de poursuites en mars 1775.

À son retour en Amérique, la guerre faisait déjà rage. Une fois la fumée et la poussière retombées, son image immaculée de père de la nation commença à se solidifier pour la postérité.

Une idée qui n'a pas fait son chemin

Franklin fit une nouvelle fois la preuve de son inaptitude à comprendre les attentes des gens lors de sa participation au débat sur le choix des symboles nationaux américains. Il s'opposa à l'aigle en arguant qu'il s'agissait d'« un oiseau de mauvaise moralité » car il vivait « de dépeçage et de rapine ». À la place, il eut la curieuse idée de proposer le dindon. Fort heureusement, il n'a pas obtenu gain de cause.

* * *

LES QUATRE VERTUS D'UN PÈRE DE L'AMÉRIQUE

Selon les conservateurs du musée et de la dernière demeure du premier président des États-Unis, les Américains se souviennent surtout de George Washington, « père de la nation », pour ses quatre vertus : l'abnégation, le sacrifice, le patriotisme et le désintéressement. L'Histoire nous démontre, cependant, qu'en réalité, il a toujours su tirer le meilleur des cartes qui lui avaient été distribuées. Bien qu'estimé pour ses services rendus à la jeune république, il en a également largement bénéficié. Quand il a pris sa retraite après quarante-huit ans au service de son pays – dont huit à la présidence – et qu'il est retourné vivre à Mount Vernon, sa propriété en Virginie, il était l'homme le plus vénéré d'Amérique… et le plus riche aussi.

Propriétaire de la nation

En pratique, Washington ne se refusait pas grand-chose. Au fil des ans, il a fait de Mount Vernon une propriété de plus de trois mille hectares. À sa mort, elle comportait une maison de vingt-deux pièces, cinq fermes exploitées et des quartiers suffisamment grands pour accueillir trois cents esclaves. Et ce n'était qu'un bien parmi d'autres. À la fin, grâce à la spéculation, il avait accumulé six mille autres hectares en Virginie ; deux mille au Kentucky ; mille deux cents dans ce qui allait devenir le « Territoire du Nord-Ouest » (aujourd'hui, l'Ohio, l'Illinois et la région des Grands Lacs) ; quatre cents autres à cheval sur le Maryland et l'État de New York ; et un peu plus de quatre-vingts en Pennsylvanie. Selon son biographe américain, Douglas Freeman, « sa quête de richesse le rendait très cupide et parfois querelleur ». Alors qu'il était au pouvoir, il tenait à ce que tous ses créanciers lui règlent leurs dettes jusqu'au dernier sou. Toujours selon Freeman, il était déterminé « à obtenir tout ce qu'il pouvait honnêtement obtenir ». Voire, malhonnêtement. On le qualifiait de « pilleur de terres invétéré » et, dans sa jeunesse, il avait illégalement engagé un arpenteur pour délimiter un territoire lucratif dans une zone qu'il avait décrétée interdite aux nouveaux arrivants.

Comment escroquer son propre pays

Pour illustrer le point auquel Washington était dévoué à son pays, on rappelle souvent que lorsqu'on l'invita à prendre le commandement de l'armée continentale au début de la guerre d'Indépendance, il accepta élégamment de ne pas toucher de salaire. Il demanda seulement à ce que ses frais lui soient remboursés. Il s'agissait là d'un choix astucieux s'il en est. S'il avait pris le salaire (de cinq cents dollars par mois), ses huit ans de service à la guerre lui auraient rapporté quarante-huit mille dollars. En optant pour le remboursement des frais, il a finalement perçu la somme mirobolante de quatre cent quarante-sept mille deux cent vingt dollars (selon l'estimation la plus basse), ce qui correspondrait à peu près à neuf millions de dollars aujourd'hui. Il a même réussi à faire passer sur sa note l'achat d'un carrosse et de vins d'importation.

En 1789, quand Washington est devenu le premier président américain, il a de nouveau proposé de « se contenter » de la même formule mais, cette fois-ci, le Congrès s'est montré plus sage. Il a insisté pour lui verser un salaire d'un montant de vingt-cinq mille dollars, soit l'équivalent de six cent mille dollars à l'échelle actuelle. (Aujourd'hui, le salaire officiel du président américain s'élève à quatre cent mille dollars.)

Des esclaves aussi

Tout comme Jefferson, Washington possédait des esclaves. Au moment de sa mort, en 1799, il en avait cent vingt-trois (sans oublier que cent quatre-vingt-treize autres dont il n'était pas légalement propriétaire mais dont il avait néanmoins hérité par son mariage travaillaient dans son domaine de Mount Vernon). S'il est vrai que cela lui causait des problèmes de conscience, il a néanmoins toujours réussi à résister à la tentation d'affranchir ceux qu'il pouvait. Il a fini par le faire dans son testament mais, là encore, de manière indirecte : le document spécifiait que les esclaves ne devraient être libérés qu'après la mort de son épouse, Martha. (En fait, cette dernière prit cette mesure deux ans plus tard, alors qu'elle était encore en parfaite santé. Ceci s'explique peut-être par la crainte que cette clause particulière ne donne envie à quelqu'un de la voir mourir prématurément et pas forcément de manière naturelle.)

Durant le mandat de Washington, la capitale du pays a été déplacée de New York à Philadelphie.

Le président détestait tellement la nourriture locale qu'il avait fait venir son esclave cuisinier, Hercules, de Mount Vernon. La loi pennsylvanienne exigeant que les esclaves soient automatiquement libérés après six mois de résidence dans l'État, Washington renvoyait régulièrement Hercules en Virginie juste avant que cette période ne soit écoulée pour le faire revenir quelques jours plus tard.

Pourquoi ne pas mettre fin à la rumeur ?

Washington n'a pas laissé d'enfants connus. En 1998, une femme de l'Illinois a pourtant affirmé être l'une de ses descendantes par le biais d'un enfant illégitime né d'une liaison supposée entre le président et une esclave de la plantation de son frère. Selon Linda Allen Bryant, qui a publié un livre à ce sujet six ans plus tard, Washington aurait eu cet enfant avec une dénommée Venus aux alentours de 1784, alors qu'il était âgé de cinquante-deux ans. Le petit garçon aurait ensuite été envoyé à Mount Vernon. Les administrateurs actuels du domaine ont confirmé qu'il existait bien des traces écrites attestant du rôle important qu'ont joué les ancêtres esclaves de mademoiselle Allen dans la famille Washington. Cependant, ils ont refusé que des prélèvements d'ADN soient effectués pour confirmer ou infirmer la parenté. Étrangement, à ce jour, ils restent campés sur leurs positions malgré le précédent établi par le cas Jefferson en 2000.

Ceci est d'autant plus curieux que les historiens pensent que Washington était stérile, au moins vers la fin de sa vie. Puisqu'il est censé ne jamais avoir eu d'enfant, l'affaire devrait être facile à régler… à moins que les administrateurs ne sachent quelque chose qu'ils préféreraient que nous continuions à ignorer.

Washington le combattant

Le tableau que l'on fait généralement des prouesses militaires de Washington nécessite également quelques retouches. Apparemment, il n'était pas un extrêmement bon commandant au combat. À en croire la figure héroïque restée dans la mémoire nationale américaine, c'était un grand stratège qui a sauvé son jeune pays. Pourtant, même à l'époque, ses pairs émettaient déjà des doutes. Jefferson estimait qu'il n'était « pas très bon tacticien ». John Adams, le futur deuxième président, le qualifiait de « vieille tête de mouton » (autrement dit, de vieux fou). Par exemple, lorsque Washington a été nommé commandant en chef de l'armée continentale, il a prédit avec assurance que la guerre ne durerait que « quelques jours ». Elle s'est éternisée pendant sept ans durant lesquels notre « héros » a perdu plus de batailles qu'il n'en a gagné.

Le goût des courbettes

En dépit de son statut de quasi-héros, aussi bien pour ses prétendus exploits guerriers qu'en tant que premier président de son pays, il s'avère que Washington agaçait autant de gens qu'il en impressionnait. Il avait un goût très prononcé pour la pompe et les rituels. On pense, d'ailleurs, que l'une des raisons de sa profonde anglophobie était que la vaniteuse élite militaire britannique à laquelle il se targuait d'appartenir l'avait rejeté. Il ne se priva jamais d'exploiter au maximum le prestige de la présidence. Bien qu'à la tête d'une république démocratique, il exigeait la stricte observation des égards dus à son rang. Il tenait à ce qu'on se courbe devant lui plutôt que de lui serrer la main. Selon de nombreux témoins, il avait l'habitude de « disposer ses mains de manière à indiquer qu'il était inutile de tendre la sienne ». Pour les cérémonies, il faisait enlever toutes les chaises de la pièce afin que personne ne puisse s'asseoir en sa présence.

* * *

GRAND ÉMANCIPATEUR OU GRAND ILLUSIONNISTE ?

Abraham Lincoln jouit également d'un statut de héros pour avoir été le président qui a mis fin à l'esclavage. S'il a incontestablement prononcé la proclamation d'Émancipation au beau milieu de la guerre de Sécession, en 1863, cela n'a pas empêché l'Histoire de passer sous silence quelques réalités inconfortables quant aux points de vue personnels de Lincoln sur les questions raciales. En effet, ses opinions étaient beaucoup plus complexes que les idées simplistes qu'on lui attribue généralement. Il n'a, d'ailleurs, jamais cru en l'égalité des races ; ce qu'il a exprimé on ne peut plus clairement lors de sa campagne pour le Sénat en 1858 : « Ainsi, je dirais que je ne suis pas, ni n'ai jamais été, favorable à l'avènement, de quelque façon que ce soit, de l'égalité sociale et politique entre les races blanche et noire [...] Il existe une différence physique entre les races blanche et noire qui, selon moi, les empêcheront toujours de vivre ensemble dans l'égalité sociale et politique. Et, tout comme elles ne peuvent vivre de la sorte, tant qu'elles se côtoient, l'une doit être supérieure et l'autre inférieure. Et, tout autant que n'importe qui, je suis pour que la position supérieure revienne à la race blanche. »

En 1862, lors d'une rencontre à la Maison Blanche, le président s'adressa comme suit à des leaders noirs affranchis : « Même en n'étant plus esclaves, vous êtes encore loin d'être à pied d'égalité avec la race blanche. Vous n'avez pas accès à un grand nombre d'avantages dont bénéficie l'autre race. Cette séparation est préférable pour tout le monde. »

Selon le biographe Jan Morris, dans chacun de ses cent soixante-quinze discours prononcés entre 1854 et 1860, Lincoln a toujours affirmé qu'il serait anticonstitutionnel d'abolir l'esclavage.

La liberté mais pas pour tous

L'action pour laquelle Lincoln est porté aux nues – sa proclamation d'Émancipation de 1863 – a eu lieu pour des raisons politiques totalement opportunistes. En réalité, les véritables objectifs du président étaient de diminuer les risques d'intervention étrangère contre le Nord et de réduire la fracture dont souffrait son parti par rapport à la gestion de la guerre (qui, selon un spécialiste de cette époque, allait « rapidement devenir incontrôlable »). En outre, même si nombreux sont ceux qui préfèrent l'oublier aujourd'hui, il ne s'agissait de libérer que les esclaves des États confédérés (sur lesquels il n'avait pas le moindre pouvoir) et non ceux des États de l'Union dont il était à la tête, ni même ceux des territoires du Sud que les nordistes occupaient. Tous ces derniers étaient expressément exclus du programme. En réalité, sur les trois millions et demi d'esclaves estimés, seuls deux cent mille furent affranchis suite à la proclamation. Ainsi que l'a formulé un esprit cynique, Lincoln a émancipé « tous les esclaves à l'exception de ceux qu'il pouvait libérer ».

Lincoln n'a jamais pensé que ses actions pourraient aboutir à ce que les Noirs aient, un jour, les mêmes droits que les Blancs et deviennent des citoyens américains à part entière. Il considérait même que la colonisation était la solution au « problème ». En 2000, des recherches ont révélé que, lors de deux discours sur l'état de l'Union, il avait appelé à la déportation des Noirs. Peu avant la fin de la guerre de Sécession, en 1865, il a déclaré : « Je crois qu'il serait préférable de les expatrier vers un pays fertile, avec un bon climat, qu'ils pourraient avoir pour eux seuls. »

En vérité, après la guerre on a encouragé à s'épanouir le mythe d'un Lincoln réconciliateur car cela était alors essentiel pour la nation mais celui-ci était très loin de refléter la réalité historique.

Problèmes domestiques

Le principal squelette dans le placard d'Abraham Lincoln a été sa femme, Mary. Cette épouse irascible piquait de telles crises de furie contre son mari qu'un jour, elle est même allée jusqu'à le chasser de chez lui en le poursuivant avec un couteau de cuisine. Le fait que Lincoln ait conservé toute sa vie l'habitude de se plonger dans de longues périodes de silence ininterrompu n'arrangeait probablement rien à l'affaire. Selon des recherches publiées en 1995, il n'avait épousé Mary que parce qu'elle était enceinte et que son père, un important banquier du Kentucky, lui avait forcé la main. À en croire le témoignage d'un ami, il s'était rendu à ses propres noces avec l'air « d'une bête qui part à l'abattoir ». Le premier fils du couple est né trois jours avant le neuvième mois de mariage.

Mary est passée au bord de la dépression nerveuse lorsque leur second fils, Edward, est mort peu avant son quatrième anniversaire en 1850. À ce moment-là, Lincoln n'était pas encore remis de ne pas avoir été réélu, après un seul mandat de deux ans, comme membre de la Chambre des représentants pour l'Illinois à Washington. La situation empira quand la famille arriva à la Maison Blanche en 1861. Les tentatives de Mary de s'intégrer au milieu mondain washingtonien se soldèrent par un désastre. À l'insu de Lincoln, elle s'endetta de vingt-sept mille dollars rien qu'en vêtements (plus de cinq cent mille dollars à l'échelle actuelle). Elle avait, par exemple, acheté plus de trois cents paires de gants en quatre mois. Quatre ans plus tard, au début du second mandat de Lincoln, et alors que le pays était encore profondément enlisé dans le bourbier de la guerre de Sécession, elle choqua la bonne société en apparaissant dans une nouvelle robe de soie coûtant l'équivalent de vingt-huit mille dollars actuels. Après l'assassinat de Lincoln en 1865, après des années d'instabilité psychologique, elle fut officiellement internée pendant quelque temps en 1875 puis mourut sept ans plus tard sans jamais s'en être complètement remise.

Se battre pour une cause

Lincoln n'était pas le seul à être aussi ambigu. Ulysses Grant, qui a conduit l'armée abolitionniste de l'Union durant la guerre de Sécession pour mettre fin à l'esclavage, possédait lui-même quatre esclaves.

* * *

COMMENT FABRIQUER UN HÉROS NATIONAL

Davy Crockett est l'un des héros de la « fondation » de l'Amérique dont on se souvient le plus aujourd'hui. Selon la croyance populaire, il serait mort en se battant jusqu'au bout pour défendre fort Alamo mais la réalité est un peu plus compliquée.

Cet aventurier né dans le Tennessee – popularisé dans les années 1950 par la série de Disney *Davy Crockett, roi des trappeurs* – a acquis sa célébrité durant les premiers jours chaotiques de l'Ouest américain. À l'automne 1865, il s'était, en effet, engagé chez les volontaires du Texas, c'est-à-dire quand ce futur État américain avait commencé à se rebeller contre le Mexique dont il était alors une province. Cela se termina, comme chacun sait, en mars 1836, par un siège de onze jours à Alamo, un ancien hospice de San Antonio transformé en fort de fortune. Environ une centaine de Texans y affrontèrent trois mille hommes de l'armée gouvernementale mexicaine. On a longtemps pu lire dans les ouvrages scolaires patriotiques américains que Crockett y était mort en héros en continuant à se battre avec la crosse de son fusil, Old Betsy, après avoir épuisé toutes ses munitions.

Une nouvelle version des faits

En 1975, le journal, non traduit jusqu'alors, de José Enrique de la Peña (un haut officier mexicain ayant participé à la bataille) a révélé qu'en fait Crockett et six autres survivants s'étaient rendus. Selon ce document, ils auraient été exécutés peu après. Cette allégation n'a évidemment pas manqué de susciter des controverses. Les historiens ne sont toujours pas unanimes quant à l'authenticité du journal et certains d'entre eux pointent du doigt le manque de clarté des circonstances de son apparition au milieu des années 1950 au Mexique, juste au moment où la fiction de Disney était au summum de son succès de l'autre côté de la frontière. D'autres affirment qu'un texte confirmant l'authenticité du journal se trouvait dans les archives de l'université de Yale bien avant que Davy Crockett ne devienne à la mode. S'agissait-il d'une tentative grossière des Mexicains de s'incruster à la fête ? A-t-on cherché à faire éclater la bulle d'un récit affabulatoire ? On ne connaîtra peut-être jamais la vérité mais cela prouve, une fois de plus, qu'Oscar Wilde avait bien raison de dire qu'elle est « rarement pure et jamais simple ».

Alimenter le mythe

La façon dont les compatriotes de Davy Crockett ont dépeint sa fin semble conforme à celle dont ils ont présenté sa vie tout entière. En grande partie, son personnage d'aventurier du Far West – célèbre pour avoir combattu les Indiens et même pour avoir abattu un ours à l'âge de trois ans – a, en fait, été inventé de toutes pièces par son conseiller politique afin d'augmenter ses chances d'être élu au Congrès en 1833. La stratégie fonctionna et fut rapidement étayée par une pièce de théâtre, *Le Lion de l'Ouest*, dans laquelle Crockett apparaissait avec la toque en fourrure de raton laveur qui est devenue son signe de reconnaissance. (Les chercheurs actuels pensent qu'en réalité, il n'en a jamais porté car aucune autre source d'époque n'en fait mention.) En 1835, après avoir perdu son siège lors de nouvelles élections, Crockett a quitté l'Est plein d'amertume pour aller chercher à l'ouest des gens susceptibles d'assouvir sa soif d'action et d'acceptation.

* * *

UN MYTHE SUISSE

Quitte à être inexactes, les histoires de héros nationaux doivent rester simples. En 1986, celle du personnage le plus emblématique de la Suisse du XIIIe siècle, Guillaume Tell, a été mise à rude épreuve par l'un de ses compatriotes, le chercheur et expert en armes Fritz Mathys Weist. Ce dernier a, en effet, démontré que le récit selon lequel on aurait obligé Tell à percer d'une flèche une pomme posée sur la tête de son fils, sous peine d'exécution, n'était pas crédible : l'arc n'était pas encore arrivé en Suisse au moment où les faits sont censés se dérouler.

Cette légende est apparue pour la première fois aux alentours de 1475, soit un siècle et demi après les événements supposés s'être produits dans le canton d'Uri, en 1307. Weist a publié ses délicates découvertes à l'occasion de la fête nationale du pays en démontrant que les arcs n'étaient mentionnés dans aucun document militaire de l'époque. Après examen des dessins contemporains de toutes les batailles suisses jusqu'en 1388, il n'a pu que constater que l'arme ne figurait sur aucun d'entre eux.

Contrairement à une idée assez répandue, l'arc n'est même pas suisse. On sait depuis longtemps qu'il a été inventé en Chine aux alentours de l'an 500 avant J.-C.

* * *

NELSON ARNAQUE LA SÉCU

Dans les livres d'histoire britanniques, ce héros national par excellence est renommé pour le sens du devoir et du sacrifice désintéressé dont il a fait preuve malgré des handicaps qui auraient terrassé n'importe quel autre homme, ainsi que pour sa soif inextinguible d'aller toujours plus loin. Pourtant, de récentes découvertes le présentent sous un autre jour.

Selon des recherches publiées en 1998 dans le *Journal of Medical Biography* de la Société royale de médecine, Nelson aurait exagéré l'importance de sa célèbre blessure à l'œil afin d'obtenir une pension militaire. Après le siège de Calvi, en 1794, il n'était absolument pas rentré aveugle de l'œil droit. (Il n'a, d'ailleurs, jamais porté le bandeau sur l'œil qu'on lui voit sur tant de portraits.) Apparemment, ses maux, dus à des débris de roche et de terre projetés par un boulet de canon, étaient temporaires. Il existe des traces écrites de Nelson déclarant quelques jours plus tard à son commandant, l'amiral Hood, que son œil allait « beaucoup mieux ». Et, en 1804, le *Times* citait l'amiral en train d'expliquer qu'il voyait bien des deux yeux.

Cependant, des archives de l'amirauté récemment déterrées ont révélé qu'en 1795 – soit un an après l'incident – il avait affirmé être aveugle d'un œil et avait adressé une demande à ses supérieurs afin de percevoir une pension annuelle de deux cents livres (l'équivalent de dix-sept mille euros actuels). Il y affirmait avoir « perdu un œil au service [du roi] » et y parlait d'« obscurité presque totale ».

Apparemment, l'amirauté a dû avoir des doutes puisqu'il lui a fallu trois ans pour étudier cette requête mais elle s'est peut-être laissé persuader par d'autres événements survenus par la suite. Au moment où elle décida enfin de lui accorder sa pension, Nelson avait passé un cap supplémentaire, de façon plus flagrante, en perdant le bras droit à Ténérife en 1797 et il aurait donc été difficile de lui refuser une pension. Par conséquent, en 1798, l'amirauté lui remit un certificat d'accord pour son œil, considérant que cette perte équivalait à celle de son bras en termes financiers. À la décharge de Nelson, il faut reconnaître qu'il n'a rien touché de plus pour sa deuxième blessure.

Selon l'auteur de l'article, Nelson aurait exagéré son cas pour les dédommagements relatifs à son œil jusqu'à ce qu'il devienne évident qu'il n'obtiendrait pas satisfaction. Quand il fut certain d'avoir droit à une pension suite à la perte de son bras, il n'eut plus besoin d'en rajouter au sujet de son œil, et c'est pourquoi, à la veille de Trafalgar, il pouvait se permettre de nier avoir le moindre problème de vue.

Un héros qui s'est fait tout seul

Cette douteuse affaire d'œil n'est pas la seule à avoir entaché la réputation de Nelson au cours de ces dernières années. En 2002, des chercheurs du *National Maritime Museum* ont dressé un tableau peu flatteur des tactiques publicitaires de l'amiral et révélé qu'il avait un sens particulièrement moderne de la communication pour ce qui était d'enjoliver ses accomplissements auprès de ses supérieurs et de la presse.

Plus d'un millier de lettres récemment découvertes dans les archives nous ont appris qu'il organisait volontairement des fuites dans la presse aux moments les plus opportuns afin de faire circuler une image exagérée de ses exploits. Après les batailles, il rédigeait ses propres comptes rendus – dans lesquels il n'hésitait pas à attribuer des actions collectives à sa seule personne – et les envoyait à un proche confident en Angleterre, le capitaine William Locker, sous les ordres duquel il avait servi comme lieutenant. Locker transmettait ensuite aux journaux ces rapports mystérieusement signés « un officier ». À ce jour, on ignore encore si l'amirauté savait qu'il écrivait lui-même les articles qui finiraient par lui valoir le statut de héros national.

On a également découvert des courriers dans lesquels il demandait à des graveurs ou à des peintres de le faire paraître en meilleure santé sur leurs illustrations. « Il s'est lui-même transformé en héros pour les masses. C'était très élaboré », commente le grand spécialiste de Nelson du *National Maritime Museum* qui a découvert ces nouveaux éléments. « C'était un génie de la marine grâce auquel la Grande-Bretagne a été protégée des Français pendant plusieurs décennies après lui mais c'était également un coureur de jupons et un attaché de presse manipulateur qui a bousculé l'Establishment britannique. »

Une fin peu glorieuse

Le fait que dix-huit des amiraux invités à ses funérailles aient refusé d'y assister donne une petite idée du nombre de gens que Nelson contrariait. Son commandant, le comte Saint-Vincent, écrivit de lui après sa mort que le « courage animal » était son seul mérite, « sa personne privée [étant] ignoble, à tous les sens du terme ».

* * *

NO SEX PLEASE, YOU'RE BRITISH

Inspiratrice de la professionnalisation des infirmières, Florence Nightingale jouit, notamment dans le monde anglo-saxon, d'une image profondément ancrée de réformatrice contre vents et marées : la faible femme qui entre dans un monde étranger et s'attaque aux deux piliers les plus résistants – et masculins – de l'Establishment, à savoir les politiciens et les militaires de l'époque victorienne ; la « dame à la lampe » éclairant la voie du changement. Si tout cela est vrai, elle n'en avait pas moins ses côtés sombres.

Son travail de pionnière durant la guerre de Crimée fut véritablement périlleux et plein d'embûches, dont les hommes qu'elle s'efforçait de sauver n'étaient pas forcément les moins responsables. Cependant, l'image légendaire de ses rondes dans les services, sa lampe à la main, apportant la lumière de l'espoir dans les ténèbres et réconfortant les hommes en souffrance, n'est pas tout fait conforme à la réalité. Si elle patrouillait dans les couloirs, c'était surtout parce qu'elle avait découvert à son arrivée que la plupart des infirmières de nuit fournissaient aux blessés du réconfort et des services supplémentaires. Estimant avoir affaire à des pochardes et des putains, elle institua un régime strict qui déconcerta autant les soldats que les jeunes femmes. Elle seule avait le droit de se rendre dans les services après vingt heures et elle le faisait pour s'assurer que personne ne s'adonnait aux plaisirs de la chair. Ainsi que le veut la légende, elle n'aurait peut-être jamais abandonné le chevet d'un mourant mais il n'est pas certain que tous les hommes en aient été ravis.

Un combat mené depuis son lit

Ce fut quand Florence rentra en Angleterre en 1856, à juste trente-six ans, que ses grands travaux commencèrent véritablement. Elle harcela les militaires pour qu'ils changent un système qui n'avait pas été réformé depuis les guerres napoléoniennes, un siècle plus tôt. Cependant, elle fit cela presque entièrement depuis son lit. Elle s'était effondrée physiquement peu après son retour de l'enfer de la guerre de Crimée (où soixante-quinze pour cent des vingt-deux mille morts britanniques n'ont pas été tués au combat mais par des maladies) et avait dû s'aliter. Elle le resta jusqu'à la fin de sa vie qui dura encore cinquante-cinq ans.

Elle menait sa campagne depuis son lit en donnant des ordres stricts à ses collaborateurs. Les historiens médicaux ne doutent pas qu'elle avait véritablement contracté une maladie en Crimée mais la plupart d'entre eux pensent que celle-ci avait fini par devenir psychosomatique. Certains considèrent même Florence Nightingale comme le meilleur cas d'école qui puisse être en matière d'hypocondrie. Elle souffrait de crises soudaines d'essoufflement, de palpitations, de vertiges et d'angoisses quand elle se trouvait face à des gens ou à des événements qu'elle avait peur d'affronter. Sa longue « maladie » lui permettait de travailler tranquillement car elle lui faisait une excuse toute trouvée pour écarter les importuns qui s'étaient mis à l'assaillir après son retour. Elle éveillait également chez les gens une sympathie à son égard qui équivalait à une adhésion à sa cause. Il se peut donc que Nightingale ait su orchestrer l'image de sa vie d'après-guerre de manière à parvenir à ses fins.

Les historiens ont remarqué un schéma apparu dès sa jeunesse. Elle avait dû batailler pour faire accepter la vocation qu'elle avait choisie à sa mère, qui, par ailleurs, ne lui avait jamais pardonné d'avoir refusé deux propositions de mariage très intéressantes. Ces disputes avaient alors déclenché les mêmes symptômes que ceux que l'on retrouverait plus tard et elle y avait déjà réagi en s'alitant. Partir pour la Crimée était probablement plus un défi d'ordre familial qu'autre chose. Pendant qu'elle était sur place, ses symptômes avaient disparu et elle n'avait pas eu la moindre crise… jusqu'à son retour en Angleterre. Durant son service en Crimée, dans un univers où rien ne venait entraver ses projets, elle avait exercé un pouvoir pratiquement dictatorial. De retour au pays, les frustrations étaient revenues et avaient déclenché les mêmes effets qu'autrefois.

Les grandes manœuvres

Florence Nightingale a passé la majeure partie du demi-siècle qui a suivi son extraordinaire ascension vers la célébrité comme une recluse grabataire dans la maison que son père lui avait achetée dans le quartier de Mayfair. Cela ne l'a pas empêchée d'obtenir de grandes avancées pour lesquelles on se souvient d'elle à juste titre. On peut lire dans le *Dictionary of National Biography* qu'elle a « ingénieusement exploité l'isolement que lui imposait sa maladie pour faire instaurer – principalement grâce à une utilisation incessante de la correspondance – des réformes dans l'armée, la promotion des sciences sanitaires, le recueil des statistiques, la conception des hôpitaux et les fonctions des infirmières et des sages-femmes : à l'époque victorienne, rien ni personne, peut-être à l'exception de la reine, n'a su faire meilleur usage du courrier pour imposer ses volontés ! Attendre dans les couloirs du pouvoir ou participer à des comités n'était pas son genre ; on venait à elle et il fallait prendre rendez-vous. »

Une femme très efficace… mais peut-être aussi un peu manipulatrice, non ?

* * *

L'ASCENSION D'UN MALHONNÊTE

D'après des éléments découverts en 2002 au musée des Sciences de Londres, James Watt – qui fut le « père de la vapeur » au XVIIIe siècle – aurait financé ses premières expériences grâce à la contrefaçon. Parmi ses effets personnels, les conservateurs ont trouvé une copie du sceau d'un célèbre facteur d'instruments de musique. Celui-ci portait le nom d'un maître dont l'atelier parisien produisait les flûtes traversières les plus recherchées de l'époque : Thomas Lot, qui était alors unanimement considéré comme le Stradivarius de la flûte.

On sait que Watt fabriquait également des flûtes dans sa jeunesse pour essayer de joindre les deux bouts. Il était pauvre et à partir de 1759, alors qu'il avait à peine vingt-trois ans, il s'était pris d'une passion obsessionnelle toujours croissante pour les machines à vapeur, ce qui nécessitait des expérimentations coûteuses. Il vendait ses flûtes en buis de mauvaise qualité dans les environs de Glasgow. Par ailleurs, on a trouvé parmi ses possessions un sceau de plomb sommaire portant les quatre lettres « T LOT », la marque de reconnaissance du célèbre artisan français.

Ce dernier élément laisse supposer que Watt estampillait sa médiocre production de la marque la plus illustre de son époque et la fourguait aux musiciens amateurs locaux en leur faisant croire qu'il s'agissait de l'œuvre du plus grand maître du monde en ce domaine. (Pour l'époque, la distance à laquelle vivait ce dernier limitait considérablement les risques d'être pris.) Pour une oreille experte, la différence entre une flûte Lot et une fausse, tout comme celle entre un Stradivarius et un violon ordinaire, aurait été flagrante et c'est pour cette raison que l'on pense que les victimes de Watt étaient surtout des amateurs.

Cette théorie semble d'autant plus plausible que des historiens de la musique ont découvert des indices confirmant que des contrefaçons du travail de Lot ont bel et bien circulé. Dans les années 1890, un expert musical qui avait reçu en cadeau une flûte signée Lot s'était rapidement aperçu en l'essayant qu'il s'agissait d'une fausse. Il avait qualifié sa fabrication et sa sonorité d'« exécrables ».

Le passé oublié d'un grand industriel

Henry Ford a été l'un des hommes les plus influents des premières décennies du XXe siècle. En inventant la production en masse de véhicules motorisés (puis de nombreux autres produits), il a probablement foncièrement changé le mode de vie de plus de gens que quiconque en son temps. Sa Model T a apporté au citoyen moyen une mobilité dont on n'avait alors encore jamais rêvé et ouvert de nouvelles voies vers un monde de modernité et de progrès. En cela, il a atteint l'objectif qu'il s'était fixé en « démocratisant » l'automobile. « Quand j'aurai terminé, tout le monde aura les moyens de s'en offrir une et presque tout le monde l'aura fait. » Et il a tenu parole. Ayant commencé en 1908, il a produit sa cinq cent millième voiture en 1914 et, en 1920, il en était à vingt millions. À ce moment-là, un Américain sur cinq possédait une voiture, presque toujours une Ford. Il y avait plus d'automobiles aux États-Unis que dans tous les autres pays du monde confondus. Il a véritablement vulgarisé la technologie et c'est à ce titre que l'Histoire se souvient de lui.

Mais, au fil du temps, on a oublié un aspect plus sombre de Ford pourtant bien connu à l'époque : c'était un agitateur antisémite notoire qui a usé de ses immenses ressources pour promouvoir la plus radicale des campagnes contre les Juifs de toute l'histoire des États-Unis. Si on n'en parle plus aujourd'hui, il n'empêche qu'elle a incité Hitler à accrocher un portrait de l'industriel dans son QG de Munich ; à incorporer des références positives à ses idées dans *Mein Kampf* ; et, en 1938, à lui décerner une médaille – la grande croix de l'ordre de l'Aigle allemand – pour son soixante-quinzième anniversaire.

Ford s'était lancé dans cette voie en 1918 en achetant un hebdomadaire local du Michigan, le *Deadborn Independent*, et en imposant des quotas à ses concessionnaires qui devaient le vendre parallèlement aux voitures. À partir de mai 1920, il a publié quatre-vingt-onze articles successifs sur le thème « Le Juif international : le problème du monde ». Il s'agissait de propagande antisémite classique qui labourait les sillons déjà profonds de la peur et de la haine en affirmant que les Juifs étaient en train d'œuvrer à une conspiration planétaire pour dominer le monde. Hitler développerait le même thème quatre ans plus tard.

En 1923, l'*Independent* se vendait à un quart de million d'exemplaires. Il ne lui fallut que quatre ans pour passer à un demi-million malgré les fortes objections des principaux politiciens classiques américains qui demandaient à Ford de mettre fin à ce journalisme de caniveau.

Plus tard, ces articles furent compilés sous forme de livre et eurent beaucoup de succès dans l'Allemagne potentiellement explosive de la fin des années 1920 et du début des années 1930. L'ouvrage y eut un impact terrifiant. Baldur von Schirach, le chef des jeunesses hitlériennes l'a, d'ailleurs, rappelé au tribunal militaire international : « On n'a pas idée de l'influence qu'a eue ce livre sur la pensée de la jeunesse allemande », a-t-il déclaré. « La jeune génération regardait avec envie les symboles de réussite et de prospérité tels que Henry Ford et si ce dernier disait que tout était de la faute des Juifs, eh bien, naturellement, on le croyait. » Fin 1933, le livre en était déjà à sa vingt-neuvième édition. Quand Hitler est arrivé au pouvoir, il a servi de base au système éducationnel nazi.

Certains auteurs ont souligné d'importantes similitudes entre le livre de Ford et *Mein Kampf*. Certains passages sont tellement identiques que l'on estime qu'Hitler a dû copier des pages entières.

Financeur d'Hitler

Il existe des preuves que Ford a également contribué financièrement à la naissance du mouvement d'Hitler en Allemagne. Il y avait à cela des raisons aussi bien idéologiques que commerciales. En 1921, Ford avait essayé d'installer des sites de production en Allemagne mais les restrictions imposées par le traité de Versailles à la fin de la Première Guerre mondiale l'en avaient empêché. Apparemment, cette année-là, la marque américaine n'aurait vendu que trois voitures et six tracteurs en Allemagne. Il a donc vu en Hitler un allié qui – en plus de partager ses idées – lui permettrait de débloquer le marché allemand.

Les convictions d'Hitler étant loin de faire l'unanimité, Ford adopta la politique du secret. Les nazis recherchaient également la discrétion car ils ne voulaient pas avoir l'air de dépendre d'une puissance étrangère. Bien que l'on pense que des documents prouvant tout cela ont existé à un certain moment (des officiels habituellement fiables du gouvernement bavarois ont fait des déclarations en ce sens), on n'en a trouvé aucun à ce jour. Il est probable que toutes les pièces incriminantes aient été détruites en 1933, au moment où les nazis ont pris le pouvoir.

Cependant, les indices à charge ne manquent pas. Ford avait engagé Boris Brasol, un Russe blanc émigré, pour écrire des articles antisémites dans l'*Independent* et il se trouve que celui-ci se rendait fréquemment en Allemagne pour consulter les nazis dans les années 1920. D'après une enquête parue en 1978 dans le livre *Who Financed Hitler ?* de l'Américain James Pool, on pense que près d'un million de marks or ont été fournis aux nazis par cette voie rien qu'entre 1922 et 1923. En 1924, un représentant spécial des nazis, Kurt Lüdecke, a rendu visite à Ford dans sa propriété du Michigan. Il en avait saisi l'occasion pendant qu'il faisait le tour des États-Unis dans le but de recueillir des fonds auprès des émigrés allemands. Il avait été présenté à Ford par une fervente partisane du nazisme et proche amie d'Hitler, Winifred Wagner, la belle-fille du célèbre compositeur.

Là encore, on ne dispose actuellement d'aucune preuve de ces transactions. Cependant, lors d'une interview donnée dans les années 1970, Winifred Wagner a confessé que Ford lui avait personnellement avoué avoir fourni des fonds aux nazis. Selon une autre source, Ford aurait donné environ trois cent mille dollars (ce qui correspondrait à environ trois millions de dollars aujourd'hui). Néanmoins, l'enquête qu'a menée le Congrès à ce sujet en 1933, après l'arrivée au pouvoir d'Hitler, n'a pas permis de le prouver formellement.

Dans toutes les affaires de transactions douteuses, il est extrêmement rare de trouver des preuves écrites mais, ici, les indices à charge semblent éloquents. Ford ne cachait pas ses sympathies et l'on peut raisonnablement faire le lien entre un probable soutien financier à Hitler à l'époque cruciale de ses débuts et le fait que le Führer ait loué l'industriel dans *Mein Kampf* – le seul Américain à y figurer – puis lui ait décerné la plus haute décoration allemande accessible à un étranger.

* * *

HEUREUX QUI COMMUNISTE...

Héros de millions de gens au XXe siècle, Karl Marx a vu sa réputation décliner quelque peu après l'effondrement du communisme dans les années 1990. Le prophète qu'on avait un temps cru infaillible s'est retrouvé échoué sur la plage des idées quand les marées de l'opinion ont tourné. Si les gens en avaient su un peu plus sur lui en tant qu'homme, ils auraient été difficiles à convaincre dès le départ. Il était tout de même plutôt contradictoire qu'un théoricien politique comme lui, dont le regard sur le monde était focalisé sur les inégalités générées par le capitalisme et les grandes entreprises, doive autant compter sur le soutien financier de Friedrich Engels, le riche fils d'un fabricant de coton de Manchester.

En 1867, quand Marx a publié sa grande œuvre, *Le Capital*, à l'âge de quarante-neuf ans, il connaissait Engels depuis que celui-ci avait travaillé pour son journal à Cologne vingt-cinq ans plus tôt. Deux ans après leur rencontre, les deux hommes s'étaient retrouvés à Paris – où Marx résidait alors – et après dix jours d'intenses débats philosophiques, apparemment copieusement arrosés au vin rouge, ils s'étaient juré une amitié éternelle.

Engels tint parole. Tout en étudiant les conditions de vie de la classe laborieuse en Angleterre, il devint le poumon artificiel financier de Marx le démuni. Les deux philosophes se complétaient parfaitement : Engels recueillait les informations de terrain sur les effets du capitalisme tandis qu'avec ses capacités analytiques, Marx s'efforçait d'en comprendre le fonctionnement. Mais, à l'époque, peu de gens savaient que Marx dépendait du fils fortuné d'un capitaliste pour vivre et se délectait de sa vie indolente d'homme entretenu.

Une vie de contradictions

Au moment de ce tournant, pour un homme marié avec une fille de moins d'un an et un autre enfant en route (il en a eu quatre entre 1844 et 1849), Marx menait une vie pour le moins bohème. Il passait de longues matinées dans les cafés et, selon l'un de ses biographes, « des nuits encore plus longues en parties de cartes et en conversations imbibées ». Quand il s'installa à Londres en 1849, Engels ne tarda pas à le suivre. Bien que sa famille et lui manquassent d'argent, Marx refusait de se salir en prenant un métier comme les autres exilés (il considérait cela comme un « vil commerce ») et préférait se débrouiller avec les petites sommes qu'Engels lui envoyait régulièrement. Ce dernier jouissait d'une rente de son père d'un montant de deux cents livres par an (ce qui équivaudrait à environ cent soixante-dix mille euros aujourd'hui) et possédait deux maisons, une en ville, l'autre à la campagne. Un jour, il écrivit à Marx que la firme familiale avait doublé ses profits en dix ans : « Il va sans dire que je ne serai pas inutilement regardant. » Avec des amis comme ça…

Marx profitait au maximum de cette générosité. Même dans sa situation précaire, il employait un secrétaire, non parce qu'il en avait vraiment besoin mais parce qu'une personne de son statut et de son ambition se devait de maintenir les apparences. (On l'a même entendu déclarer qu'il refusait de mener une existence « sous-prolétarienne ».) À la même époque, le boulanger refusait de continuer à lui livrer du pain tant qu'il n'aurait pas réglé sa note. Le journaliste Francis Wheen, auteur de l'une de ses biographies, estime que les bonnes années, Marx recevait jusqu'à cent cinquante livres de son bienfaiteur, « une somme permettant à une famille de la petite bourgeoisie de vivre assez confortablement ».

À ce moment-là, Marx n'avait encore rien écrit. Il faisait simplement des « recherches » interminables à la British Library depuis des années et menait une vie notoirement dissolue. Un soir, dans les années 1850, accompagné de deux collègues révolutionnaires, il avait fait une tournée des grands-ducs sur Tottenham Court Road, près de chez lui. Les trois hommes avaient décidé de boire une pinte dans chacun des dix-huit pubs de la rue et avaient atteint leur objectif. À la fin, vers deux heures du matin, ils s'étaient mis à briser les lampadaires (Marx en aurait eu cinq) avant d'être mis en fuite par la police.

On toucha le fond en 1863 quand Marx, de nouveau sans le sou, annonça à Engels qu'il allait être obligé d'envoyer sa famille dans un asile pour indigents. Engels – qui se trouvait lui-même dans la gêne à cause de la chute du marché du coton – en arriva à voler pour son ami un chèque de cent livres au service comptable de son père. En 1864, quand Marx eut la bonne surprise d'hériter de la somme de huit cent vingt livres, léguée par un militant avec lequel il avait travaillé vingt ans plus tôt, il ne chercha absolument pas à faire durer cette fortune inespérée. Au contraire, il fit complètement redécorer la nouvelle maison plus cossue qu'il avait acquise à peine deux mois plus tôt tout en sachant qu'il n'aurait pas les moyens de l'entretenir. Et, ce qui est un comble pour l'archétype supposé de l'ennemi du capitalisme, il utilisa une partie de l'argent pour boursicoter avec un certain succès.

Loser jusqu'au bout

Même quand Marx eut terminé le premier volume du *Capital*, le succès ne fut pas vraiment au rendez-vous. L'ouvrage ne lui rapporta rien – de son propre aveu, les gains ne couvraient même pas les cigares fumés pendant sa rédaction – et, sur le plan politique, il eut peu d'effets immédiats car son style littéraire était lourd, tarabiscoté et extraordinairement difficile à comprendre. Il fallut quatre ans pour écouler les mille exemplaires de la première édition. La plupart des critiques parues à l'époque étaient, en fait, rédigées par l'infatigable Engels. Marx fut découragé par ce tiède accueil. À sa mort, son plus grand regret était que son rêve d'une traduction anglaise ne se soit pas concrétisé de son vivant.

Jusqu'à la fin de ses jours, Marx a dépendu de ce cher vieil Engels. Trois ans après la publication du *Capital*, Engels avait vendu ses parts de l'entreprise familiale. Son premier geste avait alors été de faire en sorte que Marx touche une pension de trois cent cinquante livres par an jusqu'à sa mort. Le gourou dont les idées allaient bousculer le capitalisme a donc vécu toute sa vie grâce à la bienveillance d'un capitaliste. On sait qu'il en éprouvait de la gratitude mais l'Histoire ne nous dit pas s'il a jamais pris le temps de réfléchir à l'ironie de la situation.

* * *

GANDHI – PACIFIER OU PAS S'Y FIER ?

Le Mahatma Gandhi, le « fakir à moitié nu » (selon la formule peu affectueuse de Churchill), continue à jouir d'une belle image de pureté, de pacifisme, de vie simple et de sacrifice de soi. Cependant, sous cette surface bien polie, la vérité est un peu plus trouble qu'on ne le pense généralement. Le mode de vie austère du Mahatma est aujourd'hui bien ancré dans l'imaginaire collectif de l'Inde comme du reste du monde. Il s'agissait pourtant d'une suprême supercherie politique. Son prétendu dénuement n'était qu'un mythe, fruit d'une grande opération de communication. On se souvient, d'ailleurs, de la célèbre remarque de l'un de ses assistants : « Il faut beaucoup d'argent pour maintenir Gandhi dans la pauvreté. »

Il a toujours été pratiquement impossible de toucher à son image. Quand on a appris qu'il « autorisait » des adolescentes de son ashram à dormir nues avec lui (et des milliers d'entre elles se disputaient ce privilège), on nous a expliqué qu'il s'agissait d'une façon de « mettre son vœu de chasteté à l'épreuve ». On sait également qu'au nom de sa cause, il devait endurer nu les massages que lui faisaient subir ces mêmes filles pendant une heure chaque jour. Elles lui administraient également un lavement d'eau salée quotidien.

Selon ses proches collaborateurs, il était extrêmement difficile de travailler avec lui. Il dictait les moindres mouvements de ses adeptes, y compris ce qu'ils devaient manger et à quel moment. Le mot « compromis » ne figurait pas dans son dictionnaire. En 1920, lors d'un congrès national indien, il a déclaré : « À partir du moment où vous me choisissez comme leader, vous devez accepter la dictature et la discipline de la loi martiale. »

Gandhi l'impérialiste

Le pacifisme n'est apparu que tardivement dans la philosophie de Gandhi. Durant ses jeunes années, en Afrique du Sud, il s'était porté volontaire pour lever une brigade indienne au service de l'armée britannique dans la guerre des Boers. Les autorités n'étaient pas convaincues de la valeur de ses hommes mais, sur son insistance, elles avaient néanmoins fini par céder et les former comme brancardiers. En tant que sergent-major, Gandhi a remporté des médailles à la guerre des Boers et, quatre ans plus tard, durant la guerre anglo-zouloue. En 1920, quand il a lancé son mouvement de non-coopération en Inde, il les a cérémonieusement renvoyées au vice-roi – « non sans un pincement au cœur », a-t-il avoué.

Jusqu'aux derniers jours de la campagne anti-britannique, il a approuvé le conflit. Il a soutenu de terribles émeutes à Calcutta sous prétexte qu'il s'agissait d'un « recours à la violence pour une cause morale ». Il a donné sa bénédiction à une sorte de prince, le nawab de Malerkotla, qui avait donné l'ordre de fusiller dix musulmans pour chaque hindou tué sur son territoire. Et, lors d'une réunion de prière, en juin 1947, quelques mois avant sa mort, il a déclaré : « Si nous avions la bombe atomique, nous l'aurions utilisée contre les Britanniques. »

L'idole des jeûnes

Gandhi a été le pionnier de la grève de la faim comme mode de protestation politique. Il l'a plus tard utilisée avec succès contre les Britanniques mais la première fois qu'il y eut recours, en 1932, ce fut pour des raisons remarquablement déplaisantes. Appartenant à une caste supérieure, il s'opposait à une proposition des autorités britanniques d'accorder aux « intouchables » (la plus basse classe sociale) un statut électoral séparé afin que leurs intérêts puissent être mieux représentés. Son jeûne était censé durer jusqu'à la mort. Il a duré cinq jours, c'est-à-dire jusqu'à ce que les dirigeants hindous aient fait pression sur le leader des intouchables pour qu'il refuse les réformes britanniques.

En 2008, on a retrouvé des rapports de conversations ayant eu lieu au British Cabinet à l'époque. Ils nous apprennent comment Churchill réagissait aux menaces de grèves de la faim de Gandhi : « Nous serions débarrassés d'un mauvais homme et d'un ennemi de l'Empire s'il mourait. » Quand le Cabinet découvrit qu'on ajoutait du glucose dans le jus d'orange du mahatma et qu'on massait ce dernier avec des huiles nutritives, le Premier ministre commenta : « Apparemment, ce n'est pas un jeûne mais juste un changement de régime. »

La pauvreté et l'opposition à tout ce qui était moderne constituaient l'épine dorsale de la philosophie de Gandhi. Il exécrait l'industrie et les moyens de communication de son temps. En revanche, s'il déplorait l'invention du télégraphe, de la radio et du téléphone, cela ne l'a pas empêché de passer énormément sur les antennes nationales durant ses grandes grèves de la faim, à l'apogée de sa lutte pour l'indépendance.

Il professait que le monde idéal était celui de la simplicité du rouet et de la charrue à bœufs. Selon les termes de sa biographe Judith Brown, il prônait un mode de vie « clairement et consciemment basé sur la pauvreté ». Il était également contre la médecine moderne et a refusé que l'on injecte de la pénicilline à sa femme quand celle-ci a contracté une pneumonie. Elle en est morte. (Plus tard, il a trouvé tout à fait acceptable de prendre de la quinine pour soigner sa malaria.)

Une image cultivée

Aujourd'hui, on se souvient de Gandhi comme d'un homme qui a souffert pour l'humanité et vécu dans l'abnégation, loin de l'univers cruel et corrompu de la politique. En réalité, c'était un manipulateur invétéré, doublé d'un maître de la persuasion et de la communication (bien avant que la gestion de l'image ne prenne l'importance qu'elle a de nos jours en politique). Quand on dit que Gandhi était en avance sur son temps, on ignore souvent à quel point.

* * *

MEURTRE OU SUICIDE ?

Il se pourrait que pour Jules César, l'image ait littéralement été une question de vie ou de mort. À en croire de récentes études effectuées en 2003, son assassinat pourrait, en fait, avoir été le suicide orchestré d'un politicien plus soucieux du souvenir qu'il laisserait à la postérité que de son destin terrestre.

César a été poignardé au sénat romain le 15 mars de l'an 44 avant J.-C., et cela fait longtemps que les historiens s'interrogent sur les étranges négligences en matière de sécurité et l'apparent manque de jugement qui entourent l'événement. Il avait, par exemple, ignoré les avertissements du devin qui l'avait prévenu de se méfier des ides de mars. La veille de son assassinat, lors d'un repas avec ses amis, il avait participé à une conversation morbide dont le sujet était « Quelle est la meilleure façon de mourir ? » Sa réponse avait été « une mort soudaine ». Le jour même, sa femme l'avait imploré de ne pas sortir car elle avait rêvé qu'il mourait dans ses bras. Non seulement il n'avait pas cédé à ses supplications mais il avait renvoyé ses gardes du corps et décidé de partir seul à pied. Il n'avait même pas pris la peine de lire le mot qu'un ami lui avait glissé dans la main à son arrivée pour l'informer du complot. En outre, la conspiration était de taille ; on pense que jusqu'à soixante personnes auraient pu y participer. Il est donc permis de se demander comment César – un homme unanimement reconnu comme le plus fin politicien de son temps – aurait pu ne pas avoir connaissance d'une action d'une telle envergure contre lui.

Selon un médecin légiste de la police italienne, il est possible que César ait été parfaitement au courant de ce qui l'attendait mais n'ait rien tenté pour l'empêcher. Il n'aurait donc pas été pris au dépourvu mais aurait profité de l'occasion pour laisser une empreinte éternelle dans l'Histoire.

En mars 2003, le colonel Luciano Garafano a affirmé que les éléments qu'il avait analysés en collaboration avec l'un des plus grands psychologues médico-légaux du monde, de la Harvard Medical School, tendaient vers un scénario permettant à ces circonstances apparemment étranges de s'imbriquer logiquement. Selon lui, il s'agirait d'un suicide arrangé qui aurait permis à César d'atteindre son objectif ultime : laisser derrière lui une image à jamais immaculée.

Épilepsie et stratégie

Garafano pense que César aurait agi ainsi à cause de sa santé déclinante. À cinquante-six ans, il commençait à être déjà très âgé pour un Romain. Des écrits contemporains, notamment ceux de Suétone et de Plutarque, nous ont appris qu'il souffrait d'une maladie – probablement d'épilepsie temporale, selon les experts de Harvard – qui lui faisait perdre le contrôle de son corps, particulièrement de ses intestins, ce qui le rendait sujet aux diarrhées. L'autre effet secondaire connu de cette pathologie est une tendance psychologique aux réactions intempestives et à la folie des grandeurs.

Toujours selon Garafano, sachant que César était très préoccupé par le souvenir qu'il laisserait dans l'Histoire, cette combinaison était suffisante pour le pousser à faire un choix : soit il continuait à dépérir et à endurer des pertes de contrôle de plus en plus rapprochées soit il partait en pleine gloire et cimentait pour toujours sa réputation.

Garafano est convaincu que César a laissé les événements suivre leur cours et n'a rien fait pour déjouer le complot. Il va même jusqu'à suggérer qu'il s'agissait également d'un calcul politique. En perpétrant le meurtre au sénat, les conspirateurs y faisaient entrer des armes et enfreignaient ainsi la loi romaine. Cela leur interdisait de revendiquer une quelconque légitimité par la suite et, par conséquent, de prendre les rênes du pouvoir.

Dans ce cas, le seul qui pouvait succéder au grand général était Auguste, son petit-neveu de dix-neuf ans, qu'il avait adopté quelques mois plus tôt en modifiant son testament. Grâce à ce changement et au fait qu'il soit mort à un moment stratégique, César a magistralement atteint son objectif : imposer sa dynastie à une époque où les comploteurs voulaient instaurer une république. Ironie suprême, ce fut justement cet assassinat ostensiblement et précisément commis par crainte qu'il n'y parvienne qui le lui a permis.

Sécuriser l'héritage

Le testament de César tend également à confirmer l'idée d'un coup de maître intelligemment orchestré. Lu publiquement lors des funérailles du grand tacticien, il stipulait que la majeure partie de ses possessions revenait au peuple. Selon un texte contemporain, cela représentait suffisamment de richesses pour que toutes les familles romaines en vivent pendant trois mois. La réaction publique balança naturellement en faveur du défunt et, le soir même, des hordes de gens incendièrent les maisons des assassins qui durent fuir pour leur salut.

Ainsi que le souligne Garafano, la réputation de César était désormais solidement ancrée. Il est parti quand il était au sommet, en laissant derrière lui un souvenir intact, voire amélioré (une ambition que partagent tous les politiciens bien que peu y parviennent). Jusqu'à aujourd'hui, on a toujours considéré cela comme un accident du destin mais il pourrait bien s'agir d'un acte politique d'une souveraine habileté.

* * *

LES SOMBRES DESSOUS DE LA POLITIQUE

Si vous pensez que la politique internationale n'a jamais été plus scandaleuse qu'aujourd'hui, lisez les pages suivantes. Pour le meilleur comme pour le pire, nos livres d'Histoire ont réussi à faire disparaître certaines des particularités les plus douteuses de nombreux dirigeants mondiaux. Nous allons ici nous pencher sur quelques-uns de ces derniers – notamment des Premiers ministres britanniques – et les découvrir sous un jour nouveau.

ÇA COMMENCE BIEN !

Robert Walpole est considéré comme le premier véritable Premier ministre du Royaume-Uni. Son mandat a duré vingt et un ans, de 1721 à 1742, ce qui reste un record à battre. Dix ans avant d'arriver au poste suprême, alors qu'il était ministre de la Guerre, il avait été déclaré coupable de corruption et renvoyé de la Chambre des communes. Plus tard, au poste de chancelier de l'Échiquier, il avait fait le commerce de produits de contrebande. En 1717, pour protester contre le renvoi de son beau-frère, Lord Townshend, il avait présenté sa démission au roi George Ier qui la lui avait refusée. Il avait dû la représenter dix fois avant d'obtenir satisfaction. Il a également été soupçonné de délit d'initié dans le tristement célèbre scandale de la Compagnie des mers du Sud. Il avait, en effet, vendu ses parts et fait un profit de mille pour cent juste avant que la bulle n'éclate en 1720. C'est pourtant suite à cette affaire qu'il fut nommé Premier ministre, avec pour mission de remédier au désordre national dont il avait si grassement profité.

* * *

COMMENT PERDRE À LA FOIS LA TÊTE ET L' AMÉRIQUE

William Pitt, comte de Chatham et père de Pitt le jeune, a souffert de trois dépressions nerveuses durant sa carrière politique, ce qui ne l'a pas empêché de devenir Premier ministre. On n'aurait pourtant jamais pensé voir émerger des dirigeants nationaux de sa famille. Son frère et quatre de ses cinq sœurs étaient psychologiquement instables. Quant à lui, il a été au bord de la folie pendant la majeure partie de son mandat. Trois mois seulement après son accession au poste, il s'est éloigné des pressions de Westminster en se retirant dans sa maison de la banlieue de Hampstead, d'où il gérait – si l'on peut dire – les affaires de l'État. Un observateur contemporain a ainsi décrit son attitude : « Il reste assis presque toute la journée, la tête dans ses mains, qui sont posées sur la table. » Il ne parlait pratiquement à personne, pas même à sa femme, et plutôt que de s'exprimer oralement, il indiquait ce qu'il voulait par signes. Apparemment, sa principale préoccupation était d'éviter les autres ministres et les problèmes qu'ils apportaient. Par conséquent, son équipe du Trésor, laissée sans supervision, a semé les graines de la perte des territoires britanniques en Amérique en imposant aux colons des taxes qui allaient les conduire à revendiquer leur indépendance.

* * *

LE PORTO AU POUVOIR

Pitt le jeune est non seulement célèbre pour l'âge qu'il avait quand il est devenu Premier ministre – vingt-quatre ans et deux cent cinq jours – mais également pour la manière assez peu raffinée dont il buvait. Dépendant au porto parce qu'on lui avait donné l'étrange conseil médical d'en boire une bouteille par jour en guise de fortifiant (ce qu'il a fait jusqu'à trois jours avant sa mort), il arrivait souvent ivre à la Chambre des communes. Pitt était Premier ministre au moment des guerres napoléoniennes. À l'instar de Churchill plus d'un siècle plus tard, il était responsable de la plus grande mission militaire de son époque tout en étant un buveur invétéré notoire. En 1800, il a dû vivre quelque temps avec son ami Henry Addington, le président de la Chambre des communes, parce qu'il ne parvenait plus à s'occuper de lui-même. Cependant, son habitude interférerait rarement avec ses fonctions officielles. Un jour, il a même momentanément quitté les bancs du gouvernement pour aller vomir derrière la chaise du président. Ayant gardé une oreille attentive sur le débat, il est revenu à sa place et a répondu comme si de rien n'était.

* * *

QUAND LES DÉBATS S'EFFECTUENT SUR LE PRÉ

Le duc de Wellington, héros de guerre et vainqueur à Waterloo, n'a jamais vraiment réussi à prendre le pli de la politique civile. Quand il est devenu Premier ministre en 1828, la première réunion de son Cabinet ne s'est pas tout à fait passée comme il l'espérait. Il en a ensuite parlé comme d'une « affaire extraordinaire » et expliqué : « Je leur ai donné leurs ordres et ils voulaient rester pour en débattre. » Par ailleurs, il est l'un des deux seuls Premiers ministres à s'être battus en duel pendant leur mandat (l'autre étant Pitt le jeune). Son orgueil était tel que lorsqu'il s'est senti insulté par Lord Winchelsea au sujet d'un changement radical de politique (relatif à l'émancipation des catholiques), il a défié son opposant et l'a affronté en duel à Battersea Park. Les protagonistes ont tous deux volontairement manqué leur cible et l'honneur a été sauf pour tout le monde.

* * *

LE PLUS GRAND HOMME D'ÉTAT BRITANNIQUE ?

La carrière longue et variée de Winston Churchill lui a aussi bien valu une image historique persistante que de nombreuses raisons d'avoir à faire oublier certains aspects peu reluisants de son personnage.

Churchill le lâcheur

C'est à la suite d'une téméraire évasion d'un camp de prisonniers durant la guerre des Boers, en décembre 1899, que Churchill a commencé à se forger une réputation d'homme brave et hors du commun. L'aventurier anonyme de vingt-cinq ans qui, faute d'autre chose, s'essayait au journalisme de guerre est ainsi devenu un héros et un symbole de la réussite britannique à un moment où les Boers dominaient nettement le conflit. Cela a forcément facilité son entrée dans la vie politique de son pays. Trois mois après son retour d'Afrique du Sud, il a été élu député et a entamé la carrière historique que l'on sait.

L'évasion en question a cependant déclenché quelques séries d'amers reproches entre Churchill et les deux compagnons de détention qu'il avait laissés derrière lui. Ces derniers l'accusaient de s'être enfui seul alors qu'ils avaient projeté de s'évader ensemble.

Aylmer Haldane (qui a fini général) est mort avant de pouvoir écrire sa version des faits, mais une lettre de sa main – rédigée en 1931 et rendue publique en 1997 – explique, dans les grandes lignes, pourquoi il considérait la version des faits donnée par Churchill comme de la « fiction ».

Haldane était écœuré par la façon dont Churchill avait réinventé l'histoire de l'évasion dans sa flamboyante autobiographie, *Mes jeunes années*, parue en 1930. Selon lui, il avait déjà concocté un plan avec un autre homme, le major Brockie, quand le futur Premier ministre était venu s'y greffer. Celui-ci avait « parfaitement compris », a-t-il écrit, que les trois prisonniers devaient partir ensemble. Lors d'une première tentative, ils avaient aperçu une sentinelle près des latrines, dans la partie non éclairée du périmètre qu'ils avaient repérée. Ils avaient de nouveau essayé le soir suivant. À en croire Churchill, Haldane et Brockie étaient si hésitants qu'ils n'allaient sûrement jamais arriver à se lancer avant la fin de la nuit. Il aurait donc sauté par-dessus le mur pour leur montrer qu'on pouvait le faire sans être détecté. En tout cas, il a toujours maintenu avoir attendu ses collègues pendant une heure et demie de l'autre côté, au risque d'être découvert, avant de se décider à partir seul. Il affirmait même avoir tenté de leur faire passer des messages pour essayer de les convaincre.

Selon Haldane, les faits se seraient déroulés beaucoup plus simplement : « Il s'est enfui sans moi ni le troisième homme et je n'oublierai jamais les injures que ce dernier a proférées contre Churchill. » Haldane a fini par s'échapper trois mois plus tard. Selon ses dires, il a voulu raconter l'histoire à son retour en Angleterre mais la pression exercée par les amis de l'étoile montante qu'était Churchill à cette époque l'a contraint au silence. Quoi qu'il en soit, *Mes jeunes années* l'ulcérait car il considérait qu'il présentait une version travestie d'un épisode lors duquel Churchill s'était plus comporté en lâche qu'en héros.

La lettre de Haldane, adressée à un haut politicien conservateur, expliquait qu'il n'avait pas l'intention d'exprimer cela publiquement car il s'agissait de la parole d'un homme contre celle d'un autre. Mais c'était le cri d'un ami trahi. « Je ne souhaite pas lui porter tort, bien que je n'aie pas très foi en lui. »

Les biographes du Premier ministre ont tendance à croire en la version de Haldane car ils lui trouvent un parfum d'authenticité. D'ailleurs, on y voit Churchill enfreindre le code d'honneur des gentlemen officiers et l'on sait que transgresser les règles a été l'un des fils rouges de sa vie et de sa carrière. Ainsi que l'a formulé l'historien Andrew Roberts : « C'était le secret de sa réussite. »

Ça gaze pour Churchill !

Alors qu'il était ministre de la Guerre à la fin de la Première Guerre mondiale, Churchill a vigoureusement fait pression en faveur de l'utilisation du gaz toxique lors des futurs conflits. Des documents d'archives rendus publics en 1997 nous ont appris ce qu'il faisait lorsque ses conseillers militaires étaient chargés de préparer des stratégies guerrières pour l'avenir : il intervenait pour insister sur la valeur des armes chimiques malgré les atrocités qu'elles avaient causées sur le front de l'Ouest (où il avait pourtant lui-même servi pendant six mois en 1915 et 1916).

En mai 1919, il a écrit, dans une note officieuse, ce qui se serait passé si la guerre avait continué : « Le gaz aurait pratiquement été notre arme la plus redoutable. » Il ne comprenait absolument pas pourquoi certains faisaient « la fine bouche ».

On a pu constater combien Churchill croyait au gaz lorsqu'il était ministre des Munitions lors de la dernière année de la guerre. En seulement cinq mois, d'avril à août 1918, la production d'obus à gaz britanniques avait plus que doublé. Dès le mois de mai 1918, sur le front de l'Ouest, un tiers des obus tirés par les Britanniques contenaient du gaz.

Quand il reprit le ministère de la Guerre au début de 1919, sa tâche consista à préparer le pays aux futures menaces, dont celle à laquelle étaient confrontées toutes les démocraties occidentales : la Révolution bolchevique en Russie. En avril de la même année, un mois avant son mémorandum aux généraux, il autorisa l'utilisation de gaz contre l'Armée rouge dans la campagne que menaient les troupes alliées depuis 1918 au nord de la Russie. La seule chose qui l'inquiétait, c'était que l'on puisse découvrir le secret de l'arme, qui était l'un des nouveaux gaz toxiques développés durant les derniers mois de la guerre. En parlant des conséquences de ce dernier, il a écrit que « bien sûr, j'aimerais beaucoup que les bolcheviques les subissent ». Des experts et des bidons de gaz top secret furent envoyés sur place en mai et on essaya presque immédiatement de s'en servir. Cependant, l'absence de vent ralentit ce projet pendant un mois jusqu'à ce que les ingénieurs improvisent une solution. Ainsi apparurent les premières bombes à gaz de l'Histoire et on les lança sur les Russes depuis les airs. Les avions alliés en lâchèrent plus de deux mille sept cents sur les forêts des alentours d'Arkhangelsk, ce qui généra « une grande panique » chez l'ennemi jusqu'au retrait des Britanniques au mois d'octobre.

Churchill eut encore moins de scrupules à utiliser le gaz sur les « tribus non civilisées ». Quand, après la Première Guerre mondiale, la Grande-Bretagne prit la responsabilité d'administrer les anciennes provinces turques du Moyen-Orient, elle se trouva confrontée à de fréquentes rébellions. En 1922, quand les Kurdes se révoltèrent en Mésopotamie (l'Irak actuel), l'aviation britannique bombarda les villages de gaz lors de ce qui fut l'un des tout premiers déploiements ciblés d'armes de destruction massive. La Mésopotamie tomba alors sous la responsabilité politique du Colonial Office. Et qui en était le secrétaire d'État au début de la révolte ? Un certain Winston Churchill, bien sûr.

Il était juste temps. L'utilisation militaire du gaz toxique a été prohibée par une loi internationale de 1925 dans le cadre du protocole de Genève (qui interdit également l'armement biologique).

Une réputation familiale à défendre

En luttant héroïquement contre Hitler, Churchill s'est vu conférer, chez lui, le statut de « sauveur de la nation » pour la postérité et ceci n'a évidemment rien de surprenant. Les générations d'après-guerre se souviennent de lui comme de l'incarnation de la résistance et de la détermination face à l'adversité. Il est aujourd'hui perçu comme l'essence même du fameux bulldog britannique et il est incontestable qu'il fait l'objet d'un authentique sentiment de reconnaissance. Il n'empêche que cette image héroïque durablement installée est très différente de celle qu'il a eue durant la majeure partie de sa carrière politique. Si Churchill était mort avant de devenir Premier ministre (il avait déjà soixante-six ans bien sonnés), l'Histoire en aurait fait un tout autre portrait : celui d'un homme au potentiel incroyable mais responsable d'un grand nombre d'énormes erreurs de jugement.

Churchill aimait à se considérer comme issu du même moule que son illustre ancêtre John Churchill, duc de Marlborough, le génie de la guerre du XVIIIe siècle qui n'a jamais perdu une bataille et a remporté des victoires dont les noms résonnent encore aujourd'hui : Blenheim, Ramillies, Malplaquet, Audenarde. Celles-ci lui ont valu son titre de duc et suffisamment de récompenses financières pour faire construire le palais de Blenheim, où Winston verrait le jour. Des années plus tard, ce dernier a consacré à son aïeul une biographie en deux volumes dans laquelle il fait revivre les exploits militaires du duc comme s'il s'agissait des siens.

Mais, personnellement, en tant que chef de guerre, ses casseroles étaient légion et ses références n'étaient guère glorieuses. Dans sa jeunesse, il avait bien été officier de cavalerie chez les hussards mais il avait tout de même raté deux fois ses examens d'admission au Royal Military College de Sandhurst. Il n'avait pu y entrer qu'après la troisième tentative et, encore, avec des notes trop faibles pour être pris dans l'infanterie, plus prestigieuse, au grand regret de son père.

Anvers… et contre tous

Le besoin maladif qu'avait Churchill de s'occuper de tout a suscité nombre d'interrogations quant à ses véritables compétences militaires. En tant que premier lord de l'amirauté, au début de la Grande Guerre, il a été incapable de se contenir dès que les hostilités se sont rapprochées du Royaume-Uni. Quand les forces allemandes ont atteint le port d'Anvers – un point d'entrée qu'il était vital que les alliés détiennent –, ce fut avec enthousiasme que Churchill se confia à lui-même la tâche de diriger la défense de la ville. Quelques jours après son arrivée sur place, il prit conscience qu'on avait besoin de lui à Londres pour gérer les affaires de l'amirauté. Il télégraphia donc au Premier ministre Asquith pour lui proposer de démissionner afin de pouvoir coordonner l'action sur le terrain « à condition qu'on [lui] accorde le grade et l'autorité nécessaires, ainsi que tous les pouvoirs d'un commandant ». Asquith écrivit plus tard, dans un courrier privé, que cette proposition avait été accueillie au Cabinet par « des rires homériques » et commenta l'absurdité de la requête : « W est un ex-lieutenant des hussards qui, si sa proposition avait été acceptée, se serait retrouvé à commander deux généraux de division distingués, sans parler des généraux de brigade, des colonels, etc. » Quelques jours plus tard, dans une autre lettre, Asquith se plaignait : « Winston persiste à rester là-bas, ce qui laisse l'amirauté sans chef, et j'ai dû demander que l'on me soumette toutes les décisions. » Malgré tous les efforts de Churchill, la ville d'Anvers est tombée quatre jours après son retour à Londres.

Un ventre pas si mou que ça

L'« esprit tapageur » de Churchill (selon les termes de Margot Asquith sur un dessin qu'elle lui a offert pour son quarantième anniversaire en novembre 1914) se laissait instantanément happer par la nouvelle grande idée du moment. Il était convaincu que les alliés devaient répondre aux attaques allemandes par une offensive vigoureuse. Au départ, il voulait lancer un assaut direct sur l'Allemagne en passant par la mer du Nord mais quand une option encore plus spectaculaire se présenta, il s'empressa de s'en saisir. Comme il était toujours partant pour les idées fantasques, celle d'une attaque surprise en un lieu inattendu se concrétisa. Ce fut donc à la force du poignet qu'il convainquit le Cabinet de lancer la funeste opération qui allait ternir sa réputation pour les vingt ans à venir : les Dardanelles. Il s'agissait d'envahir une minuscule péninsule turque par la mer afin de pouvoir prendre Constantinople et – concept encore plus douteux – de marquer le début d'une marche dans le « ventre mou » de l'ennemi.

La bataille des Dardanelles a fini dans un bain de sang face à des défenses turques beaucoup plus résistantes que prévu qui ont empêché leurs assaillants de quitter les plages. Au cours des neuf mois qu'a duré le carnage, sur le demi-million de soldats alliés envoyés, plus de la moitié ont été blessés et quarante-deux mille ont perdu la vie. Étant donné que les généraux ne connaissaient pas le terrain et ne disposaient que de mauvaises cartes (on leur avait fourni en Égypte des guides touristiques vieux de dix ans), on a fini par évacuer les troupes qu'en janvier 1916. Ainsi que l'a formulé un éminent spécialiste : « Peut-être à l'exception de la guerre de Crimée, l'expédition des Dardanelles a été l'opération la plus mal montée et la plus stupidement contrôlée de toute l'histoire militaire moderne de la Grande-Bretagne. » Après ce tragique fiasco, on douta encore longtemps des facultés de jugement de Churchill.

Le point de vue d'un général

Durant la Seconde Guerre mondiale, les relations de Churchill avec les généraux étaient souvent tendues, même si pour le monde extérieur, on entretenait une solide image d'unité face à l'adversité. Dans des journaux personnels qui n'ont été rendus complètement publics qu'en 2001, le général d'armée Sir Alan Brook, chef d'état-major de l'Empire britannique et plus haut conseiller militaire du gouvernement – un poste qu'il a occupé de 1941 à la fin de la guerre –, confiait considérer Churchill comme « un danger public ». En 1944, suite à un différend, il a écrit de lui : « Il ne connaît pas les détails, n'a que la moitié du tableau en tête, dit des absurdités, et fait bouillir mon sang quand j'entends ses inepties. Ce qu'il y a de merveilleux, c'est que les trois quarts des gens s'imaginent que Churchill est l'un des plus grands stratèges de l'Histoire, un deuxième Marlborough, et que l'autre quart n'a aucune idée du danger public qu'il est. » Selon l'historien, A.J.P. Taylor, même s'il n'a pas toujours pu le faire, Churchill a plusieurs fois proposé de renvoyer tous ses principaux amiraux. Il n'en éprouvait aucun remord. Quand on lui faisait remarquer qu'Hitler maltraitait ses généraux, il reconnaissait : « J'en fais autant. »

L'un des rares à s'être opposés

Il renvoya notoirement Sir Hugh Dowding, son général d'armée aérienne, alors qu'il venait de remporter la cruciale bataille d'Angleterre, juste parce qu'il avait osé s'opposer à l'une de ses décisions plus tôt au cours de la guerre. Churchill pardonnait rarement qu'on le contredise ouvertement. Ce geste est resté sur le cœur des pilotes de la bataille d'Angleterre pendant des années. Quand Dowding est mort en 1970, l'un des hommes qui avaient servi à ses côtés a déclaré lors de son oraison funèbre : « Nous étions unanimes sur le fait qu'il avait été traité lamentablement. De toute l'histoire militaire de ce pays, aucun commandant compétent n'a jamais été traité comme il l'a été. » Le légendaire pilote Douglas Bader a, lui aussi, exprimé son point de vue : « Lord Dowding est probablement inconnu de la majeure partie des jeunes gens. C'est pourtant grâce à lui, plus qu'à quiconque, qu'ils ont été élevés selon le mode de vie anglais et dans la langue anglaise. Ils auraient pu parler allemand. »

Dowding était incontestablement l'homme de la situation pour son poste durant les jours sombres de 1940. Résolu, solitaire et distant, il était surnommé « Stuffy » (ce que l'on pourrait traduire par « Coincé ») par ses collègues. Le *Dictionary of National Biography* le présente ainsi : « Un homme sans compromis qui, par conséquent, pouvait susciter la colère, l'exaspération, le respect ou le dévouement, voire tout cela en une seule journée. » Le général a tout de même joui d'une certaine forme de reconnaissance publique en 1969 quand il a reçu une *standing ovation,* au son d'une fanfare de trompettes, lors de la première du film *La Bataille d'Angleterre*. Dans la salle, il était entouré de trois cent cinquante pilotes qu'il avait autrefois eus sous ses ordres. À sa mort, quatre mois plus tard, l'amertume est revenue. Son ancien secrétaire personnel a tristement remarqué : « Il est rarement arrivé, dans notre histoire, qu'un homme méritant autant de ses compatriotes n'ait voulu et obtenu que si peu. »

Bouger pour bouger

Churchill s'est souvent heurté aux autres au moment de prendre des décisions stratégiques, ce qui est probablement normal pour tout haut dirigeant politique. Cependant, certaines de ses obsessions récurrentes confinaient au donquichottesque. Peut-être parce qu'il rejouait sa stratégie de la Première Guerre mondiale, il accordait une énorme importance à un second front au sud de l'Europe, une zone qu'il appelait le « ventre mou de l'Axe ». Selon les historiens, cette vision de la situation était erronée puisqu'il suffisait de connaître un peu sa géographie pour comprendre que l'arrière-pays méditerranéen était tout sauf mou. Étant presque entièrement montagneux, il était, au contraire, très difficile d'y pénétrer. Au bout du compte, aucune armée alliée n'est jamais parvenue à atteindre l'Allemagne par le sud. Hélas, il importait plus souvent à Churchill de « faire quelque chose » que de faire ce qu'il fallait. En 1941, il négligea l'avis de l'amiral Pound, son chef d'état-major de la marine, et envoya deux de ses plus gros et plus récents navires de guerre, le *Prince of Wales* et le *Repulse*, en Extrême-Orient pour y faire office de « vague menace » contre les Japonais. Ne disposant d'aucune couverture aérienne, ils ont tous deux été coulés une semaine après leur arrivée, dès leur premier affrontement avec l'ennemi. Huit cent quarante hommes ont péri et le Japon n'a perdu que quatre avions. Un historien a ainsi commenté cet épisode : « C'était tout Churchill ; s'il ne pouvait pas faire quelque chose d'efficace, il faisait quelque chose d'inefficace. »

« Mobiliser le langage »

Churchill a toujours fait preuve d'un grand sens de la formule – d'une maîtrise sans égale de la langue – et il s'agit là d'un aspect de sa gouvernance en temps de guerre qui pourrait sembler incontestable. Il a, d'ailleurs, laissé à la postérité plusieurs des meilleures phrases jamais prononcées. Il avait apparemment l'art et la manière de trouver les mots les plus parfaitement adaptés à chaque situation : « Du sang, du labeur, des larmes et de la sueur », « Jamais tant de gens [...] n'ont dû à si peu », « pas la fin ; ni même le commencement de la fin, mais la fin du commencement », « le rideau de fer », etc. En 1954, le journaliste radiophonique américain Ed Murrow a exprimé cette idée lors d'une émission en l'honneur du quatre-vingtième anniversaire de Churchill : « Il a mobilisé la langue anglaise et l'a envoyée sur le champ de bataille. »

On n'avait, effectivement, encore jamais vu un politicien manier les mots avec tant de magie. Peu d'autres leaders nous ont laissé autant de grandes citations. Cependant, on aurait tort de croire que ces formules étaient de pures inventions personnelles. La plupart d'entre elles avaient déjà une histoire. Churchill lisait beaucoup, prenait plaisir à imager son langage et écrivait des livres. C'était un auteur historique accompli et s'il a remporté un prix Nobel en 1953, c'était pour sa littérature et non pour son travail politique. Cela lui donnait forcément un avantage sur le politicien moyen. Mais ce que l'on peut tout de même lui reprocher en la matière, c'est qu'il glissait les formules dans ses discours comme s'il en était l'auteur. D'autres à sa place se seraient peut-être sentis obligés de citer leurs sources d'inspiration.

« Du sang, du labeur, des larmes et de la sueur » : dans son premier discours à la Chambre des communes, le 13 mai 1940, trois jours après son accession au poste de Premier ministre, Churchill présenta son nouveau gouvernement et expliqua clairement à la nation quelles étaient les difficul-

tés qui l'attendaient. La Belgique, les Pays-Bas et le Luxembourg avaient été envahis lors de la guerre éclair, le jour où il était arrivé au pouvoir, et les forces allemandes venaient de passer la frontière française pour la première fois. Son célèbre message représentait à la fois un défi – « Vous vous demandez quel est notre but ? Je peux répondre en un mot : victoire. La victoire à tout prix, la victoire malgré toute la terreur, la victoire, aussi longue et pénible que puisse être la route » – mais également un avertissement – « Je vais dire à la Chambre ce que j'ai dit à ceux qui ont rejoint ce gouvernement : "Je n'ai rien à offrir que du sang, du labeur, des larmes et de la sueur." »

A priori, rien ne laisse supposer que cette formule a été empruntée. Pourtant, avec un peu de culture littéraire, on peut remonter très loin. Le poète anglais John Donne a utilisé une expression similaire dès 1611 : « Il est vain d'agir ainsi ou d'apaiser cela avec tes larmes ou ta sueur ou ton sang. » Byron s'en est également servi dans *L'Âge de bronze* (1823), « Année après année, ils votaient cent pour cent de taxes, notre sang, nos sueurs, des millions arrosés de larmes. – Pourquoi ? Pour leurs revenus. » Enfin, Lord Alfred Douglas a également exploité la même idée dans un poème paru en 1919 : « [La poésie] se forge lentement et patiemment, maillon après maillon, avec de la sueur et du sang et des larmes. »

En Amérique, Theodore Roosevelt, futur président, a lui aussi utilisé une formulation du même ordre dans son discours au Naval War College en 1897, alors qu'il était sous-secrétaire à la marine :

« Chacun d'entre nous est plus apte à répondre aux devoirs et aux responsabilités de la citoyenneté à cause de périls dont la nation a triomphé dans le passé ; à cause du sang et de la sueur et des larmes, du labeur et de l'angoisse, dont, en un temps révolu, nos ancêtres ont su triompher. »

Certains chercheurs pensent que Churchill a également puisé son inspiration chez Garibaldi, le révolutionnaire italien. Ce dernier a, en effet, utilisé une idée comparable en 1849 quand Rome était assiégée : « Que ceux qui veulent continuer la guerre contre l'étranger me suivent [...] Je leur offre la faim, la soif, les marches forcées, les batailles et la mort. »

En tout cas, au moment où Churchill a préparé son discours, la formule avait déjà des racines bien développées. Cependant, c'est sa version que l'Histoire a retenue et elle lui en a attribué l'entière paternité.

« Jamais tant de gens n'ont dû à si peu » : l'hommage de Churchill à la RAF durant la bataille d'Angleterre, en 1940, est devenu le plus légendaire des cas dans lesquels cette formule percutante a été utilisée. Si celle-ci était bien de lui, il s'en était néanmoins déjà servi plusieurs fois dans ses premiers écrits. Dans son *History of the English-speaking Peoples* (Histoire des peuples anglophones) – qui bien que n'ayant été publié qu'après la guerre a principalement été écrit dans les années 1930 –, il avoue en avoir emprunté le principe à « un contemporain » pour décrire une déroute anglaise face à l'armée écossaise durant la Première Révolution anglaise : « Jamais tant d'hommes n'ont couru

face à si peu. » En outre, il avait fait plusieurs fois appel au même procédé dans ses premiers discours, dont une fois en 1908, en référence au barrage sur le Nil : « Nulle part au monde tant d'eau n'a été retenue par si peu de maçonnerie. » On notera également une phrase des mémoires du commandant Sir John Moore, parues au XVIIIe siècle, dans le passage consacré au siège de Calvi : « Jamais tant de travail ne fut effectué par si peu. » Il s'agit donc, là encore, d'une formule plus usée qu'on ne l'a probablement pensé à l'époque, voire qu'on ne le croit encore aujourd'hui.

« Ce n'est pas la fin. Ce n'est même pas le commencement de la fin. Mais c'est, peut-être, la fin du commencement » : Churchill a fait cette célèbre estimation de la situation après la première grande victoire des alliés contre l'Axe, celle d'El-Alamein, en novembre 1942. Nombreux étaient ceux qui, à l'époque, étaient tentés d'y voir le signe d'un retournement de situation. (Il s'est avéré qu'ils avaient plus ou moins raison. Bien plus tard, Churchill a écrit dans ses mémoires : « Avant El-Alamein, nous n'avions jamais connu de victoire. Après El-Alamein, nous n'avons jamais connu de défaite. ») Mais, en 1942, le Premier ministre devait tempérer l'optimisme car il savait que son pays allait encore devoir lutter un certain temps.

On sait que Churchill a emprunté cette formule à l'un de ses collègues. Au début de la Première Guerre mondiale, en septembre 1914, alors qu'il était à la tête de l'amirauté, il avait partagé l'estrade lors d'un meeting politique avec son grand ami et confrère député, Frederick Edwin Smith.

Ainsi que le rapporta alors le *Times*, Smith y avait fait mention d'un pessimiste qu'il avait entendu parler la semaine précédente, « au moment où les nouvelles semblaient sinistres », et déclarer que c'était le commencement de la fin. « Il avait tort. Ce n'était que la fin du commencement », avait lancé Smith sous les applaudissements du public.

Selon les biographes de Smith, Churchill s'est simplement contenté de dépoussiérer cette bonne réplique trente ans plus tard mais, cette fois encore, c'est pourtant à lui que tout le monde l'attribue aujourd'hui.

« Un rideau de fer s'est abattu sur le Continent » : cette image qu'utilisa Churchill en 1946 – lors d'un discours prononcé à Fulton, dans le Missouri – pour décrire la division de l'Europe d'après-guerre alors que Staline occupait les États de l'Est est devenue le symbole des quarante ans de Guerre froide qui ont suivi. La formule englobait tout ce que le communisme inspirait à l'Ouest : une ambiance de danger et de menace ; un sentiment de résolution dans l'action et l'intention ; une aura de division, de dureté et de secret. L'expression embrassait tout cela à merveille… mais elle n'était pas de Churchill.

On en trouve une utilisation plus ancienne dans *La Nourriture des dieux* (1904) de H.G. Wells : « Un rideau de fer s'était abattu entre lui et le monde extérieur. » Élisabeth de Belgique s'en est également servi pour décrire sa déchirante situation (elle était allemande) au début de la Première Guerre mondiale : « Entre eux [les Allemands] et moi, un rideau de fer sanglant est descendu pour toujours. »

En 1915, dans *A Mechanistic View of War and Peace* (« Une vision mécaniste de la guerre et de la paix »), l'auteur George Washington Crile a eu recours à la même image : « La France [...] une nation de quarante millions d'habitants avec des griefs profondément ancrés et un rideau de fer à sa frontière. » Et, dans un contexte spécifiquement russe, alors que la révolution communiste battait son plein, Vasily Rozanov a écrit dans *L'Apocalypse de notre temps* (1918) : « En cliquetant, en craquant et en grinçant, un rideau de fer descend sur l'histoire de la Russie. » En 1920, dans *Through Bolshevik Russia* (« À travers la Russie bolchevique »), Ethel Snowden racontait son arrivée à Petrograd aux premiers jours de la révolution : « Nous étions enfin derrière le "rideau de fer". »

Le moins estimable et le plus récent des antécédents est probablement celui du chef de la propagande nazie Josef Goebbels qui a également employé la formule alors que la Seconde Guerre mondiale touchait à sa fin. En février 1945, dans l'hebdomadaire *Das Reich*, il a fait une prévision dont la ressemblance avec celle que ferait Churchill un an plus tard donne froid dans le dos : « Si les Allemands déposaient les armes, les accords entre Roosevelt, Churchill et Staline permettraient aux Soviétiques d'occuper toute l'Europe de l'Est et du Sud-Est ainsi que la majeure partie du Reich. Un rideau de fer descendrait aussitôt sur ce territoire. » Le ministre des Affaires étrangères allemand, le comte Schwerin von Krosigk, a lui aussi employé la même métaphore le 2 mai 1945 lors d'un message radiophonique adressé à sa nation occupée par les armées soviétiques : « À l'Est, le rideau de fer, derrière lequel le travail de destruction continue à l'abri des regards du monde, avance régulièrement. » Ces déclarations de Goebbels et de Krosigk avaient beaucoup été reprises par la presse britannique.

Apparemment, la formule serait venue à l'esprit de Churchill parce qu'il en avait usé juste dix jours plus tôt dans un télégramme adressé au président Truman pour lui faire part de ses inquiétudes quant au manque d'informations sur les activités des Russes en Europe de l'Est.

Il a donc répété cela publiquement à Fulton dix mois plus tard… et c'est de « son » rideau de fer que le monde se souvient.

Quand l'ordre naît du chaos

Les méthodes de travail de Churchill étaient particulièrement inhabituelles. Il aimait travailler au lit, d'où il rédigeait une grande partie de ses discours et préparait ses dossiers gouvernementaux. Ceci n'avait absolument rien de secret. Il faisait venir ses secrétaires pour leur dicter des textes et travaillait en compagnie de ses animaux familiers. Il y avait pratiquement toujours un chat (Nelson ou Smokey selon l'époque) qui s'étirait au bout du lit. À un certain moment, une perruche ondulée du nom de Toby a également habité les lieux. Elle était libre de voler à son gré dans la pièce et passait beaucoup de temps perchée sur le crâne chauve du Premier ministre. Pour se protéger des fientes, ce dernier se posait une éponge sur la tête. L'une des personnes qui ont assisté à ces curieux arrangements a écrit dans son journal que la secrétaire qui prenait des notes « devait se débrouiller pour garder son sérieux pendant qu'elle notait les propos sur les affaires nationales que lui dictait le Premier ministre du Royaume-Uni, dans son lit, avec une éponge en équilibre sur la tête et une perruche en équilibre sur l'éponge ».

Étant donné sa nature infatigable et énergique, quand Churchill se consacrait à quelque chose, il était totalement absorbé. Il passait un temps fou à préparer ses discours. (Il a été l'un des premiers à en écrire la plupart lui-même.) Pour les grandes occasions à la Chambre des communes, il les réécrivait et les révisait jusqu'à la toute dernière minute. Ses secrétaires ont souvent raconté avoir dû taper à la machine en voiture, sur leurs genoux, tandis que Churchill conduisait sur les routes de campagne sinueuses qui mènent de Londres à Chartwell, sa retraite dans le Kent. Kathleen Hill, qui a été sa secrétaire personnelle tout au long de la guerre, a même narré une occasion où Churchill avait déjà commencé son discours à la Chambre alors qu'elle était encore en train de taper les pages suivantes à l'extérieur et qu'on les lui faisait passer au fur et à mesure.

Il est de notoriété publique que Churchill attendait de ses collaborateurs qu'ils travaillent avec autant d'acharnement que lui. (Il avait même conçu des étiquettes « agir aujourd'hui » qui, jointes à ses instructions, terrorisaient leurs destinataires.) Au début de la guerre, à l'insu de la population, les pratiques du Foreign Office étaient restées très détendues. En novembre 1940, alors que la guerre était commencée depuis plus d'un an, c'est avec une satisfaction palpable que le secrétaire privé de Churchill, Jock Colville, a noté dans son journal : « Le Foreign Office commence désormais à neuf heures du matin – deux heures plus tôt que la normale. »

Plaisirs cachés

Ses habitudes personnelles étaient également peu orthodoxes. Sachant que sa consommation d'alcool aurait été phénoménale pour n'importe quel être humain, autant dire combien elle l'était pour un Premier ministre et chef de guerre. Tous les jours, il prenait un whisky soda après son petit déjeuner, suivi d'une bouteille de champagne avec son repas de midi qu'il faisait couler avec du brandy et du whisky, du cognac au dîner et encore du whisky le soir (le moment qu'il préférait pour travailler). Par rapport aux recommandations médicales actuelles, il consommait en une journée ce qu'une personne normale peut boire au maximum en une semaine. Et c'était *tous* les jours. Quoi qu'il en soit, bien que Roosevelt ait dit que Churchill était « soûl la moitié du temps », ses collaborateurs ne l'ont jamais vraiment vu ivre. Néanmoins, voici comment son secrétaire privé a décrit la salle de l'immeuble de l'amirauté où il travaillait la nuit pendant la guerre : « À côté de son bureau, il y a une table couverte de bouteilles de whisky, etc. »

Il fumait également d'énormes cigares – jusqu'à sept par jour selon l'un de ses biographes – qui sont devenus un élément de son image de marque durant la guerre. En 1997, on a découvert que, plus tard dans sa vie, il s'agissait surtout d'une question de communication photographique. En 1950, alors qu'il avait soixante-quinze ans, il a confessé à l'un de ses collaborateurs qu'il avait pratiquement arrêté de fumer mais que cela devait rester secret pour que l'on continue de penser que sa vitalité était intacte. (Il allait, d'ailleurs, redevenir Premier ministre l'année suivante pour trois ans et demi.) Il avait également ajouté : « J'ai un truc pour les photographes. Je garde toujours un cigare à moitié fumé sur moi et je le sors juste au bon moment. »

Toute une vie en une phrase

Son proche ami du temps de la guerre, Lord Beaverbrook, a déclaré : « Churchill au sommet de la vague est de l'étoffe dont on fait les tyrans. » Le politicien conservateur Robert Boothby a formulé cela un peu plus directement : « Winston était une merde, mais nous avions besoin d'une merde pour vaincre Hitler. »

* * *

MODESTE, MAIS PAS SUR SON PASSÉ MILITAIRE

Clement Attlee, qui a succédé à Churchill après la guerre, a probablement été le plus modeste de tous les Premiers ministres britanniques. Décrit par l'historien Eric Hobsbawm comme doté du charisme du directeur d'agence bancaire moyen, il était extrêmement réservé, taciturne, et ne s'égayait qu'avec les résultats du cricket et les mots croisés du *Times*. Ayant plus nourri le désir secret d'être poète que politicien, il était l'homme le moins inspirant qui puisse être. Il était si timide qu'à l'université il assistait aux débats de l'Oxford Union sans jamais oser s'y exprimer.

En 1998, on s'est aperçu que ses états de service pendant la Première Guerre mondiale ont été retouchés quand il est devenu Premier ministre en 1945 afin de corser un peu leur contenu. En tant qu'officier dans le Tank Corps, Attlee avait servi aux Dardanelles et au Moyen-Orient durant les deux premières années de la guerre mais n'avait participé à aucune action jusqu'en 1916, où il avait été blessé et rapatrié en Angleterre dès sa première bataille. Selon ses propres mémoires, il était rarement retourné sur le front de l'Ouest après cela.

Plus de cinquante ans plus tard, les archives nationales britanniques ont révélé que son dossier officiel avait été subrepticement modifié en 1945 afin qu'on y lise qu'il était retourné au Corps après sa blessure et avait continuellement servi en France jusqu'à la fin de la guerre. La supercherie a été découverte quand son ancien régiment (qui avait reçu une lettre contenant les informations erronées) a demandé au bureau du Premier ministre de confirmer ses états de service. Les archives ont alors déclaré ne pas savoir à la demande de qui les modifications avaient été effectuées. Quoi qu'il en soit, il était clair qu'Attlee était au courant et n'avait rien contesté. Apparemment, en 1945, l'image et la communication comptaient déjà parmi les principales préoccupations du 10 Downing Street.

* * *

UN MAÎTRE DE L'IMAGE

Harold Wilson fut l'un des premiers Premiers ministres à exploiter la manipulation télévisuelle pour remporter l'attention du public. L'élection de 1964 donna lieu à la première campagne télévisée britannique et ce fut Wilson qui la remporta pour le parti travailliste. À l'époque, le journal du soir diffusait des extraits des discours des chefs de partis filmés en direct durant des meetings. Pour tout le monde, il s'agissait donc de ce que le candidat était en train de dire au moment où les caméras se mettaient à tourner mais pour Wilson, tout était différent. Selon Michael Cockerell, observateur de longue date du 10 Downing Street, Wilson savait parfaitement que la BBC diffuserait environ une minute de son discours en direct. « Dès qu'il voyait s'allumer la lumière rouge sur la caméra – ce qui signifiait qu'il était à l'antenne –, il s'arrêtait au milieu de sa phrase et prenait une feuille de papier sur laquelle se trouvait un paragraphe incisif et croustillant à l'intention des téléspectateurs. » Dès que la lumière s'éteignait, il reprenait son speech où il l'avait laissé. Il a ainsi touché des millions de gens car ce subterfuge paraissait naturel à ceux qui l'écoutaient chez eux et leur donnait l'impression de n'avoir bénéficié que de la partie apparente d'un iceberg oratoire. Cette technique parfaitement maîtrisée leur donnait envie d'en entendre plus.

Le coup de la pipe

Pour répondre aux nouvelles exigences médiatiques, l'autre truc de Wilson consistait à toujours avoir une pipe à la main. Cockerel a découvert que celle-ci n'était là que pour la télévision. En fait, le candidat travailliste avait l'habitude de lever le poing avec force pour appuyer certains points et cela paraissait trop menaçant à l'écran. Ses conseillers lui avaient donc demandé de tenir une pipe pour atténuer l'aspect agressif de son geste. Au fil des ans, l'objet a fini par devenir pratiquement synonyme de Wilson. La préférence de ce dernier pour le cigare était un secret très protégé.

Le sac qui contenait un secret

Vers la fin des années 1960, l'équipe rapprochée de Wilson au 10 Downing Street avait acquis une réputation digne d'une série télévisée actuelle pour ce qui était de baigner dans les intrigues et les activités de couloir. Marcia Williams, la secrétaire personnelle au caractère bien trempé du Premier ministre, exerçait sur ce dernier une influence mystérieusement magnétique que l'on a toujours eu du mal à expliquer. Cela a donné naissance à des tas de rumeurs quant à un éventuel secret. (Elle était connue pour son habitude de tapoter ostensiblement sur son sac à main face à Wilson et ses collègues dans les moments de tension, comme si elle sous-entendait… quelque chose.) Cela fut officiellement confirmé en 2005, dix ans après la mort de Wilson, quand des documents officiels furent rendus publics. Ceux-ci concernaient une sordide affaire juridique datant de 1974 où il était question de l'un des conseillers de Wilson qui serait mort à cause de stress et de surmenage quatre ans auparavant. Selon l'épouse éplorée du défunt, qui demandait des dommages et intérêts, cela était principalement dû à l'exigence de Williams. Au procès, il fut fait référence à l'existence d'un secret qui aurait fait chuter Wilson s'il avait été découvert. Seuls le conseiller décédé, Williams et Wilson savaient ce dont il s'agissait. Le Premier ministre a réussi à faire traîner l'affaire jusqu'à ce que la veuve abandonne. Maintenant que Wilson est mort et enterré, il ne reste plus qu'une personne vivante qui sache. À bientôt quatre-vingts ans, il y a peu de chances qu'elle parle.

* * *

L' ANTIROUILLE DE LA DAME DE FER

On imagine mal Margaret Thatcher cacher de sombres secrets personnels. Cependant, en 2003, son assistante personnelle, Cynthia Crawford – qui l'a servie tout au long de ses onze années de mandat, de 1979 à 1990 – a révélé que dans les moments de stress, elle restait debout toute la nuit à boire du whisky de la marque Bells. (Son mari, Denis, était également connu pour ne pas cracher sur un petit verre.) Crawford devait suivre le rythme, et la guerre des Malouines, en 1982, a été une période particulièrement stressante. « À la fin, j'étais accro au whisky soda », a-t-elle confessé.

L'assistante a également dévoilé que le secret de la légendaire énergie de Thatcher résidait en des piqûres de vitamines. La Dame de fer se faisait régulièrement injecter des vitamines B12 dans les fesses. Elle avait également recours à l'ayurveda, une forme de médecine indienne, pour gérer son stress. Enfin, bizarrement, se faire administrer de petits chocs électriques dans son bain faisait aussi partie de son traitement. Étant donné la façon impétueuse et rarement populaire dont elle a gouverné la Grande-Bretagne, elle devait avoir sacrément confiance en ses médecins.

* * *

LA VIE SECRÈTE DU FÜHRER

Aujourd'hui, on connaît très bien l'histoire de l'ascension au pouvoir d'Adolf Hitler : un individu aussi déséquilibré que charismatique se présente dans une Allemagne encore endolorie par l'issue de la Première Guerre mondiale et enlisée dans la crise économique des années 1930. Il se pose en sauveur et décide de ranimer la nation en l'appelant à combattre des démocraties prétendument faibles et débauchées. Les historiens se sont longtemps demandé si Hitler planifiait et orchestrait vraiment ses actions à sa guise ou s'il se contentait de profiter de l'inconscience de ses adversaires. Pour A.J.P.

Taylor, il s'agissait avant tout d'un impitoyable calculateur politique et militaire qui savait ce qu'il voulait accomplir à une époque où tous les autres ne savaient que ce qu'ils voulaient éviter.

Les grandes lignes de cette description ont peu de chances de changer. Cependant, les recherches modernes ont apporté d'intéressantes nouvelles perspectives quant aux autres forces qui auraient contribué à l'ascension du Führer. En 2002, elles ont ravivé une vieille histoire que l'on croyait depuis longtemps oubliée, à savoir qu'Hitler aurait eu recours aux services d'un voyant durant l'année cruciale qui précéda son accession au pouvoir. Et nous ne parlons pas là du premier oracle venu mais d'Erik Jan Hanussen, le médium le plus célèbre d'Allemagne en son temps. Aussi méconnu qu'il puisse être aujourd'hui, dans les années 1920, il était la coqueluche des night-clubs berlinois car il avait su adapter son numéro à l'ambiance débauchée de l'endroit. Apparemment, sur scène, le clou de son spectacle consistait à persuader des femmes sous hypnose qu'elles étaient en train de vivre de frénétiques ébats sexuels jusqu'à ce qu'elles parviennent à l'orgasme.

De nouvelles directions

Hanussen fit sa première prédiction politique en mars 1932 en annonçant, contre toute attente, qu'Hitler deviendrait un leader dans l'année. À l'époque, la plupart des participants considéraient trop l'agitateur munichois comme un *outsider* pour voir en lui un candidat viable. Pour eux, il tenait plus du bouffon mégalomane que du futur chancelier. D'ailleurs, au cours de ladite année, après une rapide ascension, ses chances semblaient être retombées. Aux élections de novembre, les nazis avaient reculé de quinze pour cent et perdu une proportion similaire de sièges au Reichstag.

Dans les moments tumultueux, Hitler se tournait fréquemment vers Hanussen. Cependant, cela se faisait dans le plus strict secret. S'il avait été pris à consulter un diseur de bonne aventure, cela aurait porté un coup fatal à sa crédibilité. Il a pourtant consulté Hanussen une douzaine de fois, dont l'une dans son QG berlinois au début du mois de janvier 1933. Cette fois encore, le voyant prophétisa sa réussite. Au cours de ce même mois, des négociations extrêmement complexes permirent à Hitler de prendre de l'envergure et il en ressortit nouveau dirigeant de l'Allemagne, même si le gouvernement ne comptait que deux membres de son parti. Tous les autres parlementaires étaient convaincus qu'en ayant habilement intégré le mouton noir à leurs plans, ils allaient pouvoir le contrôler comme une marionnette.

Une étoile filante

Le résultat étonnamment bien accueilli de ces événements augmenta le prestige d'Hanussen proportionnellement à celui d'Hitler (lui-même de plus en plus persuadé que le destin était de son côté). Mais l'étoile d'Hanussen allait rapidement tomber. À peine un mois plus tard, à la veille de l'incendie du Reichstag – que l'on pense aujourd'hui avoir été commandité par Karl Ernst, le chef des SA –, Hanussen s'était exprimé lors d'une séance à laquelle assistaient des officiels nazis. Il y avait prédit qu'« une grande maison » allait partir en flammes. Qu'il se soit agi d'une véritable prémonition ou que le médium (qui côtoyait désormais du monde en hautes sphères) ait obtenu cette information de personnes initiées, il s'était mis dans une sale posture. Quand, après coup, les accusations se mirent à fuser, le régime nazi nia formellement toute responsabilité et désigna comme coupable un communiste néerlandais un peu simple d'esprit. Il se peut donc qu'Hanussen ait alors été perçu comme une menace potentielle à cette couverture. En tout cas, ce n'est probablement pas un hasard si ce sont les SA qui l'ont arrêté et sommairement exécuté en mars.

Qu'Hitler ait touché aux sciences occultes est tout à fait crédible. Le nazisme était profondément enraciné dans la mythologie germanique et aryenne. Cependant, il existait au moins une autre bonne raison pour que les nazis aient voulu faire disparaître toute trace de relation entre Hanussen et Hitler : en vérité, le voyant n'était pas l'aristocrate danois qu'il prétendait être mais un juif tchèque.

De petits soucis familiaux

En 2005, des historiens ont découvert un secret de famille qui aurait probablement causé quelques problèmes politiques et personnels à Hitler s'il avait été révélé de son vivant : l'une de ses cousines germaines a été internée dans un asile psychiatrique puis gazée, en 1940, dans le cadre d'un programme visant à purger l'Allemagne de ses citoyens estimés impurs (que ce soit d'un point de vue racial, mental ou physique). Cela explique peut-être la réticence légendaire d'Hitler à parler de sa famille. Étant donné l'importance de la génétique dans l'idéologie médicale et biologique nazie, reconnaître une telle « déficience » dans sa parenté aurait sérieusement nui à sa position.

Le programme d'élimination des « inadéquats » avait commencé en 1939. Au début, il concernait les enfants handicapés puis, en janvier 1940, on s'était mis à euthanasier les adultes considérés comme des « vies inutiles ». Durant les années de guerre, environ deux cent mille handicapés physiques ou mentaux ont été gazés dans diverses institutions réparties à travers le Reich. L'une d'entre elles, à Vienne, accueillait une cousine d'Hitler (du côté paternel, une branche de la famille marquée par l'instabilité psychologique). Aloisia avait deux ans de moins qu'Hitler. D'après son dossier médical, elle a été tuée en décembre 1940 parce qu'elle souffrait d'« instabilité mentale schizophrénique, d'impotence, de dépression, d'absences, d'hallucinations et de visions ». On ignore si Hitler a été informé de sa mort. Ce qui est sûr, c'est qu'il n'aurait certainement pas voulu que son lien de parenté avec elle soit dévoilé.

Hitler était-il juif ?

Il ne s'agissait pas du seul secret de famille à hanter Hitler. Si ce dernier redoutait que l'on révèle qu'il descendait d'une lignée d'« inadéquats », son autre crainte était encore plus grande : celle qu'il puisse être partiellement juif.

La complexité de son arbre généalogique laissait effectivement la porte ouverte à une telle possibilité. Son père, Alois, était un enfant illégitime ; il avait déjà cinq ans quand sa mère – la grand-mère d'Hitler, donc – s'était mariée. À ce moment-là, Alois avait conservé le nom de jeune fille de sa mère (Schicklgruber) ce qui semble fortement indiquer que le mari, Johann Heidler, n'était pas son père biologique.

Bien plus tard, dans les années 1930, alors qu'il était à l'aube de sa percée politique, Hitler a chargé son avocat personnel, Hans Frank, d'examiner ses origines familiales dans leurs moindres détails. En effet, on le faisait chanter en alléguant que le véritable père d'Alois – et donc son propre grand-père – était juif. La promptitude avec laquelle le leader du parti a demandé à Frank de mener son enquête révèle à quel point il craignait que ceci ne soit rendu public ; ce qui laisse à penser que l'affirmation était peut-être fondée.

Frank a effectivement découvert qu'il existait à Graz une famille juive, les Frankenberger, chez qui la mère d'Alois avait servi comme bonne et qui avait versé à cette dernière de l'argent pour élever son enfant jusqu'à l'âge de quatorze ans. En racontant cet épisode dans ses mémoires, Frank a rappelé que l'on soupçonnait le fils de dix-neuf ans de la famille d'être le père. Il n'a pas précisé d'où provenaient les indices mais seulement fait référence à une longue correspondance entre la mère d'Alois et la famille.

Apparemment, les lettres démontraient que « tous les participants considéraient que [...] l'enfant avait été conçu dans des circonstances justifiant que les Frankenberger versent une pension ». Frank a écrit que cette découverte a été « douloureuse au plus haut degré » pour Hitler. Hélas, nul n'a jamais pu mettre la main sur les fameuses lettres.

Certains historiens émettent des doutes quant à la crédibilité de cette théorie. Des recherches semblent indiquer que tous les Juifs avaient été expulsés de Graz au XVe siècle et qu'aucun ne s'était réinstallé dans la ville avant 1856, c'est-à-dire vingt ans après la naissance d'Alois. Ce n'est, pourtant, peut-être pas le plus important. D'après le point de vue exprimé par l'historien Robert Waite dans la très complète biographie qu'il a publiée en 1977 – la première étude psychologique d'Hitler –, le simple fait de *penser* qu'il pourrait avoir du sang juif « constituait une réalité psychique pour Hitler. Cela a contribué à former sa personnalité et à déterminer sa politique publique ».

La décision qu'a prise Hitler en mars 1938 en donnant lui-même l'ordre de détruire le village autrichien de Döllersheim (officiellement pour y construire un champ de tir) est un indice supplémentaire de son anxiété. Les habitants furent expulsés, les immeubles rasés, les registres de la paroisse emportés et le cimetière rendu méconnaissable. Hitler avait personnellement donné l'ordre qu'il s'agisse de ce village et d'aucun autre alors qu'on aurait pu utiliser des milliers d'hectares vides sans se donner tant de peine. La raison probable ? Döllersheim était le village natal du père du Führer et son cimetière abritait la tombe de la grand-mère qu'il soupçonnait d'avoir souillé son sang.

* * *

ÉNIGMES ROUGES

La santé des leaders politiques a toujours été source de mensonges et de tromperies. Nombreux sont ceux qui ont fait des pieds et des mains pour éviter l'image politiquement fatale du dirigeant malade ou dépendant, ce qui reflète une attente irréaliste mais persistante des électeurs : leurs politiciens sont censés échapper aux faiblesses humaines normales.

Un mort à la tête de l'État

En 1988, on a appris que pendant les six dernières années de sa vie, le dirigeant soviétique Leonid Brejnev était pratiquement un mort que l'on maintenait debout (ou, plus précisément, avachi, le cerveau inactif). Durant le printemps 1976, il n'était pas apparu en public pendant sept semaines. On a appris plus tard qu'il avait été victime d'une grave attaque – on ne connaît toujours pas les détails mais on soupçonne soit une AVC soit une crise cardiaque. Les médecins l'avaient déclaré cliniquement mort mais il s'était suffisamment « rétabli » pour continuer à gouverner le pays. Il a fini par mourir en 1982. Cependant, selon l'historien respecté Roy Medvedev, il avait « cessé de comprendre ce qui se passait autour de lui » et était incapable d'effectuer la plus simple des tâches. Il ne « travaillait » pas plus d'une ou deux heures par jour. Spécialement pour lui, on limitait à quinze ou vingt minutes la durée des réunions du Politburo. De toute façon, il se rendait rarement à son bureau du Kremlin.

Le véritable niveau de gravité de sa maladie n'était connu que de quatre hauts membres du Politburo et d'une poignée de médecins. Afin que le peuple ne s'aperçoive de rien, on utilisait un certain nombre d'artifices élaborés lors de ses apparitions publiques. Un escalier roulant secret lui permettait d'accéder au sommet du mausolée de Lénine pour se montrer lors des occasions nationales comme le veut la tradition. Pour ses discours, son équipe de rédaction avait reçu l'ordre strict de ne pas utiliser de longs mots. Chaque fois, on se demandait s'il allait réussir à tout prononcer en entier et retourner à son siège sans incident.

Apparemment, à cette époque, c'était une structure gouvernante fantôme et un leader inconnu qui prenaient les décisions importantes telles, par exemple, que celle d'envahir l'Afghanistan en 1979. Il semblerait qu'on leur doive également la répression contre les dissidents. Vers la fin de l'ère soviétique, celle-ci s'est avérée catastrophique pour eux sur le plan de la communication car des figures telles qu'Alexandre Soljenitsyne et Andreï Sakharov (prix Nobel de la paix 1975) sont devenues des armes de choix pour l'Occident dans la guerre de propagande qui sévissait alors.

L'enfant est le père de l'homme

Grâce à l'effondrement de l'Union soviétique dans les années 1990 et à l'ouverture des archives de l'État, on en sait également plus sur le passé de Lénine et sur ce qui l'a propulsé au sommet. Apparemment, son besoin de défier l'autorité n'était pas quelque chose de rationnel et de réfléchi qu'il aurait développé à l'âge adulte mais plutôt un trait de caractère profondément ancré remontant à sa prime jeunesse. Son image de politicien insensible, froid et calculateur laisse place à celle d'un homme marqué par une enfance difficile et l'incompétence de ses parents.

En 2000, en passant les archives du Kremlin au peigne fin, on a découvert un texte manuscrit secret dans lequel la sœur aînée de Lénine, Anna, décrit leurs jeunes années. Celui-ci avait été confisqué par les autorités peu après la mort du dictateur en 1924 et consigné dans une cave restée scellée depuis. Anna y dépeint un enfant très perturbé qui, à cause de sa tête anormalement volumineuse et de la faiblesse de ses jambes, était déséquilibré au sens propre du terme et tombait donc souvent. Cela le mettait dans une telle rage qu'il se frappait alors le crâne par terre. Un passage nous apprend que « la structure en bois de la maison faisait chambre d'écho et [que] les sols et les murs résonnaient quand le bambin se cognait la tête sur le tapis – voire à même le plancher ».

Apparemment, ce comportement était tellement obsessionnel que ses parents craignaient qu'il n'entraîne un retard psychologique mais ils ne savaient pas comment le contrôler. Lénine a été perturbé durant toute son enfance. À l'âge de trois ans, par exemple, on l'a vu volontairement piétiner la précieuse collection d'affiches de théâtre de son frère et arracher une à une les jambes du jouet représentant un cheval qu'il avait reçu pour son anniversaire.

Ces révélations nous permettent de voir la fondation du premier État communiste – et de l'une des dictatures les plus oppressives du XXe siècle – sous un nouvel angle. Elles apportent un éclairage plus intime sur les origines des haines et des animosités qui rongeaient Lénine. Et la première conclusion qui vient à l'esprit, c'est que Lénine était avant tout un sale enfant gâté et mal élevé. Les lacunes de ses parents ont coûté très cher à la Russie et au reste du monde.

Un dossier encombrant

En 2001, on a trouvé la preuve que même Staline – dont on aurait pu croire que la réputation était désormais gravée dans le marbre – avait un étonnant et sombre secret dont on n'a rien su pendant presque quatre-vingt-dix ans. Il n'a été révélé qu'après sa mort, et celle de l'Union soviétique.

On estime généralement que Staline a ordonné l'exécution de vingt millions de ses compatriotes pour cause d'opposition présumée au gouvernement communiste. Dans une récente biographie, l'historien Roman Brackman suggère que, durant la turbulente période qui a précédé la révolution de 1917, Staline aurait été un agent de l'Okhrana, la redoutable police secrète du tsar. En fait, il aurait infiltré le mouvement de Lénine pour espionner ses activités insurrectionnelles. Selon Brackman, il se pourrait même que les purges qu'il a effectuées dans les années 1930 n'aient été motivées que par sa crainte de voir son secret éventé.

Apparemment, le dossier de Staline à l'Okhrana ne présentait l'agent que sous le nom de « Vassili » mais contenait d'autres informations l'identifiant clairement. Ce document a été découvert en 1926, soit neuf ans après la révolution. À ce moment-là, Staline – qui, de toute évidence, avait changé de camp – était en train de participer aux luttes de pouvoir consécutives à la mort de Lénine survenue deux ans plus tôt.

Le dossier a fini par tomber entre les mains de Félix Dzerjinski, le fondateur du Guépéou (la police secrète de l'État communiste, ancêtre du KGB). Selon la théorie, Staline en aurait été informé. Curieusement, Dzerjinski est mort peu après, supposément d'une crise cardiaque, à l'âge étonnamment jeune de quarante-neuf ans. Aujourd'hui, on pense qu'il aurait pu être empoisonné par Staline.

Le dossier est resté dans les documents de Dzerjinski jusqu'à ce qu'un jeune agent le trouve en 1929. Une tentative de le faire passer à l'ennemi juré de Staline, Léon Trotski, alors en exil, a échoué et les comploteurs ont été exécutés. Personne n'ayant osé révéler au dictateur que le document avait refait surface, le nouveau directeur du Guépéou le cacha jusqu'en 1936, année où des agents mécontents du gouvernement décidèrent de le rendre public. Avant d'en avoir le temps, ils furent arrêtés sous d'autres prétextes, condamnés lors d'une parodie de procès et exécutés. Selon Brackman, c'est à ce stade que Staline a fini par détruire le dossier une fois pour toutes.

Bien que certains historiens restent sceptiques, si les faits étaient avérés, ils éclaireraient les motivations de Staline sous un nouveau jour. Cela démontrerait principalement qu'il n'était pas un idéologue mais cherchait simplement à étancher sa soif de pouvoir et était toujours prêt à retourner sa veste pour l'obtenir.

Il y a peu de chances que l'on découvre la vérité. Cependant, une petite facette du passé de Staline est désormais plus compréhensible. Les historiens se sont longtemps demandé pourquoi il s'était donné tant de mal à falsifier les documents relatifs à sa naissance à l'époque où il s'élevait dans les rangs révolutionnaires. En effet, quand il est arrivé au pouvoir, il a officiellement déclaré être né le 9 décembre 1879 alors qu'on sait aujourd'hui qu'il est venu au monde le 6 décembre 1878. Pourquoi s'est-il donné la peine de truquer cette information apparemment sans importance ? Son passé dans la police secrète pourrait en être l'explication. Peut-être craignait-il tout simplement que l'on compare un jour sa date de naissance à celle figurant dans le dossier de l'agent Vassili.

Nuits de Chine, nuits câlines…

On en sait plus aujourd'hui sur l'homme à poigne du communisme chinois, Mao Zedong, qu'on n'en a jamais su de son vivant. Le fanatique culte du héros entretenu dans la Chine d'après-guerre et les légendaires maximes sur l'idéologie du parti publiées dans *Les Citations du président Mao Zedong* (alias *Le Petit Livre rouge*) lui ont conféré une image de fontaine de pureté doctrinale : celle d'un dirigeant entièrement dévoué à sa cause et, plus encore, d'un adepte de la vie simple. Il était censé être – et c'est ce que croyaient presque un million de gens – le balai propre qui fait le ménage après des siècles d'empereurs chinois corrompus et cupides.

La vérité est plutôt décevante. Pour ses proches collaborateurs – dont les témoignages n'ont commencé à faire surface que dans les années 1990, presque vingt ans après sa mort –, Mao n'était qu'un écho du passé impérial.

Véritable obsédé, il agissait conformément à la croyance taoïste qui veut que l'activité sexuelle prolonge la vie. On peut lire dans les mémoires de son médecin qu'il a régulièrement été approvisionné en paysannes vierges tout au long de sa vie. Quand il a contracté une infection en 1961, il a refusé le simple traitement qui l'aurait guéri en expliquant que le problème n'affectait pas sa propre santé. Il est resté porteur de la maladie jusqu'à la fin de ses jours et a ainsi contaminé au moins mille jeunes filles.

Mao manquait aussi énormément d'hygiène. D'après ses médecins, il ne prenait jamais de bain. Il ne se brossait jamais les dents non plus mais, comme le veut la tradition rurale chinoise, il se les rinçait quotidiennement au thé vert, si bien qu'elles avaient fini par en prendre la couleur.

Pour un leader de la révolution prolétarienne, Mao aimait bien ses petits à-côtés et ces derniers ne différaient pas outre mesure de ceux des empereurs qu'il avait supplantés. Son préféré, une piscine couverte, représentait un luxe inouï dans la Chine des années 1950. Et, pendant qu'il baignait dans l'opulence, des dizaines de millions de ses compatriotes mouraient à cause de la famine et des difficultés économiques dues à sa politique. Selon une estimation de 2005, soixante-dix-sept millions de personnes ont perdu la vie par sa faute – un triste record supérieur à ceux de Staline et d'Hitler.

Le culte de la personnalité qui s'est développé autour de lui, et qu'il ne manquait pas d'entretenir, a probablement aussi ralenti la croissance économique et militaire de la Chine. À une époque plus détendue, en 1994, un journal chinois a osé calculer qu'avec l'aluminium qui a servi à fabriquer les quatre milliards huit cent mille insignes de métal dont le port était obligatoire durant la révolution culturelle, on aurait pu construire trente-neuf mille six cents avions de chasse Mig.

* * *

LE RÊVE AMÉRICAIN ?

Outre-Atlantique, la politique a toujours été marquée par une exubérance à laquelle aucun pays européen ne saurait se mesurer. Et plus le temps passe, plus les secrets que les politiciens américains s'efforcent de cacher sont spectaculaires.

DES GRANDS IDÉAUX À LA RÉALITÉ

Nous avons déjà parlé de la situation familiale de Thomas Jefferson dans le premier chapitre. De 1801 à 1809, en tant que troisième président américain, il a énormément élargi le territoire de la république en achetant à la France deux millions de kilomètres carrés dans le Midwest et a réussi à tenir son pays à l'écart des guerres napoléoniennes. Cependant, ses lois sur l'embargo (qui interdisaient tout négoce avec les puissances européennes) engendrèrent d'énormes difficultés pour le commerce et le transport maritime. Les historiens les ont, d'ailleurs, décrites comme les plus répressives et les plus anticonstitutionnelles jamais adoptées par le Congrès en temps de paix. En revanche, Jefferson ne se privait de rien en matière de confort. Après huit ans à la Maison Blanche, sa note personnelle de vin s'élevait à dix mille huit cent trente-cinq dollars, ce qui équivaudrait aujourd'hui à un peu plus de deux mille dollars par mois.

* * *

UN PRÉSIDENT CARTÉSIEN

Andrew Jackson – le héros militaire qui a été président de 1829 à 1837 – a plus souvent été blessé à cause de son goût pour les duels qu'en tant que général durant la guerre anglo-américaine de 1812. S'il s'est souvent rendu sur le pré, c'est principalement suite à un scandale dont il avait été victime dans sa jeunesse : il croyait que son épouse, Rachel, avait divorcé de son premier mari mais, comme il n'en était rien, ce dernier l'avait accusé publiquement de bigamie et de vie immorale. Le divorce enfin prononcé, Jackson avait de nouveau épousé Rachel, cette fois en bonne et due forme, et s'était mis à défendre sa réputation en demandant réparation à quiconque s'avisait de déterrer l'affaire. Il a ainsi participé à des dizaines de duels durant son ascension politique. On sait qu'il a tué au moins un de ses adversaires.

Une balle reçue dans la poitrine en 1806 lui avait causé des abcès et des douleurs aux poumons dont il souffrit jusqu'à la fin de ses jours. Il avait également été blessé à l'épaule sept ans plus tard et la balle n'avait pas pu être retirée. Cela lui avait laissé une plaie constamment susceptible de se rouvrir, ce qui arrivait de temps en temps. Durant sa présidence, il avait l'habitude de se saigner régulièrement dans le but d'éviter une hémorragie interne accidentelle. Pour cela, il s'ouvrait lui-même une veine avec un canif et demandait à un serviteur de tenir un bol sous l'entaille.

Sa réputation d'homme sanguinaire l'a suivi toute sa vie. En 1813, alors qu'il était commandant dans l'armée, ses troupes ont massacré des Indiens de la nation Creek à Horseshoe Bent (aujourd'hui en Louisiane). Son opération de répression terminée, Jackson a fait couper le nez de tous les cadavres pour les compter.

Une âme sensible

En dépit des exploits guerriers héroïques pour lesquels il est resté dans l'Histoire, Jackson aurait été l'un des hommes les plus émotionnellement instables à jamais avoir occupé le poste suprême. Paranoïaque, il craignait constamment que l'on s'en prenne à lui ou à sa femme. Cette dernière, Rachel – que l'on décrivait comme « rondouillette, discrète et modeste » –, mourut soudainement en décembre 1828, entre l'élection et le serment de son mari. Elle s'était éteinte dans une profonde détresse après avoir entendu des femmes de la bonne société washingtonienne dire qu'elle n'y serait jamais à sa place en tant que première dame. Victime d'une dépression nerveuse, elle s'était alitée et était morte deux semaines plus tard d'une crise cardiaque. Cela faisait presque quarante ans qu'elle était mariée à Jackson et ce dernier ne pardonna jamais la façon dont elle avait été traitée. Quand une affaire similaire se présenta deux ans plus tard dans son gouvernement et que les membres du Cabinet se mirent à snober l'épouse de son secrétaire à la Guerre, il les renvoya tous sauf un.

* * *

DES PROBLÈMES D'IMAGE

Abraham Lincoln est le président du XIXe siècle que l'Amérique aime le plus et l'Histoire se souvient de lui pour sa franchise et sa candeur (on le surnommait « Honest Abe »). En fait, il a été l'un des premiers à apprendre l'art de manipuler les médias. À une époque où la photographie commençait à devenir un outil politique, il ne partait pas vraiment avantagé car son physique laissait quelque peu à désirer. Durant la guerre de Sécession, le correspondant du *Times* à Washington l'a décrit comme « un homme grand, dégingandé et maigre, mesurant bien plus d'un mètre quatre-vingts, avec les épaules affaissées et de longs bras tombants qui se terminent par des mains d'une taille extraordinaire, cependant largement dépassées par ses pieds en termes de proportions ». Les journaux américains étaient moins raffinés. L'un d'entre eux l'appela même « le babouin de l'Illinois ». Un autre le décrivit comme « un affreux misérable [...] ressemblant à une fripouille couverte de suie, un mélange de bonimenteur, de maquignon et d'oiseau de nuit. C'est un Yankee efflanqué au visage des plus déplaisants et au teint des plus sales. » (Aujourd'hui, les historiens médicaux pensent qu'il souffrait du syndrome de Marfan, une maladie génétique caractérisée par de grandes mains et de grands pieds ainsi que par une allure décharnée. On n'a découvert cela que trente ans après sa mort.)

Par conséquent, lorsqu'il se présenta aux élections pour le Congrès, il demanda au photographe de retoucher la photo de manière à ce qu'il n'ait pas l'air trop émacié. Il s'agit là de l'un des tout premiers cas de manipulation photographique. En 1860, pour les présidentielles, il a eu recours à une méthode encore plus inacceptable pour un observateur actuel. Il existait si peu de portraits en pied de lui que les rédactions des journaux montaient son visage sur le corps d'autres personnes. On l'a ainsi vu sur le torse d'Andrew Jackson et de Martin van Buren, deux anciens présidents, ainsi que sur ceux de plusieurs sénateurs célèbres. Apparemment, aux premiers jours de l'Amérique, la pratique était courante et n'entraînait jamais la moindre conséquence fâcheuse.

* * *

SAUVER LES APPARENCES

L'une des campagnes de dissimulation les plus notoires de l'histoire politique américaine consista à cacher que Franklin Roosevelt était dans un fauteuil roulant. Après une crise de polio survenue en 1921, alors qu'il avait trente-neuf ans et que sa carrière commençait juste à décoller, il n'avait jamais retrouvé l'usage de ses jambes. En public, il portait des attelles qui lui donnaient l'air de « marcher » à l'aide d'une canne discrète et du bras de quelqu'un pour le soutenir. Ses plus proches collaborateurs étaient évidemment au courant et les plus hauts représentants des médias voyaient souvent le Président être porté de son fauteuil à son bureau avant les conférences de presse. Cependant, un pacte aussi tacite que solide garantissait que personne ne révélerait au monde l'importance de son handicap. Il n'apparaissait jamais publiquement en fauteuil roulant parce qu'il craignait que cela soit perçu comme un point faible de sa présidence et, par extension, de son gouvernement. On prend mieux conscience de l'ampleur de la mystification quand on sait que sur les trente-cinq mille photos conservées dans la bibliothèque présidentielle, deux seulement le montrent dans son fauteuil.

Dans le mensonge jusqu'à la fin

La présidence tout entière de Roosevelt, de 1933 à 1945, n'a été qu'une longue crise : au début de son premier mandat, la grande dépression sévissait partout et, à la fin de son dernier, on était en train de sortir de la Seconde Guerre mondiale. Roosevelt a parlé publiquement de ses attelles pour la première fois quelques semaines avant sa mort en 1945. Juste rentré de la cruciale conférence de Yalta, il avait dû demander l'indulgence du Congrès pour faire son rapport assis. Déjà, en 1944, il n'avait pas informé son dernier vice-président de la gravité de son état de santé car il tenait à ce que son image lui permette de briguer un quatrième mandat, ce qui n'avait encore jamais été fait. Il l'a d'ailleurs légitimement obtenu. Cela signifie que lorsqu'il est mort soudainement en avril 1945, trois semaines avant la fin de la guerre en Europe, Truman était très mal préparé aux exigences de ses fonctions à un moment pourtant capital de l'Histoire mondiale.

* * *

UN GOUVERNEMENT FANTÔME

Au mois d'octobre 1919, le président Woodrow Wilson a été victime d'une crise cardiaque extrêmement grave. Suite à cela, à l'insu du monde extérieur, pendant les derniers dix-huit mois qu'il passa officiellement à la tête de l'État, ce fut sa (seconde) femme – Edith, qu'il avait épousée moins de quatre ans auparavant – qui gouverna le pays. En cette fin de Première Guerre mondiale, l'époque était aussi décisive que délicate et le débat faisait rage en Amérique pour déterminer si le Sénat devait ou non approuver le projet de Wilson : la Société des nations, première tentative de création d'une organisation mondiale pour la paix et ancêtre de l'ONU actuelle. À la Maison Blanche tout le monde avait le sentiment qu'il serait catastrophique que le vice-président, Thomas Marshall, prenne le relais (ce qui, normalement, était pourtant la marche à suivre). D'ailleurs, l'intéressé lui-même s'était presque physiquement évanoui d'anxiété à cette idée. Par conséquent, ce fut Edith qui s'en chargea, tout ce qu'il y a de plus officieusement. Elle assistait à toutes les réunions de Wilson, filtrait les membres du Cabinet ou du Congrès qui demandaient à le voir, triait les documents qu'il recevait et dégrossissait les affaires afin de pouvoir le conseiller. Le Président était si faible qu'il ne pouvait même plus signer et sa femme guidait donc sa main quand il devait approuver des textes officiels. Parfois, à la plus grande inquiétude du Congrès, la signature tremblante pouvait laisser penser qu'Edith l'avait carrément imitée. Le rôle dominant de la première dame a fini par devenir une source de frictions et de soupçons chez les hauts politiciens, particulièrement chez les opposants de Wilson, mais on n'en a connu la véritable ampleur qu'après la fin du mandat de son mari.

* * *

UNE IMAGE RETOUCHÉE

La plus grande tromperie relative à la santé d'un président a probablement été le cas de Grover Cleveland, à qui l'on avait enlevé la moitié de l'os de la mâchoire à cause d'une tumeur cancéreuse juste après le début de son second mandat en 1893. Son opération avait été tenue secrète de crainte que le public ne s'en inquiète et que cela n'affecte l'économie qui traversait alors la plus mauvaise passe qu'elle ait connue au XIXe siècle. Deux cents banques s'étaient effondrées, huit mille entreprises avaient fait faillite en seulement six mois et le taux de chômage était de vingt pour cent. Afin de réduire les risques que l'affaire soit éventée, on avait opéré le Président sur un yacht naviguant sur l'East River à New York. On lui avait également fourni une fausse mâchoire en caoutchouc qu'il devait placer dans sa bouche pour donner à son visage une apparence normale et, de toute évidence, cela a très bien fonctionné. Cleveland a réussi à garder son secret jusqu'à la fin de son mandat et même au-delà : on ne l'a découvert qu'en 1917, neuf ans après sa mort.

* * *

UN DROGUÉ AU POUVOIR

Aujourd'hui, on se souvient plus de John F. Kennedy pour ses aspects sombres que pour ses accomplissements politiques. Son habitude de courir continuellement les jupons, à la limite de l'obsession, a fini par devenir le thème de sa présidence. (On pense qu'il a eu des relations sexuelles à trois lors de l'un des bals donnés pour son investiture tandis que sa femme était en train de danser à l'étage en dessous.) Ce que l'on sait moins, en revanche – mais qui est probablement plus important en ce qui concerne la qualité des décisions de l'homme le plus puissant de la planète –, c'est que Kennedy a été accro à la drogue tout au long de sa présidence : il était dépendant aux amphétamines et son médecin personnel le « remontait » jusqu'à quatre fois par semaine.

Kennedy souffrait de constantes douleurs dorsales dues à une vieille blessure de football et celles-ci avaient empiré alors qu'il commandait un bateau de patrouille dans le Pacifique pendant la Seconde Guerre mondiale. Il essayait de se soulager en portant en permanence un corset rigide et inconfortable. Mais en 1960, durant la campagne électorale qui allait le mener à la victoire – et aux premiers jours de la culture de la drogue en Amérique –, il rencontra un médecin new-yorkais, Max Jacobson, dont la spécialité consistait à injecter des cocktails de multivitamines, d'hormones, de cellules animales, de stéroïdes et d'amphétamines, aux célébrités. Ce n'était certes pas sans raison que ses patients l'avaient surnommé « Dr. Feelgood ».

Épuisé par un emploi du temps exténuant, Kennedy y avait eu recours pour préparer son premier débat télévisé face à Richard Nixon et ce moment s'était avéré le plus crucial de sa campagne. On le considère traditionnellement comme celui qui a scellé sa victoire en lui donnant l'image d'un individu jeune et vigoureux dominant son adversaire (qui, d'ailleurs, se trouvait également être souffrant mais de façon plus visible).

D'après Jacobson, cette première piqûre avait instantanément fait disparaître toutes les douleurs physiques de Kennedy. Elle avait diffusé de la chaleur dans tout son système et l'avait fait se sentir calme et alerte à la fois. Après quatre mois à la présidence, Kennedy se tourna une nouvelle fois vers Jacobson pour lutter contre ses douleurs dorsales et ceci marqua le début d'injections de plus en plus régulières. Dans un premier temps, le médecin ne venait qu'une fois par semaine mais il ne tarda pas à revenir trois ou quatre fois. Kennedy n'a jamais demandé ce que contenaient les seringues et Jacobson ne le lui a jamais dit.

Quand arriva l'été 1961, Kennedy était devenu physiquement dépendant aux amphétamines. Le « traitement » continua jusqu'à son assassinat, la dernière piqûre ayant été faite sept jours avant sa visite fatale à Dallas.

Pour vivre heureux, vivons cachets

Contrairement à l'image jeune et dynamique qu'il cultivait, Kennedy était une épave physique à cause des nombreux maux dont il souffrait en plus de ses douleurs dorsales et pour lesquels ses médecins officiels lui prescrivaient déjà de nombreuses pilules et injections (jusqu'à huit médicaments différents par jour). Il était dopé à l'hydrocortisone et à la testostérone afin de maîtriser sa maladie d'Addison, une pathologie potentiellement mortelle affectant les glandes surrénales ; à la codéine et à la méthadone en guise d'analgésiques classiques ; aux hormones thyroïdiennes et au MPH comme fortifiants ; aux barbituriques pour se calmer et trouver le sommeil ; et aux gammaglobulines pour soigner ses infections. Les amphétamines lui servaient également de stimulant à court terme et de tonifiant cérébral. Elles le rendaient soit vif soit groggy selon les moments.

Il avait incontestablement besoin de traitements drastiques. Ses douleurs physiques étaient d'une telle intensité qu'il devait constamment cacher ses infirmités à la presse. Il ne pouvait même pas enfiler sa chaussette gauche sans l'aide de quelqu'un.

En 1961, il fallait le porter à bord d'*Air Force One*. Quand les médias n'étaient pas là, il devait s'arrêter à chaque marche pour monter dans son hélicoptère. Un de ses biographes estime qu'en comptant les siestes qu'il faisait l'après-midi et sachant qu'il se couchait tôt, Kennedy a passé la moitié de sa présidence au lit à cause de sa santé.

À l'époque, même si des études avaient déjà soulevé la possibilité de conséquences nocives dès les années 1950, on ne savait pas encore grand-chose des effets des amphétamines. On sait aujourd'hui que ces dernières sont responsables d'importantes modifications de l'humeur, ce qui explique leur popularité chez les consommateurs de drogues récréatives. Elles peuvent provoquer la paranoïa et un sentiment de persécution, ainsi que des hallucinations visuelles et auditives (autrement dit, « avoir des visions et entendre des voix »). Selon une source médicale, les amphétamines déclencheraient des troubles plus proches de la schizophrénie que n'importe quelle autre drogue.

Le monde entre ses mains

Telle était la position du leader du monde libre au sommet de la Guerre froide. Sous sa surveillance, l'Occident a connu deux moments déterminants : le mur de Berlin et la crise des missiles de Cuba. Le fait que nous ayons échappé à un holocauste relève peut-être plus de la chance qu'on ne le croit.

* * *

CORROMPU ?

Kennedy n'était peut-être pas seulement un coureur de jupons et un consommateur de drogues. Des éléments qui n'ont fait surface que trente-cinq ans après sa mort ont apporté une troisième dimension jusqu'alors inédite à son personnage et sa réputation ne s'en est guère trouvée améliorée. Ces nouvelles informations semblent indiquer qu'il aurait accepté des pots de vin de constructeurs de matériel militaire qui cherchaient à obtenir de gros contrats avec le gouvernement. Il se pourrait également qu'il ait été victime de chantage de la part de ces fabricants d'armes. En tout cas, il paraît de plus en plus évident que son assassinat lui a épargné un nombre incroyable d'ennuis qui lui auraient probablement coûté sa présidence.

En novembre 1997, Seymour Hersh, vétéran du journalisme d'investigation et des couloirs de Washington, a stupéfait le monde politique avec des révélations inattendues. Les détails des frasques sexuelles de Kennedy n'avaient certes rien de véritablement inédit mais ceux de ses pratiques financières irrégulières étaient une nouveauté. On savait peut-être que le président s'était toujours montré incapable de maîtriser ses pulsions mais on ne l'avait jamais soupçonné d'être corrompu.

L'élément commun à ces deux aspects était Judith Exner, une ancienne petite amie de son grand copain Frank Sinatra. Kennedy avait eu une relation avec elle, de sa campagne électorale de 1960 jusqu'au milieu de l'année 1962. Il s'agissait évidemment d'un secret bien gardé. Pourtant, à peine la relation terminée, les fils du chef de la sécurité du fabricant d'armes General Dynamics étaient entrés par effraction dans l'appartement de la jeune femme. À ce moment-là, la société était en féroce concurrence avec Boeing pour la construction de la prochaine génération d'avions de chasse. Son modèle portait pour nom de code Tactical Fighter Experimental (TFX). (Cet appareil allait devenir le F-111, l'un des pires que l'armée américaine ait jamais eus.)

Le silence qui valait plusieurs millions de dollars

À l'époque, beaucoup se demandèrent pourquoi le Pentagone avait choisi cet avion et cela fit l'objet de débats brûlants. Les théories actuelles tendent vers une réponse peu reluisante. La General Dynamics tenait absolument à remporter le contrat du TFX car elle avait perdu quatre cents millions de dollars l'année précédente. Pour elle, ce contrat représentant six millions et demi de dollars était donc une question de vie ou de mort. Le grand favori était pourtant son principal rival, Boeing. Et, à chaque étape de la compétition, on n'avait pu que constater que ce dernier menait la course. Par conséquent, quand on annonça, en novembre 1962, que la General Dynamics l'avait emporté au dernier moment, peu de gens comprirent cette décision, que ce soit dans l'industrie ou au Congrès. Selon Hersh, la General Dynamics aurait eu vent de l'affaire Exner et aurait utilisé des preuves incriminantes, dérobées chez la jeune femme, pour faire basculer la décision.

Exner a confié à Hersh que pendant sa relation avec le Président, elle avait servi de mule pour aller chercher des pots-de-vin chez des hommes d'affaires californiens qui s'adressaient directement à Kennedy, à la Maison Blanche, pour tenter d'obtenir des contrats avec le Pentagone.

Le choix du TFX était si aberrant que le Sénat y consacra plusieurs séances mais elles furent définitivement interrompues par la mort de Kennedy. La General Dynamics construisit le TFX (dont le coût avait triplé en 1966) et en produisit une version pour la marine qui, au final, s'avéra trop lourde pour se poser sur un porte-avions. La Navy annula partiellement le contrat en 1968. Un amiral confirma, d'ailleurs, devant le Congrès que « tous les efforts du monde ne suffiraient pas à faire de cet avion un appareil de combat ». L'aviation en prit quatre fois moins que prévu. En 1970, le coût unitaire du TFX avait pratiquement décuplé.

Quoi qu'il en soit, l'armée américaine estime avoir gaspillé quatre cents millions de dollars (ce qui correspondrait à deux milliards aujourd'hui). Et tout ça, juste pour qu'un petit secret ne soit pas éventé.

* * *

LES CHEMINS DE LA GLOIRE SONT PAVÉS DE MENSONGES

Kennedy s'est forgé un statut de héros de guerre grâce à ses exploits dans le Pacifique. En faisant jouer ses connaissances, il avait obtenu le commandement d'un torpilleur de patrouille avec le grade de lieutenant à l'âge de vingt-six ans. Durant l'été 1943, son bateau fut éperonné par un destroyer japonais. Deux des treize membres de son équipage furent tués mais Kennedy sauva les autres en leur ordonnant de nager jusqu'à une île voisine. Il aida même l'un de ses hommes, trop blessé pour s'en sortir seul, en agrippant son gilet de sauvetage entre ses dents et en le traînant ainsi pendant des heures jusqu'à ce qu'il soit en lieu sûr.

Il en a été récompensé par la Navy Medal et la Purple Heart, ainsi qu'en devenant instantanément, aux yeux l'Amérique, le plus héroïque représentant de sa déjà célèbre famille. Ce n'est que plus tard que l'on a appris que l'événement n'aurait probablement jamais dû se produire du tout. En fait, Kennedy avait désigné comme vigie un homme pratiquement aveugle qui n'avait, évidemment, pas pu voir l'énorme destroyer s'approcher.

D'après les autres éléments qui ont fait surface, Kennedy aurait pu – et dû – être jugé en cour martiale plutôt que d'être décoré : on a découvert, par exemple, qu'il avait secrètement remplacé le canot de sauvetage par un canon, ce qui mettait en danger son équipage, et laissé un homme dormir pendant sa patrouille, ce qui était contraire au règlement. Mais l'officier chargé de l'enquête qui a suivi était un vieil ami de la famille…

Tandis que les louanges pleuvaient sur le golden boy de la plus célèbre famille d'Amérique, ceux qui étaient dans la confidence se sont bien gardés de révéler ces étranges faits qui remettent pourtant sérieusement en question ses aptitudes au commandement. Moins de quatre ans plus tard, à l'âge de vingt-neuf ans, Kennedy est entré au Congrès et ne s'est plus jamais retourné sur son passé.

Le choix des mots

À l'époque où il était sénateur, Kennedy a acquis une célébrité durable en commentant les convictions politiques de huit de ses ancêtres sénateurs dans un livre intitulé *Profiles in Courage* (« Profils de courage »). Celui-ci a, d'ailleurs, remporté le prestigieux prix Pulitzer dans la catégorie des biographies en 1957. De nos jours, il est toujours considéré comme un ouvrage de référence en ce qui concerne la manière dont les grands législateurs américains ont fait face aux plus importants défis politiques de leur temps. Kennedy a ainsi bénéficié indirectement de la gloire de ces illustres personnages et ses portraits habilement ciselés et d'une grande qualité littéraire ont renforcé sa crédibilité en matière de perspicacité politique. Le seul problème, c'est qu'il semble aujourd'hui très probable qu'il n'en ait jamais écrit le moindre mot.

Peu après la publication du livre, des rumeurs avaient déjà commencé à circuler : il aurait, en réalité, été écrit par l'un des conseillers de Kennedy, celui-là même qui rédigeait ses discours, à savoir Ted Sorensen (à qui l'auteur officiel rend d'ailleurs hommage dans la préface en le présentant comme l'homme à qui il « doit le plus »). À l'époque, ils nièrent tous deux ces allégations et ce fut le futur président qui reçut les louanges.

En 2008, à l'occasion de la publication de ses mémoires pour son quatre-vingtième anniversaire, Sorensen a déclaré au *Wall Street Journal* que ces rumeurs étaient en fait grandement fondées. Il a affirmé avoir préparé la première ébauche de la plupart des chapitres et « contribué à choisir les mots de beaucoup de phrases ». Kennedy l'avait surpris peu après la publication en lui offrant la moitié des droits d'auteur pour les cinq premières années. Sorensen a expliqué que cette générosité l'avait fait renoncer à la tentation de rechercher une plus grande reconnaissance.

Un antécédent

Ce n'était pas la première fois que Kennedy prenait des libertés avec l'écriture. Son premier livre, *Why England Slept* (« Pourquoi l'Angleterre dormait ») – traitant de la lenteur dont la Grande-Bretagne avait fait preuve pour se réarmer dans les années 1930 – a été publié dans les années 1940, à son départ de Harvard. Ce qui était censé être sa thèse de dernière année était en fait basé sur des recherches fournies par Arthur Krock, un éditorialiste politique qui se trouvait être un ami de son père. L'attention du public avait ensuite été attirée sur l'ouvrage grâce à une chronique élogieuse parue dans le *New York Times*… et signée du même Arthur Krock.

TRICHEUR ET COPIEUR

Richard Nixon semble avoir suivi une voie similaire en 1962. Inoccupé après sa défaite aux présidentielles de 1960, il s'est attelé à un ouvrage « kennedyesque ». Celui-ci allait, lui aussi, faire passer son auteur pour un analyste politique clairvoyant. En fait, *Six Crises* retraçait son parcours politique, du Congrès à la vice-présidence en passant par le Sénat, et tenait son nom des six crises auxquelles il avait été confronté au cours de sa carrière. Nixon avait coutume de dire qu'écrire ce mémoire l'avait fait « mûrir ». Cependant, il s'est avéré qu'à l'exception du dernier chapitre consacré aux récentes présidentielles, il avait entièrement été rédigé par un journaliste de l'Associated Press du nom d'Alvin Moscow, un « nègre » bien connu. Avec le recul, cela en révèle probablement plus sur les méthodes de Nixon que celui-ci ne l'aurait voulu.

* * *

LE MUFLE

Le successeur de Kennedy, Lyndon Johnson, est à l'origine de l'un des changements sociaux les plus progressistes qu'ait jamais connus l'Amérique, son programme appelé « la grande société ». Parallèlement, il fut également l'un des plus vulgaires de tous les présidents modernes. Derrière la façade que lui imposait sa qualité d'homme le plus puissant de la planète se cachait la simplicité brute d'un véritable *redneck* texan. On peut sortir quelqu'un de la campagne mais on ne peut pas sortir la campagne de quelqu'un.

Maîtrisant parfaitement les rouages de Washington, après douze ans à la Chambre des représentants et douze autres au Sénat, Johnson était un politicien motivé et déterminé depuis l'adolescence à accéder à la présidence. (Quand il s'était retrouvé à risquer de perdre son siège au Sénat en se présentant pour la vice-présidence aux côtés de Kennedy en 1960, il avait fait changer la loi texane afin de pouvoir exercer les deux fonctions en même temps et, donc, de garder un pied à Washington en vue d'une nouvelle tentative en cas d'échec.) Son moment vint de façon inattendue avec le cataclysme de Dallas en novembre 1963. Alors qu'il était sur le point de prêter serment, à peine deux heures après le drame, ses premiers mots à la mère du Président assassiné furent aussi malheureux qu'ambigus mais peut-être révélateurs : « Madame Kennedy, nous nous sentons chanceux. »

Étrange comportement à Dallas

Certains disaient de lui qu'il aurait pu tuer pour devenir président. D'autres sont allés jusqu'à affirmer que c'est précisément ce qu'il a fait. Avant de mourir, en 2002, sa maîtresse de l'époque, Madeleine Brown, a évoqué son comportement mystérieux à la veille de l'assassinat de Kennedy – il était arrivé sur les lieux avant lui –, alors que cela faisait trois ans qu'il ruminait son amertume de ne pas avoir été choisi pour représenter son parti aux présidentielles de 1960. Il se pourrait alors que, fin 1963, Johnson se soit mis à craindre qu'on ne le garde pas comme vice-président pour les imminentes élections suivantes. Il était, en effet, soupçonné d'être impliqué dans des affaires de pots-de-vin sur lesquelles le Congrès devait bientôt enquêter. Selon Brown, Johnson commençait à devenir trop compromettant pour Kennedy. « Si l'assassinat n'avait pas eu lieu ce jour-là, Lyndon serait probablement allé en prison ; ils se seraient débarrassés de lui. Il était très impliqué dans une partie de tout ça », a-t-elle déclaré à des journalistes.

Toujours selon Brown, Johnson avait participé à une soirée tardive réunissant de hautes personnalités opposées à Kennedy pratiquement dès son arrivée à Dallas. Elle avait été surprise qu'il se permette une sortie alors que son emploi du temps était déjà chargé. Une fois sur place, il s'était aussitôt isolé avec certains des politiciens présents dans une pièce dont il avait pris soin de fermer les portes. Peu de temps après, il en était ressorti l'air anxieux et le visage rouge. Il s'était dirigé vers Brown et lui avait serré la main « si fort qu'on aurait dit qu'elle se brisait sous la pression et murmuré quelque chose d'une voix discordante ; pas un message d'amour mais des mots que je n'oublierai jamais : "Passé demain, ces maudits Kennedy ne me gêneront plus jamais – ce n'est pas une menace – c'est une promesse." »

Il n'est donc pas étonnant que Johnson se soit senti « chanceux » si peu de temps après le meurtre de son Président. Selon le numéro d'avril 2007 du magazine *Rolling Stone*, Howard Hunt, un mystérieux ancien agent de la CIA (qui comptait également parmi les conspirateurs du Watergate) a confirmé cette histoire à son fils sur son lit de mort en janvier 2007.

Une façon de diriger pas ordinaire

En tant que président, il instaura des méthodes aussi musclées qu'étranges que les initiés appelaient le « traitement Johnson » : un cocktail de maltraitances et de marques d'affection en quantités extravagantes. Un témoin a, d'ailleurs, décrit cela de façon pittoresque : « Attraper, toucher, pincer les fesses, cajoler, flatter, menacer, promettre, marchander, jurer, embrasser ; tout faire pour obtenir satisfaction et savoir instinctivement ce que cela exige. »

Ses manières étaient celles d'un campagnard. Dans son exposé des singularités présidentielles *Inside the Oval Office* (« À l'intérieur du bureau ovale »), paru en 1999, William Doyle cite un membre du Congrès décrivant Johnson comme « sacrément vulgaire – constamment en train de se gratter l'entrejambe et de se curer le nez en compagnie mixte ». Son sexisme était légendaire. Un autre de ses biographes a raconté comment il réprimandait ses secrétaires quand elles prenaient du poids. Il leur expliquait clairement qu'il voulait que « la vue » soit agréable quand elles s'éloignaient de son bureau. « Je ne veux pas voir de grosse dondon. Je veux voir un joli petit derrière. » Il malmenait jusqu'aux moins haut placés de ses assistants. Il a un jour laissé un mot à une secrétaire stagiaire dont le bureau était en désordre : « Nettoyez cela immédiatement ou je reviendrai ce soir pour le faire moi-même. » Étant donné la futilité du problème, la seule conclusion qui s'impose est que Johnson aimait tout simplement être craint de ses collaborateurs, aussi insignifiantes que puissent être leurs fonctions. (D'après son profil psychologique, sa mère l'aurait surprotégé. Tenant absolument à ce qu'il réussisse, elle l'avait étouffé de son affection et obligé à prendre des cours de danse classique et de violon. Selon cette théorie, il aurait donc passé sa vie à essayer de prouver sa virilité. Il s'était même inventé un ancêtre mort à Alamo.)

Il invitait fréquemment ses collaborateurs à participer à des conversations politiques tandis qu'il était assis sur la cuvette des toilettes. D'après son assistant, c'est ainsi qu'il a conduit l'une de ses discussions sur les Nations unies. « J'étais debout devant la porte de la salle de bains pendant qu'il chiait puis il s'est rasé et a pris une douche tout en continuant à parler, comme s'il n'y avait rien de plus normal au monde. »

Apparemment, il faisait déjà plus ou moins la même chose dans son bureau du Capitole quand il était sénateur : lorsqu'il dictait son texte à une secrétaire, il lui arrivait d'uriner (dans un lavabo) sans chercher à se cacher.

Rien à cacher

En 1955, alors qu'il était sénateur, il a été victime d'une crise cardiaque et le docteur l'a obligé à rester alité. Un visiteur raconte comment il l'a trouvé en train de mener ses affaires, couché sur le côté dans son lit, avec des assistants et une secrétaire à son chevet. Une infirmière était également présente. Trois téléviseurs hurlaient dans la chambre tandis que Johnson criait le texte qu'il dictait à la secrétaire. Et là, le visiteur a compris ce que l'infirmière faisait dans la pièce. Elle était en train de lui faire un lavement.

En certaines occasions, son comportement privé débordait sur ses actions publiques. Dans son ouvrage magistral, son biographe Robert Dallek évoque, par exemple, une occasion lors de laquelle il a conduit à plus de cent trente kilomètres à l'heure sur l'autoroute, un verre de bière à la main, pendant que son entourage des services secrets (et les journalistes de la Maison Blanche !) avait toutes les peines du monde à le suivre. Une autre fois, il a terrorisé un contingent de femmes reporters qu'il emmenait dans son ranch texan en conduisant de la même manière. Au début des années 1960, époque où la presse était déférente, l'affaire n'a pas fait pas grand bruit… mais elle n'en trahissait pas moins la nature véritablement irrévérencieuse du Président.

Quand on récapitule les défauts et les qualités de Lyndon Johnson que nous ont fait découvrir les révélations apparues ces vingt dernières années, la conclusion est pratiquement inéluctable : il avait surtout des défauts.

* * *

DROGUE, ALCOOL ET BOMBARDEMENTS

Les tares de Richard Nixon n'ont été que trop dévoilées durant cet interminable cauchemar qu'a été le Watergate. Ce dont on a été moins informé jusqu'à la mort du trente-septième président américain en 1994, c'est de la santé psychique de ce dernier durant les « bons moments », c'est-à-dire avant que la Maison Blanche ne soit submergée par une déferlante de scandales et de mensonges. D'après l'une de ses biographies, parue en 2000 et signée d'Anthony Summers, il consommait tellement de produits psychotropes que ses conseillers, inquiets, avaient demandé aux chefs militaires de ne suivre aucun de ses ordres avant de l'avoir fait valider par le ministre de la Défense ou le secrétaire d'État.

Dès 1970, deux ans après son arrivée à la présidence, et à l'insu de son médecin officiel de la Maison Blanche, Nixon avait commencé à prendre secrètement de la phénitoïne, une substance dont les effets secondaires sont l'altération de l'état mental du patient, la confusion, la perte de mémoire et la diminution des fonctions cognitives. À cette époque, il était occupé à planifier la guerre en Asie du Sud-Est et commençait à bombarder secrètement le Cambodge. Le ministre de la Guerre de l'époque, James Schlesinger, l'a confirmé et s'est dit fier d'avoir joué le rôle du « rattrapeur » dans ce bureau ovale visiblement dysfonctionnel. « D'une certaine façon, cela équivalait à protéger la Constitution. »

Le Président était également un grand buveur qui mélangeait souvent somnifères et alcool. Il lui est plusieurs fois arrivé de ne pas être opérationnel dans des situations d'urgence. En 1969, quand un avion espion américain a été descendu par la Corée du Nord, un Nixon ivre a envisagé de lâcher une bombe atomique en guise de représailles. Les militaires se sont contentés d'ignorer leur commandant suprême.

Un fanfaron à la Maison Blanche

D'après les mémoires d'Henry Kissinger, parues en 1999, un autre aspect de Nixon aurait pu s'avérer tout aussi dangereux. Il manquait énormément de confiance en lui. Par conséquent, il aimait bien tirer avantage de sa situation pour rouler des mécaniques auprès de son entourage. En 1969, quand des pirates de l'air palestiniens détournèrent un avion de ligne américain et gardèrent les passagers en otages à l'aéroport de Damas, Nixon en fut informé en urgence par téléphone à un moment où il était entouré d'amis. Apparemment, pour les impressionner, il aurait simplement dit « Bombardez l'aéroport ». Le lendemain, quand il demanda à Kissinger si cela avait été fait et que celui-ci lui apprit que non, il se contenta de répondre « bien ».

Selon Kissinger, si Nixon était surnommé « Tricky Dicky » (que l'on pourrait traduire par « Dick l'entourloupe »), c'était à cause de son aversion pour la confrontation directe. Quand il désapprouvait une proposition, il continuait généralement à agir à sa guise sans en informer les personnes concernées qui se sentaient alors forcément flouées et dupées. Pour compenser son manque d'assurance, il entretenait une image de dur et évoquait souvent des mesures « extravagantes » qu'il ne souhaitait pas véritablement appliquer dans le seul but d'impressionner ses collaborateurs. Le problème, c'est que lorsqu'on est entouré de gens pleins de bonne volonté et soucieux de tout respecter à la lettre…

Telle est incontestablement la conclusion à laquelle Kissinger était parvenu : « Certains des ordres les plus effarants jamais donnés à la Maison Blanche […] étaient dus à cette propension – tout comme je crois qu'elle est à l'origine du Watergate lui-même. »

* * *

UNE ÉTOILE (DU CINÉMA) PARMI LES ÉTOILES (DU FIRMAMENT)

Ronald Reagan est souvent considéré comme l'un des meilleurs présidents des États-Unis de l'Histoire récente (au moins aux yeux des Américains) car la Guerre froide a été remportée alors qu'il était au pouvoir. Ceci a tendance à faire oublier les squelettes qui commençaient à bruisser dans ses placards au début de son mandat. Son âge a toujours été un problème : il a été élu à soixante-neuf ans, ce qui constitue un record, et il était sur le point de souffler ses soixante-dix-huit bougies quand il a quitté ses fonctions. Peu de temps après son arrivée au bureau ovale, on le qualifiait déjà de président « dilettante » parce qu'il ne consacrait que deux ou trois heures par jour aux obligations de son poste. En 1981, au bout de sept mois, un de ses collaborateurs expliquait qu'il y avait des fois où il aurait « vraiment fallu qu'il agisse un peu mais tout ce qu'il avait envie de faire, c'était de raconter des anecdotes sur son passé cinématographique ». Quand il fut dit dans un reportage que le Président travaillait six heures par jour, ses assistants ne purent qu'en plaisanter : « Ce n'était pas par jour, c'était par semaine. »

La révélation la plus ahurissante a fait surface en 1988, vers la fin de son second mandat. Dans ses mémoires, l'ancien chef de cabinet de la Maison Blanche, Donald Regan, a dévoilé que le Président demandait à sa femme, Nancy, de faire valider pratiquement toutes ses décisions par son astrologue. Le nom de Joan Quigley ne tarda pas à se détacher du brouhaha. Selon Regan, elle avait une telle influence sur l'emploi du temps du Président qu'à un certain stade, ce dernier avait sur son bureau un calendrier colorié pour se souvenir des jours qu'elle avait désignés comme bons (verts), mauvais (rouges) ou moyens (jaunes). D'après le journaliste vétéran des couloirs de Washington Bob Woodward, qui a relaté cette période dix ans plus tard, Regan estimait qu'il s'agissait du secret intérieur le mieux gardé de la Maison Blanche à cette époque.

Un secret très bien gardé

Originaire de San Francisco, Quigley conseillait les Reagan depuis les années 1970. Des événements majeurs – tels que la signature de traités de contrôle de l'armement avec l'Union soviétique, la planification de l'invasion de la Grenade en 1983 ou le choix du moment pour bombarder la Libye en 1986 – ont été mis au point avec elle au téléphone. En fait, le futur président et sa femme flirtaient déjà avec l'astrologie quand ils vivaient en Californie, État dont Ronald a été le gouverneur de 1967 à 1975. D'ailleurs, si ce dernier a prêté serment au milieu de la nuit, c'était également sur les conseils d'une astrologue (peut-être Jeanne Dixon). De son côté, Nancy s'était entichée de Quigley quand celle-ci l'avait avertie que son mari risquait d'être assassiné en mars 1981 et qu'on avait effectivement tiré sur lui à cette époque.

Reagan planifiait tous ses voyages officiels en s'appuyant à la fois sur les informations des services secrets et sur les décisions de Quigley. Tous les trois mois, celle-ci envoyait un tableau informatisé à Nancy Reagan qui le transmettait ensuite à la personne responsable de l'emploi du temps du Président. De nature peu confiante, la première dame s'était fait installer une ligne directe afin d'éviter le standard de la Maison Blanche. Pour organiser les déplacements de son mari, elle appelait souvent l'assistant de ce dernier sur une ligne et Quigley sur une autre afin qu'ils avalisent tous deux ses horaires d'arrivée et de départ.

Les jours « rouges » Reagan n'avait pas le droit de quitter la Maison Blanche mais personne – en dehors de ses plus proches collaborateurs, de Regan et de Nancy – n'en connaissait la raison. Souvent, le Président lui-même ignorait quels étaient les « bons » ou les « mauvais » jours.

Il lui est pourtant occasionnellement arrivé de se trahir. En 1985, il étonna le nouveau président du Brésil par ses paroles d'accueil : « Votre signe zodiacal et le mien sont compatibles et, par conséquent, nos deux pays ne peuvent qu'avoir les meilleures des relations. » On dit que le chef d'État brésilien en resta « sans voix ».

Les Américains ont semblé moins troublés que le reste du monde en apprenant que, les jours où il se souvenait qu'il était président, leur dirigeant leur avait fait vivre certains des moments les plus difficiles de la Guerre froide en suivant les conseils d'une voyante. On a même entendu le porte-parole de la Chambre des représentants déclarer : « Je suis content que le Président ait consulté quelqu'un. À un moment donné, je commençais à m'inquiéter. »

* * *

EN RADE SUR L'AUTOROUTE DE L'INFORMATION

En ces temps où les informations circulent vingt-quatre heures sur vingt-quatre, il était très improbable que les squelettes de Bill Clinton puissent rester très longtemps dans leur placard. Tout au long des huit ans au pouvoir du quarante-deuxième président des États-Unis, les médias ont presque continuellement disséqué ses affaires financières et ses frasques sexuelles. Il était très moderne et ce fut sous son œil attentif qu'eut lieu la révolution des télécommunications : Internet, le courrier électronique et la téléphonie mobile. Il se prétendait, d'ailleurs, à l'avant-garde des nouvelles technologies. Discours après discours, il s'émerveillait des « possibilités illimitées » qu'offrait la « société de l'information ». Dans un discours prononcé en

1998 à l'Institut technologique du Massachussetts, il loua le fait qu'au cours des quatre ans précédents, l'informatique avait été responsable d'un tiers de l'expansion économique américaine et déclara que « tous les étudiants devraient se sentir aussi à l'aise avec un clavier qu'avec un tableau noir, aussi à l'aise avec un *laptop* qu'avec un livre scolaire ». Ses auditeurs ignoraient jusqu'où il était lui-même allé dans cette démarche.

Trois ans après son départ de la Maison Blanche, le personnel de la bibliothèque présidentielle a révélé qu'en archivant les quelque quarante millions de courriels produits par son équipe, on s'était aperçu que, personnellement, Clinton n'en avait fait qu'un usage parcimonieux. Il en avait envoyé… deux. L'un d'entre eux ne compte pas officiellement car il s'agissait d'un test pour apprendre à cliquer sur « envoyer ». En fait, il n'a émis qu'un seul véritable e-mail et celui-ci était destiné à un astronaute en orbite dans le cadre d'une opération de communication.

Skip Rutherford, le directeur de la bibliothèque, a commenté assez inutilement que Clinton n'était « pas vraiment un geek ».

* * *

ENREGISTREMENTS SECRETS

Richard Nixon est loin d'être le seul locataire de la Maison Blanche à avoir enregistré des conversations subrepticement. À partir de Franklin

Roosevelt (qui avait caché un micro dans une lampe de bureau), pratiquement tous les présidents américains l'on fait. Et, apparemment, aucun d'entre eux n'a jamais jugé utile d'en informer ses visiteurs, ce qui suscite forcément quelques interrogations quant à leur moralité.

En revanche, ce qui est plus intéressant, c'est que les enregistrements – qui ne sont devenus accessibles aux spécialistes qu'à la fin des années 1990 – dévoilent des traits de caractère des présidents qui contrastent souvent avec l'idée que nous nous faisons d'eux. Ils capturent les personnalités de ces chefs d'État à l'état brut puisque, bizarrement, la plupart d'entre eux semblent avoir rapidement oublié que leurs magnétophones tournaient. Les bandes donnent d'eux des portraits sans vernis qui peuvent parfois s'avérer incroyablement peu flatteurs.

En avant la musique !

Roosevelt enregistrait les conférences de presse qu'il avait l'habitude de tenir dans le bureau ovale afin de pouvoir vérifier que ses propos n'étaient pas déformés. Cependant, certaines de ses remarques laissent supposer qu'il oubliait parfois la machine qui entend tout. Sur une bande de septembre 1940, on l'entend ainsi expliquer aux leaders de la défense des droits civiques, venus se plaindre de la discrimination envers les Noirs dans l'armée, que pour être mieux traités dans la marine, ils devraient profiter de leurs aptitudes musicales et former des groupes. Il va même jusqu'à préciser qu'ils sont « sacrément doués pour ça » et que cela « augmenterait leurs chances » de monter en grade.

La guerre en temps de paix

Une fois président, Eisenhower, général cinq étoiles et commandant suprême du débarquement, a été publiquement perçu comme quelqu'un de calme, simple et serein pendant les huit ans qu'il a passés au pouvoir, de 1953 à 1961. Cependant, il émane tout de même une certaine ambiance militaire des enregistrements militaires. On l'y entend, par exemple, fustiger son personnel à qui il reproche de lui donner trop de paperasserie. Quand on lui présente un rapport de vingt-cinq pages sur Philadelphie en préparation d'une visite, il explose : « Il ne m'a fallu qu'une directive de six pages pour aller en Normandie ! » En une autre occasion, il râle que « si une proposition ne tient pas sur une page, c'est qu'elle ne vaut pas la peine d'être émise ». Victime de problèmes au cœur tout au long de sa présidence, il affirmait que sa crise cardiaque de 1955 était due au fait d'être constamment interrompu par des appels du département d'État pendant qu'il jouait au golf. Ses collaborateurs parlaient d'« accès de colère d'une grande intensité ». Même les animaux l'énervaient. Son prédécesseur, Truman, avait affectueusement nourri les écureuils et ceux-ci infestaient désormais le green de la Maison Blanche sur lequel il aimait travailler ses putts. Un matin, de mauvaise humeur, il donna l'ordre suivant : « La prochaine fois que vous voyez un de ces écureuils s'approcher de mon green, prenez un fusil et descendez-le. »

Les rongeurs furent tous paisiblement capturés et relâchés dans un autre parc de Washington.

Gadgets à gogo

Durant les dix-huit derniers mois de sa présidence, Kennedy fit du rudimentaire système existant le premier véritable réseau d'enregistrement secret de la Maison Blanche. Cette installation totalement confidentielle fut mise en place par un homme des services secrets. Apparemment, personne d'autre n'en connaissait l'existence, ce qui n'a rien de surprenant quand on sait la place que tenaient les activités clandestines dans la vie de Kennedy. Mais, à l'époque, peu de gens auraient imaginé cela de la part du président jeune et moderne qui était arrivé à la Maison Blanche comme une bouffée d'air frais en personnifiant une nouvelle ère politique. Un seul micro ne suffisant pas à ce dernier, il avait fait installer des gadgets un peu partout, jusque dans ses appartements privés de la résidence exécutive. Dans le bureau ovale, le plumier décoré dissimulait un interrupteur. On y trouvait aussi des micros dans les appliques murales, sous le bureau, sous la table à café près de la cheminée et dans toutes les lampes.

Malheureusement, la majeure partie des deux cent soixante heures d'enregistrement disponibles concerne de prosaïques affaires politiques. On y entend parler, par exemple, de la crise des missiles de Cuba, qui fut peut-être le moment le plus crucial de la carrière de Kennedy. En revanche, on n'y trouve – mystérieusement ! – aucune trace des comportements répréhensibles pour lesquels il est désormais célèbre. L'agent secret qui avait installé le système l'a démonté dans les heures qui ont suivi l'assassinat du Président.

La folie du téléphone

Lyndon Johnson préférait nettement communiquer oralement que par écrit. Comme nous l'avons déjà vu, son caractère bien marqué confinait à l'atypisme. Dans son entourage proche, son obsession pour le téléphone était mythique. Il passait jusqu'à cent appels par jour et adorait les numéros précomposés, qui étaient alors à la pointe du progrès. À une certaine époque, l'appareil du bureau ovale comportait quarante-deux touches différentes, une pour chacun des numéros qu'il appelait régulièrement. Le Président était même allé jusqu'à faire installer des téléphones flottants dans la piscine de son ranch texan et il avait trois postes dans sa voiture officielle (selon un témoin, il lui arrivait souvent de répondre aux trois à la fois, tout en continuant une conversation dans la limousine et en hurlant des instructions au chauffeur).

Johnson était connu pour arracher le combiné des mains de ses secrétaires et raccrocher au nez de leurs interlocuteurs afin de passer ses propres appels – bien entendu, sans la moindre excuse. Un jour qu'il n'avait pas pu joindre l'un de ses assistants parti satisfaire un besoin naturel, il décida de faire installer des téléphones dans les toilettes des hommes de la Maison Blanche. Peu après, il en fit poser partout : sur toutes les tables à café, sous celle où il mangeait (afin de ne pas avoir à se lever), sur les bords des fenêtres et, bien sûr, dans tous les sanitaires.

Même quand il savait que la conversation était enregistrée, on n'échappait pas à sa légendaire vulgarité. Parmi les commentaires les plus présentables que l'on trouve sur les bandes, on l'entend dire d'un nouvel employé : « Je veux de la loyauté. Je veux qu'il m'embrasse le cul derrière la vitrine d'un grand magasin à midi pile et qu'il me dise que ça sent la rose. » On l'entend également demander à ses collaborateurs de préparer une réception de Noël pour quelques membres du Congrès peu coopératifs : « On va y aller, sourire, serrer des mains et remercier tout le monde. Et puis vous leur couperez la bite et vous vous la mettrez dans la poche pour leur apprendre à nous traiter comme ça. »

Censuré

On sait beaucoup de choses sur tout ce qu'a pu faire Nixon avec les enregistrements et c'est, d'ailleurs, ce qui l'a conduit à sa perte. Après l'échec de toutes ses démarches juridiques pour empêcher que leur contenu soit rendu public dans le cadre des enquêtes du Watergate, les transcriptions sont devenues célèbres pour le nombre de passages qu'il a fallu supprimer (« censuré ») à cause de la fréquence des gros mots employés. Et ce fut ainsi que l'Amérique découvrit pour la première fois la grossièreté de son plus haut dirigeant.

* * *

LA GUERRE –
DE DÉRANGEANTES RÉALITÉS

Par nature, la guerre ne fait pas très bon ménage avec la vérité historique. Personne n'avoue jamais l'avoir voulue. Par conséquent, les explosions de violence qui bousculent régulièrement le cours de l'Histoire (certains diraient « qui font l'Histoire ») ont tendance à figurer dans les annales de chacun comme des faits imputables à ses opposants et le recours au combat comme une mesure inévitable prise à contrecœur mais imposée par l'ennemi. En temps de guerre, pour entretenir le moral des troupes, on tait les mauvaises nouvelles, on exagère les bonnes et on déforme les informations de sorte qu'elles paraissent positives au commun des mortels. Une fois le conflit terminé, on est libre d'en retracer le déroulement à sa convenance. Churchill a, un jour, expliqué à l'un de ses adversaires que l'Histoire serait de son côté en précisant « parce que c'est moi qui l'écrirai ». C'est effectivement ce qu'il a fait et cela fonctionne encore plutôt bien aujourd'hui. Étant donné les sacrifices humains et matériels qui lui sont inhérents, la guerre ne peut être présentée qu'en termes héroïques, ne serait-ce que pour la justifier aux yeux des survivants et des générations suivantes. Il n'est donc pas étonnant que l'on prenne souvent quelques libertés avec la réalité.

L'INNOVATION AU SERVICE DU MAL

S'il est une chose dont l'armée britannique se gardera toujours de se vanter, c'est bien d'avoir été la première à inaugurer le concept des camps de concentration dans un contexte de guerre et à le développer à l'échelle industrielle.

Cette triste invention remonte à la guerre des Boers, supposément pour des raisons plus humanitaires que militaires mais ses effets indésirables n'en furent pas moins catastrophiques. Même à cette époque, les camps ont été le théâtre d'atroces souffrances. Cependant, le comble de l'horreur a été atteint quand l'Allemagne nazie a repris et perfectionné l'idée durant la Seconde Guerre mondiale pour en faire le rouleau compresseur que l'on sait : une machine qui a tué un nombre incroyable de gens et servi les plus monstrueux propos.

Bien que la pratique ait eu des précédents à plus petite échelle – les Espagnols, par exemple, avaient enfermé des civils dans des camps pour lutter contre une insurrection dans leur colonie de Cuba à la fin des années 1890 –, ce furent bel et bien les Britanniques qui firent passer l'idée à un tout autre niveau d'organisation.

La brillante idée de Lord Kitchener

Le responsable est Lord Kitchener – l'homme dont le visage serait immortalisé plus tard sur les célèbres affiches de recrutement « *Your country needs YOU* ». D'ailleurs, en 1998, ce personnage toujours controversé a été cité comme criminel de guerre par le Soudan pour le massacre présumé de dix mille derviches à la bataille d'Omdurman un siècle plus tôt. Durant la guerre des Boers, après diverses difficultés, il était devenu le chef d'état-major de Lord Roberts (le commandant de terrain britannique) au début de l'an 1900. À la fin de cette même année, Roberts était parti et Kitchener l'avait remplacé.

À ce stade, les batailles rangées classiques auxquelles les Britanniques étaient habitués avaient laissé place aux tactiques d'assauts furtifs imposées par les guérilleros boers. Cela confrontait Kitchener à problème : comment empêcher l'ennemi de préparer ses attaques et d'entreposer ses armes dans les fermes locales ? Il fallait détruire ces dernières et évacuer la population. Ces mesures pouvaient également être présentées sous un angle humanitaire car les commandants boers avaient publiquement menacé d'expulser les familles des soldats qui s'étaient rendus.

Début 1901, Kitchener demanda à ses subordonnés d'élaborer un plan pour régler le problème des civils dans les meilleurs délais. Selon un spécialiste, il apprécia quatre facteurs du programme qu'ils proposèrent : il était de grande envergure, ambitieux, simple et peu coûteux. La catastrophe était donc pratiquement inéluctable.

La pagaille organisée

Vingt-quatre camps furent mis en place. Chacun d'entre eux était géré par une petite équipe uniquement composée d'un administrateur, d'un médecin et de quelques infirmières. On nourrissait les civils avec des rations militaires diminuées. Au début, on supprimait la viande pour les familles dont certains membres étaient encore au combat afin d'inciter ces derniers à se rendre. Dans tous les cas, le régime alimentaire des prisonniers était incomplet puisqu'il ne contenait ni légumes ni laitages. Pour ce qui était de l'hygiène, on manquait de savon et d'eau et les sanitaires étaient abjects. (On laissait des seaux remplis d'excréments en plein soleil pendant des heures, ce qui était non seulement insupportable mais aussi potentiellement mortel quand on vivait juste à côté.) Toutes les conditions étant réunies pour que des maladies apparaissent, la typhoïde ne se fit pas attendre.

En mai, plus de soixante mille hommes, femmes et enfants étaient enfermés dans des camps surpeuplés. Cela commençait à causer quelques préoccupations à Londres mais bien qu'il ne se soit jamais rendu dans un camp, Kitchener répondit au gouvernement inquiet que les détenus étaient « bien traités ». En vérité, des épidémies éclataient partout et se répandaient telles une traînée de poudre.

La Grande-Bretagne dans le déni

Confronté à des critiques de plus en plus nombreuses, le gouvernement maintenait que les camps étaient bien gérés et conçus pour pousser l'ennemi à se rendre. Cependant, certains parlementaires produisirent des chiffres sidérants. En juillet, le taux de décès annuel atteignait les douze pour cent. Plutôt à raison, on accusa alors les autorités de mener une guerre contre des femmes et des enfants, ce qui ne manqua pas de déclencher un tollé. Le gouvernement y répondit d'une façon qui ne nous semble que trop familière aujourd'hui : il avait été obligé d'adopter cette politique à cause des guérilleros. C'étaient à eux-mêmes qu'ils devaient la difficulté de leur situation. Certaines des familles concernées avaient aidé l'ennemi tandis que d'autres avaient simplement été abandonnées par leurs hommes. Dans un cas comme dans l'autre, on ne pouvait pas laisser des femmes et des enfants mourir de faim dans le veld.

À la Chambre des communes, le ministre responsable nia « formellement » que tout le nécessaire n'avait pas été fait « pour rendre ces camps hygiéniques et protéger les vies humaines ». Il contesta également que les conditions se dégradaient et affirma même le contraire : « Loin d'empirer, elles s'améliorent continuellement. »

En août 1901, plus de quatre-vingt-quinze mille personnes étaient emprisonnées dans des camps et le nombre de morts n'avait cessé de croître : cinq cent cinquante en mai, sept cent quatre-vingt-deux en juin, mille six cent soixante-quinze en juillet. En octobre, plus de cent onze mille Boers étaient enfermés et il en mourait trois mille par mois, ce qui correspondait à trente-cinq pour cent de décès par an. Mais pour les enfants, ce taux était encore plus élevé ; il approchait les soixante pour cent (et les dépassait dans la province du Transvaal). Dans le pire des camps, Mafeking, en octobre, le taux annuel de morts s'élevait à soixante-treize pour cent. Selon les standards actuels, il serait difficile de ne pas parler d'épuration ethnique ou de génocide.

Enfin une réaction

Il fallait que le gouvernement fasse quelque chose. En novembre, Londres demanda au haut commissionnaire de s'assurer que tout soit fait pour contrôler la catastrophe qui était en train de se produire. Une équipe exclusivement féminine passa les camps en revue – un exercice digne d'une Florence Nightingale des temps modernes –, et l'on instaura quelques réformes simples, telles que faire bouillir l'eau ou ajouter du riz et des légumes à l'alimentation des détenus.

Les taux de décès commencèrent à retomber : seize pour cent en janvier, sept pour cent en février et quatre pour cent en mars. Début 1902, le pire était passé mais le bilan était consternant. Au final, quelque vingt-sept mille cinq cents Boers étaient morts (dont vingt-deux mille de moins de seize ans), ainsi qu'au moins quatorze mille Noirs africains (qui étaient dans des camps séparés), sur un total d'environ cent cinquante mille prisonniers. Ils avaient presque tous été tués par des épidémies, principalement la rougeole et la typhoïde, c'est-à-dire des maladies parfaitement évitables.

* * *

QUAND LA COLOMBE EST UN AIGLE

Le comportement de Franklin Roosevelt par rapport à la participation de l'Amérique à la Seconde Guerre mondiale a toujours été controversé. Tout au long des années 1930 – tandis que l'Europe titubait d'une crise à l'autre à cause des nazis et qu'une guerre semblait de plus en plus probable –, Roosevelt a publiquement adopté une attitude fermement isolationniste conformément au sentiment général qui régnait dans son pays. Jusqu'à Pearl Harbor, deux ans après le début de la guerre en Europe, sa ligne de conduite était claire comme de l'eau de roche : « Nous restons en dehors des guerres qui se déroulent en Europe et en Asie », déclarait-il en avril 1940, alors que la Grande-Bretagne et la France vacillaient sous l'invasion d'Hitler. En juillet de la même année, il se montrait encore plus explicite : « Nous n'enverrons pas nos hommes participer à la guerre en Europe. » Et en octobre, il confirmait une nouvelle fois sa position : « Je vous assure une chose. Je l'ai déjà dit mais je le répéterai encore et encore : nous n'enverrons vos garçons se battre dans aucune guerre étrangère. »

On ne pourra probablement jamais ni confirmer ni infirmer les allégations selon lesquelles Roosevelt aurait délibérément manipulé le Japon de sorte qu'il attaque Pearl Harbor afin d'avoir une excuse pour entrer en guerre. Cependant, même en laissant cette question de côté, l'attitude du Président était, en réalité, bien plus belliqueuse que ne le suggérait son image publique.

Impatient d'agir

En fait, dès la crise de Munich de 1938, sa réaction instinctive avait été de se préparer à une intervention musclée. Il voulait envoyer une énorme flotte de plusieurs milliers de bombardiers effectuer un raid aérien sur l'Allemagne pour anéantir la population civile. Selon lui, « ce genre de guerre serait moins coûteux, aussi bien en termes d'argent qu'en pertes humaines, et aurait beaucoup plus de chances de réussir que des affrontements terrestres ou maritimes ». Ses conseillers militaires s'étaient montrés réticents et il fallut donc attendre 1943 avant que les bombardiers américains ne mènent leur première offensive sur le territoire allemand mais, cette fois, avec des pertes désastreuses.

Le Japon porte le chapeau

Suite à l'attaque surprise de Pearl Harbor, l'Histoire a retenu l'entrée des États-Unis dans la guerre comme la réaction naturelle d'un pays outrageusement agressé. Cependant, on a découvert en 1991 que, six mois avant l'offensive japonaise, l'Amérique avait elle-même déjà prévu de bombarder le Japon en septembre 1941, soit trois mois avant Pearl Harbor. Si elle l'avait fait à ce moment où les deux pays étaient officiellement amis, cela aurait pu déclencher la même réaction dans le sens inverse. Et, dans ce cas, pour la postérité, le pays tenu pour responsable de la guerre dans le Pacifique n'aurait pas été le même.

On a retrouvé dans les archives nationales américaines, un document de quatre-vingt-dix-sept pages, rédigé entre le 10 mai et le 18 juillet 1941. Celui-ci détaillait un plan de bombardement des zones industrialisées nippones dont l'objectif était de soutenir la Chine contre laquelle le Japon s'était lancé dans une guerre sanglante qui durait depuis quatre ans. Roosevelt l'avait signé le 23 juillet et le bombardement aurait dû avoir lieu moins de deux mois plus tard. Cependant, l'aviation américaine n'avait pas pu concrétiser son projet car, à ce moment-là, la Grande-Bretagne avait demandé plus de bombardiers sur le théâtre européen. Et, aujourd'hui, aux yeux de l'Histoire, c'est donc le Japon que l'on désigne comme le méchant « qui a commencé » dans le Pacifique.

* * *

LAISSEZ TOMBER LES POLONAIS AUSSI

En apparence, quand les nazis envahirent la Pologne en septembre 1939, ce fut par loyauté envers son alliée que la Grande-Bretagne (qui venait pourtant de lâchement trahir la Tchécoslovaquie lors des accords de Munich de 1938) déclara la guerre à l'Allemagne deux jours plus tard. Ce que l'on n'a pas su à l'époque, et qui n'a fait surface que soixante ans plus tard, c'est que, jusqu'à la dernière minute, le Royaume-Uni a tenté de régler le problème avec des accords similaires à ceux de Munich. En résumé, en dépit de leur comportement honteux de l'année précédente par rapport à la Tchécoslovaquie, les Britanniques ont une nouvelle fois essayé d'éviter la guerre en vendant un pays allié. Étant donné que ce plan secret n'a pas fonctionné, on a retenu l'image d'une courageuse Grande-Bretagne se tenant vaillamment aux côtés d'une amie blessée et entrant en guerre avec abnégation pour lui venir en aide.

Le 31 mars – quinze jours après qu'Hitler eut rompu sa promesse et envahi ce qu'il restait de la Tchécoslovaquie –, la Grande-Bretagne s'était publiquement engagée à défendre la Pologne si l'Allemagne l'attaquait. Cependant à mesure que la crise s'était aggravée au fil de l'été et que la guerre semblait de plus en plus probable, cette « garantie » lui avait donné le sentiment de traîner un inconfortable boulet. Et l'on sait aujourd'hui qu'elle a essayé de s'en libérer.

Mission trahison

On n'a découvert cette tentative d'acheter une nouvelle fois Hitler qu'en août 1999 dans des documents personnels du seul participant survivant, Lord Aberconway. Début 1939, le Foreign Office avait demandé à ce dernier de se rendre en Allemagne, avec six autres hommes d'affaires, pour y rencontrer Hermann Goering, qui était alors le chef des forces aériennes du Führer et très haut placé dans la hiérarchie nazie. La mission du délégué anglais consistait à voir s'il existait des possibilités d'entente quant à la crise polonaise.

L'équipe britannique se rendit donc sur Sylt, une île allemande isolée au large des côtes danoises. Pour cela, les sept businessmen empruntèrent des itinéraires différents afin de ne pas se faire repérer. Le lundi 7 août, ils se retrouvèrent dans une ferme où les attendaient Goering et sa délégation.

Pendant deux jours, les émissaires britanniques essayèrent de convaincre Goering que l'Allemagne pouvait atteindre ses objectifs d'« espace vital » en Pologne de façon pacifique et qu'il suffirait pour cela d'organiser une nouvelle conférence quadrilatérale lors de laquelle on redessinerait les frontières de la Pologne. Goering leur affirma simplement qu'il s'agissait « de la toute dernière revendication territoriale de l'Allemagne en Europe ». (Hitler avait utilisé la même formule pour parler des Tchèques des Sudètes l'année précédente.)

Les Britanniques rentrèrent convaincus que Goering désirait sincèrement parvenir à une solution pacifique mais il devint rapidement évident que leur mission avait échoué. Deux semaines plus tard, Hitler annonça son pacte avec Staline qui allait permettre à l'Allemagne et à l'Union soviétique de se partager la Pologne sans difficultés. Les dés étaient jetés. La guerre s'ensuivit et la Grande-Bretagne se retrouva entraînée dans la chute de l'étoile polonaise.

Un titre de gloire non mérité

Nous savons aujourd'hui qu'Hitler avait fini de préparer ses plans d'invasion de la Pologne en juillet 1939 et que, tandis que les nazis et les Soviétiques finalisaient leur pacte, il était en train d'ordonner à ses armées de se tenir prêtes à agir le 26 août. En fait, l'invasion fut reportée au 1er septembre, une semaine plus tard, mais la tentative de dernière minute des Britanniques était presque certainement vouée à l'échec dès le départ. Apparemment, tout ce qu'en avait déduit Hitler, c'était que la Grande-Bretagne n'avait pas envie de se battre, ce qui ne pouvait que l'encourager à persévérer. Il fut donc surpris quand celle-ci lui déclara la guerre mais, à ce moment-là, sur le terrain, le mal était déjà fait pour les Polonais et leurs alliés réticents. La seule consolation pour le Royaume-Uni fut que son statut moral se trouva renforcé par son apparente abnégation. Au moins, l'Histoire serait de son côté... jusqu'à maintenant.

* * *

TOUT LE MONDE EN SELLE !

La Grande-Bretagne s'est étrangement préparée à la Seconde Guerre mondiale. Aussi tard qu'en 1937, ses priorités relatives à l'imminente prochaine ère de conflit étaient encore très confuses. Le budget de l'école d'équitation de l'armée était de vingt mille livres (ce qui équivaudrait à un peu plus d'un million d'euros aujourd'hui) pour trente-huit élèves. Pendant ce temps, l'école du Tank Corps devait se contenter d'un peu plus du double (quarante-six mille livres) pour former cinq cent cinquante hommes. L'armée publiait néanmoins un manuel détaillé à l'usage des cavaliers. Celui-ci, *Cavalry Training 1937* (« Formation de la cavalerie 1937 »), contenait vingt-trois pages uniquement consacrées aux exercices d'épée et de lance. Il attestait à peine de l'existence d'un monde plus moderne dans un chapitre supplémentaire commençant par un message rassurant pour les novices : « Les principes et les méthodes de *Cavalry Training* (à l'intention des forces mécanisées) sont les même que ceux de *Cavalry Training* (à l'intention des forces équestres), à l'exception de quelques modifications présentées dans ce chapitre. » On y informait ensuite le lecteur que « les principes de l'entraînement aux opérations de terrain donnés dans *Cavalry Training* (équestre) sont, en général, applicables par les régiments de véhicules blindés. »

* * *

PROPAGANDE ROSE

Des documents d'archives qui n'ont été découverts qu'en 2004 ont apporté un éclairage nouveau – et peu glorieux – sur le point jusqu'auquel la propagande britannique était capable d'aller pour saper le moral des Allemands. Les chercheurs ont trouvé des preuves que les services secrets politiques de Whitehall avaient monté une campagne radiophonique à caractère pornographique pour affaiblir les nazis aussi bien chez eux que sur le front. Organisée par Sefton Delmer, un journaliste de la presse tabloïde, elle a déclenché une intense anxiété dans les milieux gouvernementaux, consternés par l'extrémisme de son contenu. En juin 1942, Sir Stafford Cripps, un haut membre du cabinet de guerre, s'en plaignait en ces termes : « Si c'est le genre de choses qu'il faut pour gagner la guerre, j'aimerais autant la perdre. » Il affirmait avoir renoncé à faire dactylographier son courrier de protestation au ministre des Affaires étrangères, Anthony Eden, parce qu'il ne voulait pas que sa jeune secrétaire soit exposée à son contenu scandaleux. Il n'acceptait pas « que l'on laisse de telles abjections sortir de ce pays ».

Des ignominies à la radio

Delmer diffusait des pièces radiophoniques obscènes à l'intention des soldats allemands en service actif. Les commentateurs se faisaient passer pour des compatriotes émettant clandestinement dans le but de révéler l'étendue de la débauche sexuelle qui frappait le cœur du régime nazi. Certains de leurs propos étaient extrêmement dépravés. Ils décrivaient les prétendues orgies des hauts officiers dans leurs plus intimes détails ou laissaient entendre que les membres masculins des jeunesses hitlériennes violaient les fils des soldats et que les femmes de ces derniers s'adonnaient à des pratiques homosexuelles à cause de la solitude.

On allait beaucoup plus loin que tout ce qu'on avait pu connaître jusqu'alors. Sur le front, on distribuait des tracts représentant des bagnards noirs en train de copuler avec de caricaturales paysannes allemandes et de faire des paris quant au nombre de bonnes épouses qu'ils parviendraient à posséder. On diffusait également des photos truquées montrant des dirigeants nazis dans les bras de femmes nues, ce qui était totalement inédit à l'époque.

Cripps condamnait ces actes et affirmait que Delmer ne dirigeait qu'« une bestiale organisation pornographique ». On dit qu'avant de mourir, en 1979, ce dernier aurait concédé à sa fille que cette campagne était peut-être allée trop loin mais qu'il s'agissait d'« un mal nécessaire ».

* * *

PROPAGANDE NOIRE

Les Britanniques ne sont certainement pas connus pour cautionner « ce qui ne se fait pas ». On se souviendra, par exemple, que moins d'un an avant la Seconde Guerre mondiale, leur gouvernement a refusé la proposition d'assassiner Hitler que lui avait faite l'un de ses attachés militaires à Berlin sous prétexte que de tels agissements n'étaient pas *fair play*. Bien que peu connu, le plus notable des épisodes de propagande de la Première Guerre mondiale a consisté à faire circuler un racontar explosif : les autorités allemandes auraient utilisé les corps de leurs hommes morts au combat pour fabriquer les produits d'entretien qui leur faisaient cruellement défaut. Même si l'on soupçonnait fortement cette rumeur d'être infondée, le ministre des Affaires étrangères de l'époque avait laissé la presse la diffuser largement en raison des avantages qu'elle présentait à court terme. À l'époque, peu de gens s'étaient demandé si les effets négatifs à long terme de la propagation d'un sentiment antigermanique aussi fort ne finiraient pas par l'emporter sur tous les bénéfices immédiats.

En fait, en assemblant artificiellement divers éléments n'ayant probablement aucun rapport les uns avec les autres, il était possible de parvenir à cette ignoble allégation que certains estimaient convenir aux besoins du moment. Un article paru dans la presse en avril 1917 expliquait en détail le fonctionnement d'une usine servant à transformer des « cadavres » en graisses et en huiles domestiques. Quelques jours plus tard, un journal berlinois parlait d'un plein train de soldats allemands tués aux Pays-Bas que l'on était supposément en train de ramener dans leur pays natal. Selon une publication belge, on faisait bouillir les corps des combattants morts pour en faire du savon. Les services secrets britanniques firent une enquête mais ne trouvèrent absolument rien pour confirmer cela. Ils n'obtinrent que les témoignages d'officiers de Sa Majesté qui avaient vu les Allemands récupérer leurs morts à la crête de Vimy mais avaient été frappés par l'absence de tombes.

Faire circuler le mot

Il a suffi de ces fragments d'informations pour entretenir l'idée que les Allemands transformaient leurs morts en produits ménagers. En vérité, les autorités britanniques pensaient que les « cadavres » dont il était question à l'origine étaient probablement des chevaux mais elles n'encouragèrent pas moins la propagation des rumeurs. Le ministre des Affaires étrangères, Arthur Balfour, adopta le point de vue pragmatique – bien que peu élevé – qu'étant donné « le nombre d'atrocités dont les Allemands s'étaient rendus coupables », il ne voyait « aucune raison pour que celle-ci ne soit pas authentique ».

Les ministres eux-mêmes présentèrent ces allégations de manière à les rendre plus crédibles. Lord Curzon, président du Conseil et membre du Cabinet de guerre – quelqu'un que le public pouvait raisonnablement considérer comme « informé » –, n'hésita pas à en rajouter à Derby quelques jours après l'apparition de la rumeur. Le *Times*, une source également assez respectée pour donner une aura de vérité aux propos de Curzon rien qu'en les reprenant, l'a cité en train de déclarer : « Nulle horreur concevable par l'esprit humain n'est inacceptable pour les Allemands. Ainsi que nous avons pu le lire dans les journaux, ils n'ont même pas épargné les cadavres de ceux qui sont tombés au combat pour eux. »

On a probablement estimé plus important de donner une raison de se battre supplémentaire aux alliés plutôt que de chercher à faire la lumière sur cette histoire apparue à point nommé, c'est-à-dire juste quelques jours après l'entrée en guerre tant attendue des Américains. Et c'est peut-être parce qu'on sentait le vent tourner que cette affaire de très mauvais goût a été jugée utile.

* * *

CHURCHILL A-T-IL ESSAYÉ D'ACHETER MUSSOLINI ?

La diplomatie et la guerre ont toujours été des sœurs aux rapports complexes. Churchill avait la conviction inébranlable que les alliés étaient dans leur bon droit, aussi bien politiquement que moralement, dans leur combat contre le nazisme. Cependant, cela ne l'empêchait pas d'avoir recours à diverses transactions secrètes douteuses pour parvenir à ses fins. Ce n'est que longtemps après la guerre que l'on a découvert qu'apparemment, pour persuader ses ennemis potentiels de changer de camp, il ne comptait pas uniquement sur leurs calculs politiques mais savait également les attirer avec des arguments un peu plus matériels.

En 2000, un vieux mystère est remonté à la surface quand une revue historique milanaise a annoncé avoir recueilli les confidences d'un ancien partisan italien de quatre-vingt-six ans. Celui-ci avait confirmé qu'avant que Mussolini n'entre en guerre aux côtés d'Hitler en juin en 1940, le Premier ministre britannique lui avait personnellement écrit pour lui proposer d'importantes concessions territoriales – dont certaines chez son alliée la France – à condition qu'il reste neutre. Les originaux de ces courriers ont disparu (selon certains, Churchill serait allé en Italie, déguisé en touriste, en septembre 1945, pour les racheter et les détruire). Cependant, on savait que des copies en avaient été faites à l'insu du Premier ministre et on les pensait enfouies quelque part dans les archives du gouvernement italien.

Missives secrètes

Luigi Carissimi-Priori a expliqué à la revue qu'il avait retrouvé des copies de ces lettres en 1946 quand, accompagné d'un autre partisan, il avait mis à sac le bureau d'un membre du parti fasciste à Côme, dans le nord de l'Italie. Il avait découvert un dossier contenant soixante-deux courriers échangés entre Mussolini et Churchill de 1936 à 1940. La liasse avait ensuite été transmise aux autorités d'après-guerre et c'était donc pour cette raison que Carissimi-Priori pensait qu'elle se trouvait dans les archives nationales.

La lettre incriminante était l'une des dernières envoyées par Churchill et remontait au début de l'été 1940, alors que la France était occupée par Hitler et que Mussolini était encore sur la ligne de touche. Selon Carissimi-Priori, elle contenait la liste des territoires que le Premier ministre promettait au dictateur. On y trouvait Nice, la Corse, la majeure partie de la côte dalmatienne (en face de la côte est de la péninsule italienne), une large portion de la Tunisie (qui se trouve juste de l'autre côté de la Méditerranée par rapport à la Sicile) et même Malte (qui était à l'époque un bastion militaire britannique).

Cette offre ne convainquit pas Mussolini qui en conclut qu'il aurait plus à gagner en s'associant à Hitler. En juin, il déclara la guerre aux alliés et envahit le sud de la France. Churchill redoutait tant que ses promesses ne soient découvertes après la mort du Duce qu'il prit des mesures extrêmes pour tenter d'en faire disparaître toute trace. Mais il ignorait l'existence des copies.

Le mystère reste entier

Les historiens ne sont toujours pas d'accord quant à la véracité de ces affirmations. Cependant, divers éléments circonstanciels tendent à conférer du poids aux assertions de Carissimi-Priori. C'est près de Côme que Mussolini a été pris en 1945 alors qu'il tentait de fuir vers la Suisse. Il transportait un attaché-case que l'on disait être son « assurance » pour le cas où il serait arrêté et jugé.

Finalement, il a été sommairement abattu. Selon une théorie émise en 1996, un agent des services secrets britanniques aurait participé à sa capture et ordonné son exécution afin de l'empêcher de révéler l'affaire. Nul ne sait ce qu'il est advenu de la mallette mais on pense que ce sont des copies de son contenu que les partisans ont trouvées un an plus tard.

Manœuvres françaises

L'époque était délicate pour Churchill. À la fin de la guerre, sa disposition à céder certaines parties de la France eut une étrange contrepartie que les alliés se sont efforcés de dissimuler et qui reste encore très méconnue aujourd'hui : en 1945, Charles de Gaulle, victorieux, essaya d'arracher à l'Italie une bonne partie de sa zone frontalière. Ceci ne fut pas sans créer des tensions au printemps et à l'été de cette même année et le président américain Harry Truman ordonna au Général de faire marche arrière.

On notera que Churchill n'est jamais mentionné quand on évoque cet épisode et qu'il ne semble pas y avoir participé. Si de Gaulle avait été au courant des anciennes négociations territoriales du Premier ministre britannique, celui-ci se serait trouvé dans une situation très embarrassante et la position des alliés aurait perdu énormément de crédibilité.

De Gaulle avait envahi le val d'Aoste, dans les Alpes italiennes, dès que les forces d'occupation allemandes s'étaient rendues, le 2 mai 1945, deux jours après le suicide d'Hitler. Ses troupes avaient pénétré la vallée sur soixante kilomètres jusqu'à une vingtaine de kilomètres de Turin et sur quatre-vingt-dix kilomètres le long de la côte méditerranéenne, jusqu'à Savone. Il semble qu'elles avaient tout fait pour entretenir un sentiment anti-italien et monté des comités locaux de collaborateurs chargés de convaincre la population de manifester en faveur de son annexion. Le Général aurait promis des choses extrêmement tentantes : distribution de nourriture (qui faisait alors défaut), exonération d'impôts pendant plusieurs années et construction du tant attendu tunnel du Mont-Blanc.

À la fin du mois, tandis que la France disposait de dix-neuf bataillons sur le sol italien, la résistance locale prenait de l'ampleur et les partisans auraient fait sauter le QG de la police française. Au milieu du mois de juin, la situation était devenue assez sérieuse pour qu'il faille demander à Truman d'intervenir. Celui-ci aurait menacé de Gaulle de lui couper les vivres s'il ne battait pas en retraite. Le Général n'aurait alors plus eu guère le choix et ses dernières troupes quittèrent l'Italie le 10 juillet.

Churchill s'était contenté d'un petit rôle dans cette mêlée diplomatique et avait laissé les Américains se charger de forcer la main à de Gaulle. Cela a probablement dû paraître curieux à l'époque car Churchill avait très bien connu le Général pendant la guerre alors que Truman n'était président que depuis quelques semaines suite à la mort soudaine de Roosevelt. Mais maintenant que l'on sait la position dans laquelle se trouvait le Premier ministre britannique, il semble logique qu'il ait choisi de faire profil bas.

* * *

DE MEILLEURS RÉSULTATS AVEC L'ESPAGNE

Nous ne connaîtrons peut-être jamais la vérité sur les manœuvres de Churchill. Cependant, l'histoire de ses marchandages avec Mussolini paraît encore plus crédible depuis qu'on sait qu'il avait déjà de l'expérience en la matière. Fin 2008, on a découvert, dans des documents issus des archives américaines et britanniques, des éléments démontrant qu'il avait négocié avec un autre ennemi potentiel : il avait fait en sorte que l'Espagne du général Franco n'entre pas dans le conflit.

Churchill voulait absolument éviter que l'Espagne ne se range aux côtés d'Hitler. Les nazis avaient beaucoup aidé Franco à remporter la guerre civile pour imposer son régime. Si le dictateur leur avait renvoyé l'ascenseur en se battant pour le camp de l'Axe, le passage maritime crucial qu'était le détroit de Gibraltar aurait été perdu pour les alliés. Le ravitaillement de la campagne en Égypte et en Afrique du Nord aurait dû être effectué en passant par la pointe sud de l'Afrique, ce qui aurait peut-être été tout simplement impossible. Le cours de la guerre aurait pu en être totalement métamorphosé.

À l'époque où l'allégeance de Franco était encore incertaine (nous parlons une nouvelle fois de l'été 1940), Churchill avait fait verser des millions de dollars en pots-de-vin aux généraux de Franco afin qu'ils dissuadent celui-ci d'entrer dans le conflit. Juan March, un banquier respecté qui avait fait fortune pendant la Première Guerre mondiale grâce à la contrebande du tabac, s'était révélé être l'intermédiaire idéal. Les autorités britanniques avaient placé dix millions de dollars (l'équivalent d'environ cent cinquante millions de dollars en termes actuels) sur un compte new-yorkais et March les avait utilisés pour corrompre trente généraux.

Hitler contrecarré

Cette méthode simple fonctionna et Franco se tint à l'écart du conflit malgré les implorations d'Hitler. Ces dernières ont connu leur point culminant en octobre 1940, quelques mois seulement après le début du programme de corruption de Churchill, lors de l'unique occasion où Hitler rencontra Franco. Le Führer s'était déplacé jusqu'à la frontière franco-espagnole mais comme le Caudillo y était arrivé en retard et avec une liste d'exigences extravagantes, il avait rapidement abandonné.

Apparemment, des influences internes auraient également contribué à ce que Franco n'intervienne pas par la suite. L'Espagne resta « non belligérante » (ce qui ne l'empêcha pas de fournir secrètement des bases navales aux nazis pour leurs sous-marins) et, après la guerre, Franco resta au pouvoir pendant trente ans, jusqu'à sa mort en 1975. Si Mussolini avait joué ses cartes différemment…

* * *

LES MYTHES QUI CIMENTENT UNE NATION

Parce qu'on a tendance à les transformer en mythes et à admirer la bravoure de ceux qui y ont participé, on se souvient de certains célèbres faits de guerre comme d'actions déterminantes. Pourtant, en réalité, ils s'avèrent souvent un peu moins héroïques que l'image qui en est restée dans la mémoire collective.

Les petits bateaux

Au printemps 1940, alors que les assauts de l'envahisseur allemand battaient leur plein, il fallut évacuer les troupes alliées de France. Pour la plupart des gens, ceci évoque immédiatement la contribution supposément décisive de toute une flottille de « petits bateaux » qui aurait héroïquement permis d'éviter la catastrophe. Des recherches conduites dans les années 1980 ont mené à une version très différente de l'événement. Certes, le 4 juin, à la fin de ce miracle logistique, trois cent trente-huit mille hommes avaient été rapatriés en Angleterre et étaient prêts à retourner au combat. Cependant, il faut savoir que deux cent mille d'entre eux avaient été emmenés par des bateaux de guerre britanniques et français et cent quinze mille par de grands ferries, principalement manipulés par des équipages professionnels de la marine marchande ou militaire. En fait, environ dix-huit mille cinq cents hommes seulement – à peu près un sur vingt – ont été ramenés sur des embarcations véritablement privées.

L'image d'une armée de volontaires arrivant de toutes parts est un mythe. L'opération avait été lancée dans un tel secret qu'elle n'a été connue du public que le 31 mai, alors que plus de la moitié du travail était déjà fait. Il va donc de soi que les propriétaires de bateaux avaient peu de chances de se porter volontaires pour une mission dont ils n'avaient jamais entendu parler. Quoi qu'il en soit, il est incontestable que l'idée était bonne pour le moral des troupes en ces temps où l'esprit d'effort collectif était plus que jamais à l'honneur. Depuis, l'expression « *Dunkirk spirit* » est même entrée dans la langue anglaise pour désigner la solidarité face à l'adversité. La déformation des faits a servi un dessein politique au moment opportun mais, aujourd'hui, la réalité historique commence à reprendre ses droits.

Un mythe résistant ?

La résistance française commence, elle aussi, à nous apparaître comme un « mythe nécessaire ».

Des recherches récentes semblent indiquer qu'elle n'aurait jamais été un véritable ennemi pour l'occupant nazi et qu'elle aurait été aussi inefficace qu'insignifiante.

En 1996, la première critique de source sérieuse envers les services secrets français durant la guerre nous vient de Douglas Porch, un universitaire américain spécialisé dans le renseignement. Selon lui, l'impact de la résistance aurait été négligeable et sa réputation exagérée résulterait d'un impératif politique. Charles de Gaulle avait besoin que son pays soit convaincu d'avoir résisté aux nazis. Sans cela, le peuple aurait été démoralisé et incapable de faire face au grand rôle que le Général prévoyait pour la France au niveau mondial dans l'avenir.

Bien que quatre-vingt-quinze mille Françaises et Français aient (indubitablement, avec bravoure) sacrifié leur vie, on sait que les dirigeants nazis considéraient la résistance comme « inexistante ». De malheureux constats tendent à confirmer ce point de vue : la moitié des opérateurs radio de la résistance ont été capturés et aussi tard qu'en 1943, quarante pour cent de leurs émissions étaient diffusées sur des ondes que seuls les Allemands pouvaient capter. D'ailleurs, une grande partie des informations qu'ils recueillaient et transmettaient aux alliés étaient très inexactes. Porch cite un rapport des services secrets britanniques selon lequel les meilleurs renseignements n'émanaient pas des patriotes de la résistance française mais qu'ils étaient « directement achetés à des personnes vénales ».

L'armée des ombres était même souvent critiquée par les Français eux-mêmes car la plupart de ces derniers cherchaient souvent simplement à oublier l'occupation. D'ailleurs, plusieurs de ses dirigeants ont admis que le soutien qu'ils recevaient de la population allait de l'apathie à l'hostilité. Peu après la guerre, de Gaulle déclara que la résistance n'avait été « qu'un coup de bluff qui avait marché ».

L'autre blitz

Dès ses débuts, l'offensive de bombardements aériens sur des villes allemandes a toujours été l'aspect le plus controversé de la stratégie des alliés pendant la guerre. Ce qu'on nous en a dit, c'est qu'elle a joué un rôle capital, aussi déplaisant soit-il, dans la victoire contre le nazisme. Personne ne nie complètement qu'il s'agissait partiellement de représailles suite au blitz sur les villes britanniques et que l'on avait cherché à briser le moral des civils mais on nous affirme que le principal objectif était, avant tout, de détruire le réseau de transports et les infrastructures industrielles du pays.

Après la guerre, le bureau fédéral allemand des statistiques a estimé que cinq cent quatre-vingt-treize mille personnes avaient été tuées – pour la plupart, des civils. Pratiquement toutes les grandes villes allemandes y ont perdu plus de cinquante pour cent de leurs zones construites. Certaines ont été particulièrement touchées. Cologne a été détruite à soixante et un pour cent, Hambourg à soixante-quinze pour cent, Bremerhaven à soixante-dix-neuf pour cent, et la ville industrielle bavaroise de Wurtzbourg à quatre-vingt-neuf pour cent. Wuppertal, dans la Ruhr, n'a subi qu'un seul raid… mais celui-ci a détruit quatre-vingt-quatorze pour cent de la ville.

Cinquante-cinq mille aviateurs de la RAF sont morts également. Les pertes humaines étaient plus élevées chez les pilotes de bombardiers britanniques qu'elles ne l'avaient été chez les officiers du front de l'Ouest pendant la Première Guerre mondiale. Bien qu'on ait eu des scrupules moraux pratiquement dès le commencement, dans l'esprit de la RAF – comme dans celui de Churchill –, les raids étaient parfaitement justifiés par leur efficacité militaire.

Cependant, jusqu'à la fin de la guerre les évaluations des experts n'ont fait que semer toujours plus de doutes quant à la valeur militaire de cette stratégie. Dès 1946, un rapport officiel de la British Bombing Survey Unit (unité britannique d'enquête sur les bombardements) sur l'efficacité de cette série d'offensives a conclu que la destruction des villes allemandes avait eu « peu d'effets sur la tendance de la production et sur le moral des travailleurs allemands ». Au plus fort de la campagne, en 1944, quand la RAF avait fait cent deux mille huit cent onze sorties entre mars et décembre (soit une moyenne de presque deux mille quatre cents par semaine), la production allemande n'avait baissé que de sept pour cent.

La nature vindicative de Churchill s'illustra de manière particulièrement visible par son attitude en matière de bombardements. En 1942, quand les Allemands exécutèrent tous les hommes de la bourgade tchèque de Lidice et rasèrent le village en représailles de l'assassinat, à Prague, du général SS Reinhard Heydrich, Churchill fit pression sur le Cabinet pour qu'il autorise la RAF à anéantir trois villages allemands et à n'expliquer pourquoi qu'après coup. Ses ministres bloquèrent le projet. Churchill aurait alors déclaré « se soumettre (à contrecœur) à l'avis négatif du cabinet ».

* * *

DES VIES AURAIENT PU ÊTRE SAUVÉES

Depuis qu'on a pris conscience de l'ampleur des horreurs de l'Holocauste, durant lequel six millions de Juifs ont péri dans des camps de la mort, la Grande-Bretagne a dû se justifier de son apathie. Malgré les rapports sur les massacres que les unités de police spéciale du célèbre centre de décryptage de Bletchley Park avaient commencé à recevoir dès 1941, le gouvernement britannique a prétendu qu'il n'avait été informé de rien jusque vers la fin de la guerre. On a reproché aux alliés de ne pas avoir bombardé les voies ferrées permettant aux camps de fonctionner ou organisé des raids pour interrompre la déportation de civils à travers l'Europe. On continuera probablement longtemps à se demander vainement s'il aurait été possible d'agir plus tôt.

Pour la plus grande honte du Royaume-Uni, on a récemment découvert que le gouvernement britannique avait bloqué un plan américain au milieu de l'année 1944, c'est-à-dire un mois après l'arrivée à Londres de preuves irréfutables des gazages effectués à Auschwitz. L'opération rejetée aurait consisté à échanger plusieurs milliers de Juifs enfermés dans des camps de concentration contre des expatriés allemands détenus en Amérique du Sud.

Les objections de la Grande-Bretagne

C'était le ministre des Affaires étrangères – et futur Premier ministre – Anthony Eden, qui avait rejeté ce programme. Bien que connaissant désormais le sort auquel les Juifs étaient voués en Allemagne, il l'avait refusé car il craignait que les libérés ne fuient vers la Palestine, ce qui aurait causé des problèmes aux autorités britanniques qui s'y trouvaient. Par ailleurs, il redoutait que le retour de prisonniers allemands en bonne santé ne donne à Hitler un petit supplément d'énergie bienvenu pour lui alors qu'il semblait que les alliés venaient enfin de réussir à mettre les nazis sur la défensive avec le débarquement.

Le gouvernement n'a déclassifié les dossiers secrets qu'en 1999 (à l'origine, ils devaient rester scellés jusqu'en 2021). On y a découvert que l'ambassadeur britannique en Uruguay partageait les appréhensions d'Eden et estimait que le retour des expatriés chez eux donnerait l'impression que la Grande-Bretagne était « devenue tendre et sentimentale envers les Allemands ». Les Américains avaient fait pression pour faire accepter leur initiative proposée en juillet 1944 jusqu'à ce que la réalité de terrain prenne le relais au début de l'année 1945 et que l'on commence à libérer les déportés survivants.

* * *

LA HONTE SECRÈTE DE LA SUISSE

Le rôle d'un pays neutre en temps de guerre ne peut que générer des points de vue ambivalents. De toute évidence, la neutralité de l'Irlande était due au sentiment résultant de plusieurs siècles de friction avec les Britanniques plutôt qu'à une sympathie pour l'Allemagne nazie. Celle de la Suède était partiellement justifiée par son emplacement sur la carte mais ses liens économiques avec l'Allemagne furent une constante source d'irritation pour les alliés. La position de la Suisse était plus évidente. Sa neutralité était prévisible et s'inscrivait parfaitement dans la lignée d'une tradition déjà vieille de plusieurs siècles. Sa situation géopolitique – des montagnes coincées au milieu du continent européen avec peu de ressources économiques – n'aurait bénéficié à aucun de ses voisins. Ainsi, pendant la majeure partie de la période d'après-guerre, la réputation du pays resta aussi pure et fraîche que son air alpin. Aux yeux de l'Histoire, la Suisse était droite, honnête et intouchée par les pernicieuses motivations des puissances environnantes. Jusqu'aux années 1990.

Une nouvelle vision des faits

Le premier problème – aujourd'hui tristement célèbre –, c'est que l'on s'est aperçu en 1996 que les banques suisses avaient conservé les biens financiers de Juifs victimes de l'Holocauste. En 1998, outragé de voir son industrie bancaire ainsi accusée, le gouvernement a débloqué plus d'un milliard de dollars pour dédommager les survivants et leurs descendants.

Une autre ombre, moins connue, s'est récemment ajoutée au tableau quand les historiens se sont penchés pour la première fois sur l'image immaculée de la Suisse. En mars 2002, un panel d'universitaires est parvenu à la conclusion que le pays avait fait de nombreuses entorses à sa neutralité.

Financeurs de l'Axe

Cette commission indépendante de spécialistes de la Seconde Guerre mondiale a révélé dans une analyse de mille deux cents pages que le pays avait activement entretenu des relations économiques avec le régime nazi durant toute la guerre et qu'à la fin, il détenait pour plus d'un milliard de dollars de biens allemands. Au lieu de les confisquer et de les remettre aux alliés victorieux, ainsi que l'exigeaient les accords de compensation de 1946 (dont le but était d'utiliser l'argent nazi pour dédommager les victimes d'Hitler), les Suisses avaient discrètement rendu l'argent à ses propriétaires allemands. On a également trouvé des preuves que les banques helvètes avaient consciemment acheté des valeurs mobilières volées.

La Suisse disposait de voies de transit pour les ressources économiques et le matériel. La commission a découvert que, pendant la guerre, le volume de son trafic ferroviaire s'était multiplié par trois. Elle s'est également aperçue que le pays avait prêté plus d'un milliard de francs suisses (ce qui correspondrait environ à six cents millions d'euros aujourd'hui) à l'Allemagne nazie et à l'Italie fasciste afin de leur permettre d'acheter des armes qu'il fabriquait, ainsi que divers autres produits vitaux tels que de l'énergie (en fournissant, par exemple, beaucoup d'électricité au Reich), de l'aluminium et des machines-outils. Les experts ont conclu que les exportations de la Suisse avaient été « actives » et « favorables à l'Allemagne » pendant la guerre. Les autorités helvétiques ont incontestablement contribué à financer l'effort de guerre allemand.

Le fait que la teinture rouge du drapeau nazi provenait de chez le géant chimique suisse Geigy a suscité une colère toute particulière. Les experts ont également révélé que les trains qui conduisaient les Juifs à la mort avaient été autorisés à traverser le territoire national. En outre, trente mille réfugiés juifs ayant réussi à parvenir à la frontière helvétique se sont vu refuser l'entrée et ont été renvoyés en Allemagne, vers une extermination pratiquement certaine. Le chef de la commission, lui-même suisse, a concédé qu'un « grand nombre de personnes dont la vie était en danger ont été inutilement repoussées [...] La politique de nos autorités par rapport aux réfugiés a contribué au plus atroce des objectifs nazis – l'Holocauste. »

Une réputation réduite à néant

Après l'enquête, l'idée qu'on se faisait jusqu'alors de la Suisse – celle d'un pays courageux et désintéressé, s'efforçant d'ignorer la guerre mondiale et de rester à l'écart des bouleversements qu'elle générait – est partie en lambeaux. En l'espace de six ans, l'image d'innocence dont elle a joui pendant cinquante ans s'est évanouie pour toujours.

* * *

LES MAINS PROPRES

Le général Dwight D. Eisenhower avait vingt-sept ans de carrière derrière lui au moment où il a été nommé commandant des forces américaines en Europe en 1942 (puis commandant suprême des forces alliées fin 1943 pour diriger le débarquement). Cependant, selon l'historien A.D. Harvey, il n'avait jamais vu le moindre cadavre avant de conduire l'invasion de l'Afrique du Nord en novembre 1942 quand la RAF lui avait gentiment fait survoler le champ de bataille pour lui montrer le carnage. La seule fois où il s'était trouvé en présence d'une arme utilisée dans la fureur était celle où il avait lui-même fait usage de son 45 pour tenter de tuer un rat qui s'était introduit dans ses toilettes privées à Caserte durant l'invasion de l'Italie l'année suivante.

* * *

LA MORT ÉTRANGE DE PATTON

Le général George Patton était connu pour son approche directe du commandement. Ce n'était pas pour rien que ses hommes avaient coutume de dire : « On ne connaît pas la vie tant qu'on ne s'est pas fait engueuler par le général Patton. » Quoi qu'il en soit, ce héros américain de la Seconde Guerre mondiale avait un secret qui contrastait avec son comportement en public : il a été convaincu toute sa vie qu'il avait déjà été soldat dans six vies antérieures. Il parlait de « souvenirs subconscients » récurrents selon lesquels il avait été un guerrier préhistorique luttant contre un mammouth ; un hoplite grec ayant combattu le roi de Perse Cyrus ; un soldat d'Alexandre le Grand durant le siège de Tyr ; un légionnaire sous Jules César dans le nord de la Gaule ; un chevalier anglais à la bataille de Crécy ; et un maréchal napoléonien. Heureusement, sa hiérarchie ne l'a jamais su.

Un homme difficile à gérer

Il se pourrait que la réputation bien établie d'homme avide de gloire militaire de Patton ait posé problème à ses supérieurs politiques. Après sa mort dans un accident de la route en décembre 1944, alors qu'il dirigeait un assaut contre l'Allemagne, la rumeur a couru qu'il avait été éliminé par son propre camp parce qu'on craignait qu'il n'embarque les États-Unis dans une guerre contre l'Union soviétique.

Les circonstances de son décès présentent incontestablement quelques éléments curieux. Il a été tué par un camion de troupes qui a percuté sa voiture près de Mannheim, dans le sud de l'Allemagne, alors qu'il chassait le faisan. L'accident a eu lieu au moment où les deux véhicules redémarraient après s'être arrêtés à un passage à niveau et ils roulaient donc à moins de trente kilomètres à l'heure. Aucun d'entre eux n'a été très endommagé. Patton a été la seule victime et il se serait apparemment cogné contre une barre métallique servant à délimiter les sièges. Ce qui est certain, c'est qu'il s'est retrouvé paralysé, la nuque brisée.

Dans un ouvrage paru en 2008, l'historien militaire Robert Wilcox affirme avoir identifié un tueur à gages, Douglas Bazata, qui, avant sa mort en 1999, aurait avoué avoir orchestré l'accident et achevé Patton avec un projectile à faible vélocité qui lui aurait brisé la colonne vertébrale. Bazata aurait également affirmé avoir agi sur ordre de l'Office of Strategic Services (l'ancêtre de la CIA) dont le chef, « Wild Bill » Donovan, estimait que Patton était « incontrôlable ».

Wilcox note que d'autres aspects semblent indiquer une opération secrète : la disparition du chauffeur du camion, qui est parti pour Londres avant qu'on ait pu l'interroger, et le fait que le général n'ait pas été autopsié. Cinq documents, au moins, ont disparu des archives américaines. Selon

Wilcox, le gouvernement pensait que Patton était « timbré » et qu'il « voulait entrer en guerre contre la Russie ». Il fallait sauver le monde du danger qu'il représentait.

* * *

DE L'IMPORTANCE DES MOTS

Concluons ce chapitre sur la guerre sur une note un peu plus légère. L'une des plus célèbres opérations contemporaines de communication militaire a été lancée pendant la guerre du Golfe en 1991, c'est-à-dire à un moment où de nombreuses armes « intelligentes » sont entrées en service. C'est effectivement à cette époque que l'armée américaine a fièrement dévoilé son système de missiles sol-air Patriot et, rapidement, le monde entier a entendu parler de son époustouflante efficacité en matière de défense. Son apparente capacité à intercepter les missiles ennemis en faisait un puissant outil médiatique pour démontrer que toute tentative de l'Irak d'en envoyer sur les alliés occidentaux, l'Arabie saoudite ou Israël serait forcément vouée à l'échec. Le président Bush affirmait que sur quarante-deux Patriot lancés successivement, quarante et un avaient intercepté des missiles irakiens. L'armée américaine revendiquait un taux de réussite encore plus élevé. Un an après la guerre, des études menées par le prestigieux Institut technologique du Massachussetts ont révélé qu'en réalité, la plupart des Patriot avaient manqué leur cible. En fait, il n'existait aucune preuve que même un seul d'entre eux ait détruit le moindre missile ennemi. Interrogé sur la véracité des affirmations faites pendant la guerre, le général de brigade Robert Drolet, porte-parole de l'armée, est resté campé sur ses positions. Il a répondu que les chiffres du Président étaient toujours exacts : selon la définition de l'armée, « intercepter » ne signifiait pas « détruire » mais simplement qu'« un Patriot et un Scud s'étaient croisés dans le ciel ».

* * *

MONARCHIE ET FAÇADES

Le pouvoir de la monarchie réside à la fois dans son image et dans les croyances qu'elle inspire. Après tout, un mortel qui se veut doté d'une autorité mystique lui donnant le droit de gouverner le peuple dont il est issu a bien besoin d'une bonne histoire pour justifier sa situation. Quelle que soit l'époque, la force de la royauté repose sur des fondations historiques solides et soigneusement élaborées. Et cela peut exiger d'oublier les points délicats qui n'y contribuent pas tout à fait.

CŒUR DE MENTEUR ?

Richard Ier d'Angleterre, dit Cœur de Lion, (1157-1199) n'a passé que très peu de temps dans son royaume. Étant également duc de Normandie, de Gascogne et d'Aquitaine, comte d'Anjou et de Nantes, et suzerain de Bretagne, il vivait surtout sur le continent européen quand il n'était pas parti en croisade en Terre sainte. En dix ans de règne, il n'a passé que cent soixante jours, répartis sur deux visites, en Angleterre. Les recherches modernes semblent indiquer que son surnom était plus une façade qu'un véritable reflet de sa virilité. Il n'a pas laissé d'héritier et n'a consommé son mariage qu'après cinq ans ; et ceci, paraît-il, uniquement parce qu'un prêtre à qui il avait confessé son homosexualité le lui avait ordonné en guise de pénitence. Un curieux document qui n'a fait surface qu'en 1948 tend à confirmer sa préférence pour les hommes. En effet, en 1187, un chroniqueur a écrit que Richard et le roi français Philippe Auguste étaient si proches « que, la nuit, le lit ne les séparait pas ». Cependant, selon une théorie plus académique, cet acte aurait été strictement politique et coucher dans le même lit aurait plus ou moins été l'équivalent des poignées de main que s'échangent aujourd'hui les chefs d'État pour les médias.

* * *

LES SECRETS D'ÉLISABETH Ire

En 1996, la pédopsychiatre Elinor Kapp a émis une théorie qui pourrait expliquer l'un des plus intrigants mystères de l'histoire de la monarchie britannique : le fait qu'Élisabeth Ire n'ait jamais trouvé de mari pourrait être dû à des maltraitances subies dans son enfance. Dans une analyse publiée dans le journal universitaire *Psychiatric Bulletin*, Kapp a disséqué le plus ancien portrait d'Élisabeth, sur lequel on la voit à l'âge de treize ans durant la dernière année du règne de son père, Henri VIII.

Sur le visage de la future reine, Kapp a reconnu des signes symptomatiques qu'elle a souvent eu l'occasion d'observer chez des jeunes maltraités dans le cadre de son travail. Selon la pédopsychiatre, l'expression d'Élisabeth dévoile une « vigilance figée » et une « solitude omniprésente » suggérant l'existence d'un « secret obsédant ». Ses lèvres fortement pincées et sa posture empruntée sont des indicateurs que l'on retrouve chez les enfants qui ont subi d'importants traumatismes, voire des abus sexuels. Il ne serait donc pas surprenant qu'à l'âge adulte, comme beaucoup de femmes maltraitées durant leur enfance, Élisabeth ait éprouvé de très grandes difficultés à avoir des relations avec des hommes.

Aussi bien avant de devenir reine qu'après, Élisabeth a toujours eu quelque chose de mystérieux et d'insaisissable. Elle a, par exemple, entretenu une relation intermittente pendant trente ans avec le courtisan Lord Robert Dudley, qu'elle a fait premier comte de Leicester. On dit qu'elle ne l'a pas épousé car elle avait des soupçons quant à la façon dont sa femme était morte. En effet, cette dernière avait curieusement chuté dans un escalier peu après l'accession au trône d'Élisabeth. Quand Dudley est mort en 1588, la reine a conservé sa dernière lettre à son chevet jusqu'à sa propre fin.

Bien entendu, des rumeurs selon lesquelles elle n'aurait pas été une « vraie » femme n'avaient pas manqué de courir. Cependant, elles avaient été démenties par Lord Burghley, son conseiller en chef, qui après avoir consulté les médecins royaux, l'avait déclarée « tout à fait apte » à la procréation. Quoi qu'il en soit, on ignore toujours pourquoi la Grande-Bretagne a eu sa « reine vierge ».

Derrière la façade

Lors de ses apparitions publiques, Élisabeth se mettait du tissu dans la bouche afin de cacher la mollesse de ses lèvres, due au fait qu'elle n'avait plus de dents. Elle en était arrivée là parce que sa vie tout entière n'avait été qu'un cauchemar dentaire : au départ, elle avait consommé quotidiennement d'énormes quantités de bonbons pour masquer sa mauvaise haleine. Le sucre avait alors carié ses dents subsistantes et rendu son haleine encore plus épouvantable… ce qu'elle avait essayé de dissimuler en mangeant toujours plus de confiseries.

* * *

UNE RUPTURE DANS LA LIGNÉE ROYALE ?

Toujours en Grande-Bretagne, un mystère remontant au milieu du XVIe siècle – et encore non élucidé à ce jour – pourrait semer le doute quant à la légitimité de la lignée royale actuelle : Jacques VI d'Écosse (alias Jacques Ier d'Angleterre, à partir de 1603) était-il bien celui que sa mère, Marie Ire d'Écosse, prétendait qu'il était ? La question se pose depuis qu'on a fait la macabre découverte d'un petit cercueil contenant les restes d'un bébé au château d'Édimbourg en 1830. Il se trouvait dans une antichambre que l'on a longtemps pensé être celle où était né le futur roi en 1566. Par ailleurs, on tenait pour certain que la reine n'avait eu aucun autre enfant.

Les restes étaient-ils bien ceux de son fils ? Le petit garçon qui est devenu Jacques Ier aurait-il pu être un imposteur, substitué à l'enfant mort pour maintenir la succession ? Jacques lui-même était connu pour douter de sa propre légitimité parce qu'il ne ressemblait à aucun autre membre de la famille Stuart.

Les historiens s'accordent généralement sur le fait que la chambre où l'on a trouvé le cercueil a très probablement été le lieu de naissance de l'enfant de Marie Ire. Les rapports sur la découverte parlent d'un cercueil fait du « meilleur chêne », d'un enfant emmailloté dans de la laine épaisse et d'un bout d'étoffe – probablement de la soie – sur lequel on avait brodé l'intrigante lettre « J ». Enfin, le cercueil et son contenu se seraient désintégrés au contact de l'air et ce qu'il en restait aurait été remis en terre.

Autant que l'on sache, on n'a jamais essayé de localiser ces restes, ce qui n'est peut-être pas surprenant compte tenu des conséquences potentielles.

* * *

À LA SOLDE DES CATHOLIQUES ?

Guillaume d'Orange, le Hollandais devenu roi d'Angleterre après la « Glorieuse Révolution » de 1688 – depuis laquelle la monarchie britannique a toujours été protestante – avait un secret qui n'a fait surface qu'en 2001. Aussi surprenant que cela puisse paraître, on a découvert des documents démontrant que cet ultra-protestant, dont l'image d'anticatholique est encore vivace en Irlande aujourd'hui, était secrètement financé par le pape.

Puisque Guillaume d'Orange a renversé un roi catholique et assujetti l'Irlande, sa réputation est pourtant bien établie. D'ailleurs, les unionistes considèrent toujours la bataille de Boyne, durant laquelle il a vaincu Jacques II, comme le tournant le plus déterminant des relations anglo-irlandaises. Depuis, des lois (le *Bill of Rights,* passé juste après la Glorieuse Révolution, et l'*Act of Settlement* de 1701) interdisent l'accès au trône aux catholiques.

Quand la religion et la politique s'entrechoquent

En 2001, on a découvert qu'en réalité le Vatican avait d'autres préoccupations que les intérêts des catholiques en Angleterre. Le pape de l'époque – le mal nommé Innocent XI – semble, en effet, avoir mené un complexe jeu machiavélique motivé par une considération tout ce qu'il y a de plus séculière : la menace grandissante que représentait Louis XIV. Puisque la France était l'une des plus grandes puissances d'Europe, son attitude était cruciale et cela faisait des années qu'elle posait des problèmes à l'Église.

L'orgueilleux Louis XIV ne manquait jamais une occasion d'humilier le haut clergé et de lui manquer de respect. Dans les années 1660, il avait provoqué l'un des prédécesseurs d'Innocent XI, Alexandre VII, en nommant un homme connu pour son arrogance ambassadeur à Rome et une altercation entre les gens de ce dernier et la garde corse pontificale s'était ensuivie. Les relations diplomatiques avaient alors été pratiquement rompues et la France avait annexé Avignon. C'était le pape qui avait dû plier et présenter des excuses.

Quand Innocent XI est devenu pape en 1676, Louis XIV était au summum de sa puissance. Comme Henri VIII l'avait fait en Angleterre cent cinquante ans plus tôt, il refusa que les autorités pontificales interfèrent dans la gouvernance de la France. Cependant, contrairement au monarque britannique, il n'eut jamais la moindre intention de renoncer à la religion catholique. Il se contenta de faire usage de sa supériorité militaire.

Théologien strict, Innocent XI était particulièrement intolérant envers le laxisme doctrinal. Un désaccord au sujet de la répartition des droits entre les monarques nationaux et le pape sur les finances de l'Église s'envenima au point que les principes de base furent remis en question et que tout recommença comme avec Alexandre VII : l'agressif ambassadeur français fut de nouveau envoyé, le pape l'expulsa et le Roi-Soleil proféra des menaces d'invasion.

Tout cela permet de comprendre pourquoi Innocent XI était plus préoccupé par la France, qui s'en prenait ouvertement à l'autorité papale, que par les protestants. Ces nouveaux éléments expliquent, en effet, que le Vatican ait longtemps jugé opportun de soutenir secrètement les ennemis de Louis XIV même quand ceux-ci avaient des croyances hérétiques.

Les ennemis de mes ennemis…

Avant de devenir pape, le futur Innocent XI avait dirigé le service financier du Vatican et c'est précisément là que réside le secret. Les registres font apparaître que des proches de sa famille ont transmis des fonds à Guillaume d'Orange. Et il ne s'agissait pas de menue monnaie. On estime que cent cinquante mille écus italiens ont été envoyés, ce qui équivalait au déficit annuel du Vatican à l'époque et représenterait presque cinq millions d'euros en termes actuels. Les érudits qui ont découvert ces registres (dans les archives familiales du pape et non dans celles du Vatican) pensent que ces documents ne révèlent qu'une partie de l'histoire et que d'autres ont été détruits. L'Église romaine ne tenait probablement pas à ce que l'on apprenne qu'un souverain pontife avait joué un rôle important dans le renversement d'un roi catholique.

On a une raison supplémentaire de supposer que ces fonds secrets ont véritablement contribué au triomphe de Guillaume quand on sait qu'après la Glorieuse Révolution, le monarque a proposé de rembourser la papauté en lui cédant ses terres dans le sud de la France. Innocent XI étant mort quelques mois plus tôt, le Vatican a néanmoins préféré refuser pour ne pas éventer l'affaire.

Les machinations d'Innocent XI constituent peut-être l'une des premières illustrations de l'aphorisme de la Guerre froide « les ennemis de mes ennemis sont mes amis ». Malgré son apparente pureté doctrinale, ce pape s'avère avoir été un habile stratège politique qui, pour augmenter les chances de Guillaume d'Orange face à la France, n'a pas hésité à sacrifier Jacques II et l'Angleterre catholique.

S'agissait-il simplement d'un effet indésirable ? C'est possible. C'est peut-être parce que Guillaume d'Orange aurait très bien pu le dénoncer qu'Innocent XI n'a rien fait pour aider Jacques II. Parallèlement, Louis XIV représentait toujours un gros problème pour le Vatican et il se pouvait que, tout bien considéré, la défaite d'un allié potentiel soit un prix à payer tout à fait raisonnable. On sait, par ailleurs, que le pape désapprouvait fortement les méthodes qu'avaient employées Jacques II pour restaurer le catholicisme en Angleterre et qu'il éprouvait peu de compassion pour lui du fait de son soutien au Roi-Soleil. Nous ne connaîtrons probablement jamais toute la vérité mais, ce qui est certain, c'est que la révolution de Guillaume d'Orange n'a peut-être pas été si glorieuse que cela.

* * *

LA REINE S'AMUSE

La reine Victoria a laissé le souvenir d'une personne sévère et dénuée d'humour. « Cela ne nous amuse pas » est probablement la citation qu'on lui associe le plus souvent (alors que, sur ses vieux jours, elle a nié avoir jamais prononcé ces mots). Au fil des ans, sa réputation s'est affinée. Nous avons maintenant une image plus complète de la femme qui a le plus longtemps régné sur la

Grande-Bretagne et celle-ci est étonnante en ce sens qu'elle modifie la perception que nous avons d'elle et de son époque.

De nouveaux éléments apparus dans les années 1970 et 1980 nous montrent une reine radicalement différente de celle que l'on croyait connaître : si elle observait soigneusement le décorum approprié, on sait maintenant qu'elle était une tout autre personne en coulisses.

Contrairement à l'idée reçue selon laquelle elle était particulièrement prude, elle avait, au contraire, une vie sexuelle très active. (Après tout, elle a eu neuf enfants en dix-sept ans, dont le premier à peine dix mois après son mariage et le deuxième seulement onze mois plus tard.) Son époux et elle avaient agrémenté leur chambre de statues de nus et un dispositif permettait de fermer la porte à clé sans sortir du lit. Dans la salle de bains du prince Albert, la reine avait accroché un tableau – que l'un de ses récents biographes a qualifié d'« étonnamment sensuel » – représentant la mythique reine de Lydie, dont Hercule était l'esclave personnel. Le symbole n'aurait guère pu être plus clair.

Victoria était tout simplement fascinée par l'art érotique. Albert et elle s'offraient mutuellement des quantités « effrayantes » de sculptures de nus. Quand il fut décidé de présenter une collection de statues osées à Crystal Palace pour la cérémonie d'ouverture de l'Exposition universelle de 1851, ce ne fut pas elle qui s'y opposa mais les évêques du pays. Ceux-ci menacèrent, en effet, de boycotter ce grand événement national et l'on dut faire appel à des feuilles de vigne afin que ces messieurs puissent y assister sans rougir.

Victoria et Albert avaient également l'habitude de s'envoyer des tableaux de nus. En 1952, lorsque l'écrivain Compton Mackenzie se rendit à Buckingham Palace pour y être fait chevalier, il remarqua une représentation affriolante d'Artémis dans un couloir. Se demandant ce que la présence d'un tel tableau dans le palais pouvait bien inspirer à sa souveraine, il s'en approcha pour lire l'inscription qui l'accompagnait et découvrit ainsi qu'il s'agissait de l'un des cadeaux qu'elle avait offerts à Albert pour leur mariage.

Bizarre, bizarre

Victoria avait une passion pour les divertissements populaires et peu intellectuels. Elle adorait les foires aux monstres et elle demandait à l'entrepreneur de spectacles P.T. Barnum d'organiser des représentations pour elle quand il était de passage en Angleterre. On peut, d'ailleurs, considérer que ce dernier a fait sa fortune grâce à ce soutien royal sur lequel il pouvait toujours compter. D'ailleurs, la reine se rendait fréquemment au cirque et était présente à toutes les grandes représentations londoniennes. De toute évidence, elle raffolait de tout ce qui était inhabituel. Un jour, alors que son Premier ministre, Lord Melbourne, lui demandait quel animal de compagnie lui plairait, elle lui avait répondu qu'il lui plairait d'avoir un singe.

Malgré la rigidité religieuse de l'époque, Albert et elle n'allaient pas à l'église tous les dimanches et il en fut ainsi pour l'anticonformiste Victoria jusqu'à la fin de sa vie.

On sait également qu'elle aimait beaucoup le whisky (« bien tassé ») et qu'il lui arrivait de parier sur les chevaux. À propos d'une photo la montrant souriante, un de ses biographes a même estimé qu'elle avait plus l'air d'une joyeuse tenancière de bar que d'une reine.

Après la mort de son mari, la fervente adepte du spiritisme qu'elle était organisa de nombreuses séances pour tenter de communiquer avec lui. En 1861, un garçon de quatorze ans, Robert Lees, devint son médium préféré quand il fut le premier à affirmer y être parvenu. En présence de deux émissaires royaux, le prince consort aurait chargé le jeune homme de transmettre un message à la reine : un petit nom affectueux qu'elle seule connaissait. Plus tard, une autre séance eut lieu à Windsor et la reine se dit convaincue qu'un véritable contact avait été établi. Lees aurait ainsi dirigé six autres sessions fructueuses.

Sur la fin de sa vie, Victoria eut recours à un étrange artifice pour cacher sa faiblesse. Il lui fallut, en effet, tricher un peu pour réaliser les photos la montrant en fière matriarche entourée de ses petits-enfants parce qu'elle n'avait plus la force de porter le plus jeune d'entre eux : c'était une bonne cachée sous sa large jupe à cerceaux qui maintenait le nourrisson.

* * *

UNE RUPTURE DANS LA LIGNÉE ROYALE ? *(SUITE)*

Selon des recherches publiées en 1995, il se pourrait que Victoria ne soit pas la fille d'Édouard Auguste de Kent mais le fruit d'une aventure entre sa mère et un courtisan. Dans ce cas, sa légitimité serait remise en question – ainsi, évidemment, que celle de tous ses descendants. La véritable lignée royale serait alors à chercher du côté de princes allemands actuels. Et certains indices sont assez troublants.

Une analyse de l'historique médical de Victoria a révélé que sa famille avait pratiquement toujours souffert de porphyrie (la maladie héréditaire qui a entraîné la folie de George III) mais que ni elle ni ses descendants n'en étaient atteints. En revanche, elle était hémophile, une affection également congénitale. Grâce aux registres de la Société royale de médecine de Londres, on a pu examiner les dossiers de ses ancêtres sur dix-sept générations. On n'y a découvert aucun cas d'hémophilie, ce qui laisse fortement à penser que la reine tenait ce problème d'une source extérieure à la lignée royale. La seule autre possibilité serait une mutation génétique spontanée de Victoria. Les spécialistes estiment cette probabilité à une chance sur cinquante mille.

Tout cela semble désigner Sir John Conroy, l'intendant de la maison royale, un homme d'origine irlandaise avec lequel la mère de Victoria aurait eu une aventure. À en croire le duc de Wellington, la future souveraine aurait même surpris sa mère et l'intéressé dans « une situation assez intime ». Ce qui est sûr c'est qu'elle haïssait Conroy et qu'elle l'a chassé de la Cour dès son accession au trône en 1837.

Quand cette théorie a fait surface en 1995, la famille royale a catégoriquement refusé que des tests ADN soient effectués.

* * *

RÉVÉRENCIEUX MALGRÉ LUI

En 1981, le travailliste invétéré John Prescott a découvert, à ses dépens, la botte secrète à laquelle la famille royale britannique a recours (et, apparemment, elle ne serait pas la seule) pour que le plus féroce des antiroyalistes semble faire preuve de toute la déférence qu'il se doit même s'il y est peu enclin. Le député de Hull devait assister à l'inauguration d'un pont en présence de la reine et avait prévenu les conseillers de cette dernière qu'il refusait catégoriquement de se courber devant elle au moment des présentations. Bien entendu, le jour venu, il tint sa parole… jusqu'à ce que la reine murmure quelque chose. Quand il se pencha, par réflexe, pour mieux l'entendre, la reine lui prit la main et sourit. Sa position inclinée ressemblait suffisamment à une révérence pour faire illusion. « Je me suis fait avoir », n'a-t-il pu que constater plus tard.

Ce ne fut pourtant que des années plus tard, lors d'une conversation avec le prince héritier des Pays-Bas, qu'il comprit qu'il s'agissait d'une ficelle connue de toutes les familles royales. Alors qu'il commençait à lui raconter cette anecdote, le prince lui coupa la parole : « N'en dites pas plus. Elle a murmuré, vous êtes tombé dans le panneau et vous vous êtes penché en avant, non ? » Quand Prescott lui demanda comment il le savait, la seule réponse qu'il obtint fut un clin d'œil.

* * *

MALADES IMAGINAIRES

En 1991, lors d'un voyage officiel au Canada, la princesse Diana visita l'Institut cardiaque d'Ottawa, alors à la pointe du progrès, pour y inaugurer une nouvelle unité de soins. À ce moment-là, l'endroit était tellement en avance sur son temps que l'on a découvert plus tard qu'il n'avait même pas encore de patients. Ses dirigeants avaient fait venir huit anciens malades d'autres services et les avaient alités là comme s'ils étaient hospitalisés. Lady Di avait pris le temps de bavarder avec chacun d'entre eux. Dès qu'elle était partie, les « patients » s'étaient levés et s'en étaient allés aussi.

Apparemment, la princesse n'était pas au courant de la supercherie… ou, du moins, ne l'a-t-elle pas été pendant vingt-quatre heures. Le lendemain, le *Toronto Star*, le plus célèbre journal du pays, révélait toute l'affaire.

* * *

D'AUTRES FAMILLES ROYALES

Il n'y a pas qu'en Angleterre qu'il est arrivé aux familles royales de ne pas se montrer à la hauteur de leur statut. Quand l'Inde a obtenu son indépendance en 1947, les officiels du Raj britannique ont estimé qu'il valait mieux brûler les archives de leurs services de renseignement concernant les maharajahs – qui, sous leur contrôle, avaient exercé une grande partie de la gouvernance locale. Leurs frasques avaient été si extrêmes que conserver ces documents les aurait exposés à des risques de chantage.

L'un des premiers nababs de Rampur faisait des paris avec d'autres princes quant à celui d'entre eux qui déflorerait le plus de vierges en un an. Le dernier maharajah du Cachemire, victime de chantage, perdit toute sa fortune après avoir été surpris avec une femme dans une chambre du Savoy par un homme se faisant passer pour son mari. Outre avoir été nommé « homme le plus riche du monde » en 1937, le dernier nizab d'Hyderabad, qui a gouverné de 1911 à 1948, était également un obsédé sexuel. Bon photographe, il avait amassé une montagne de clichés pornographiques pris grâce à des appareils cachés dans les chambres d'amis de ses six palais. On pense qu'il a engendré plus de cent fils illégitimes avec quatre-vingt-six maîtresses, ce qui a donné lieu à une longue bataille juridique d'une incroyable complexité – et toujours irrésolue après plus de soixante ans – pour déterminer à qui doivent revenir sa fortune et ses joyaux. En 2008, quelque quatre cent soixante-dix fils, filles et petits-enfants revendiquaient ses richesses.

Le pire d'entre tous ces maharajahs a probablement été celui d'Alwar, qui utilisait des petits garçons de ses villages comme appâts vivants pour la chasse au tigre et rassurait leurs parents en leur affirmant qu'il n'avait encore jamais manqué sa cible. Il avait également refusé que les autorités britanniques construisent une route traversant sa province sous prétexte que cela perturberait sa chasse. Ses comportements étaient si excessifs qu'en 1933, les Britanniques le contraignirent à l'exil. Le vase avait débordé quand il avait immolé son cheval pour passer sa colère après une défaite au polo. Le maharajah de Kapurthala, quant à lui, se prenait pour la réincarnation de Louis XIV. Il avait engagé un architecte français et des conseillers historiques pour faire construire une réplique de Versailles dans sa capitale, ce qui valut à sa ville le surnom de « Paris du Punjab ». Terminée en 1908, il avait fallu huit ans pour la bâtir et elle occupait une surface de quatre-vingts hectares. Le maharajah y a tenu sa cour pendant quarante ans. Il avait décrété qu'on ne devait y parler que le français et ses serviteurs étaient vêtus d'uniformes du XVIIe siècle. Il est mort un an après l'absorption de sa principauté par l'Inde indépendante, ce qui était probablement ce qui pouvait lui arriver de mieux. (Le palais, qui existe toujours, a été transformé en école.)

* * *

EN QUÊTE DE CIVILISATION

Le fondateur de la Russie moderne, Pierre le Grand, a indubitablement mérité sa réputation de gouverneur visionnaire et accompli des prouesses pour l'industrie de son pays. À la fin du XVIIe siècle, en l'espace d'une génération, il a fait une grande puissance de la province arriérée et notoirement barbare de Moscou. Il y est parvenu en ouvrant son territoire à la culture et aux connaissances techniques occidentales, ainsi qu'en encourageant personnellement l'épanouissement de l'éducation et de l'innovation. Bien que son règne ait été relativement court – vingt-neuf ans, de 1696 à 1725 –, la Russie en est ressortie fondamentalement transformée. On se souvient particulièrement de la première étape de son action appelée la « grande ambassade », c'est-à-dire la tournée de tous les hauts lieux commerciaux et industriels européens qu'il effectua pendant dix-huit mois, entre 1687 et 1688, à l'âge de vingt-cinq ans. Voyageant incognito, il n'avait, par exemple, pas hésité à se déguiser en ouvrier et à accomplir des tâches ingrates sur les docks des Pays-Bas afin d'y apprendre les secrets de la construction navale.

Cependant, le réformateur de la Russie a également laissé derrière lui des traces nettement moins civilisées, particulièrement en Angleterre. Le séjour qu'il y a effectué de janvier à mai 1689 a probablement été la visite d'État la plus chaotique de tous les temps. À l'époque, le gouvernement britannique étouffa néanmoins l'affaire afin de conserver de bonnes relations avec la superpuissance en devenir.

On avait prêté à Pierre et à son importante suite une villa du nom de *Sayes Court,* située à Deptford à l'est de Londres. Trouvant fort pratique qu'elle se trouve près des docks, le gouvernement l'avait empruntée au mémorialiste John Evelyn qui en prenait grand soin depuis quarante-cinq ans. Il y avait agencé les jardins, aménagé un terrain de boules, conçu des allées et installé diverses attractions ornementales. L'endroit, qui faisait sa joie et sa fierté, était littéralement digne d'un roi… mais peut-être pas d'un roi comme Pierre.

Comme un ouragan

Les événements qui suivirent firent amèrement regretter sa générosité à Evelyn (qui, heureusement pour la postérité, en a consigné tous les détails). S'il avait été informé des exploits de Pierre durant les premières étapes de sa tournée, il aurait probablement réfléchi à deux fois avant de prêter sa maison.

Au parc de Bruxelles, une plaque marque encore l'endroit où le monarque russe s'est un jour arrêté pour vomir tripes et boyaux après l'une de ses nombreuses et spectaculaires beuveries.

Après quatre mois de séjour, le tsar et son entourage avaient totalement détruit la maison. Evelyn avait bien reçu d'alarmantes informations sur ce qui était en train de s'y produire mais il ne prit conscience de la véritable ampleur des dégâts qu'en y retournant après le départ de Pierre. Il fit alors venir Sir Christopher Wren pour faire l'inventaire des dommages et en évaluer les coûts. Le célèbre architecte estima que les planchers et les revêtements de sol étaient tellement abîmés, et tachés d'encre et de gras, qu'il faudrait tous les refaire. Sans doute au nom de la recherche, les carreaux de faïence avaient été arrachés des murs et les poignées des portes démontées. Toutes les peintures étaient d'une saleté indicible et plus de trois cents vitres avaient été brisées. Toutes les chaises de la maison – et il y en avait plus de cinquante – avaient tout simplement disparu, probablement dans le poêle. Les édredons de plume avaient été éventrés et plus de vingt tableaux avaient été lacérés, après avoir visiblement servi de cibles d'entraînement.

À l'extérieur, les ravages étaient tout aussi impressionnants. La pelouse n'était plus que de la boue, « comme si des régiments de soldats chaussés de fers y avaient fait leurs exercices ». La magnifique haie, qui s'étendait glorieusement sur cent vingt mètres de long, trois mètres de haut et un mètre cinquante de large, avait été aplatie. Elle avait été défoncée à coups de brouette, un outil alors inconnu des Russes qui avaient inventé un sport distrayant consistant à y transporter quelqu'un (généralement Pierre).

L'estimation de Wren s'éleva à trois cent cinquante livres (et neuf pence) – ce qui correspondrait à peu près à soixante mille euros aujourd'hui – que le gouvernement déboursa aussitôt afin d'éviter que l'incident s'ébruite. Autant dire qu'au début du mois de mai la nouvelle du départ de Pierre a dû être accueillie par un grand soupir de soulagement. D'ailleurs, le tsar n'a plus jamais été invité.

* * *

SCIENCES ET DÉCOUVERTES

Si la science est complexe par nature, elle l'est encore plus pour les non-initiés. C'est pour cette raison que nos livres d'histoire retracent son évolution de façon simplifiée mais, par conséquent, nous en gardons souvent un souvenir assez éloigné de la réalité.

UN GRIBOUILLEUR SURESTIMÉ

Il suffit de citer le nom de Léonard de Vinci dans un contexte scientifique pour entendre qu'il a été l'homme le plus avant-gardiste et le plus inventif de tous les temps. On lui attribue souvent, en effet, la paternité de plusieurs engins mécaniques modernes alors qu'il a vécu à la jonction du XVe et du XVIe siècle, soit quatre cents ans avant l'apparition des objets en question : le char d'assaut, le scaphandre, le parachute, le deltaplane et même une voiture mue par un mécanisme à ressorts. Étonnamment, on n'a pourtant commencé à cultiver cette idée qu'à partir du XIXe siècle. Elle n'en est pas moins très appréciée car elle touche au mythe de « l'homme en avance sur son temps ».

On pense aujourd'hui que Léonard de Vinci a laissé entre douze mille et quatorze mille pages de notes, dont sept mille seulement auraient été déchiffrées. Il va donc de soi que ses carnets jouissent d'une immense réputation et ceci est encore plus vrai en ce qui concerne ses illustrations de machines totalement étrangères au monde du XVIe siècle. En y ajoutant le mystère de l'écriture spéculaire, on obtient quelque chose qui attise incroyablement la curiosité. (Plus pragmatiquement, on pense aujourd'hui que Léonard était peut-être tout simplement dyslexique et gaucher à la fois.)

Pour un symbole de réussite scientifique, Léonard de Vinci nous a laissé une production assez modeste. Il n'a été l'auteur d'aucune invention majeure, pas plus qu'il n'a découvert de loi scientifique ni même testé ses machines. D'ailleurs, à en croire un article consacré à une exposition présentée à Londres au Victoria and Albert Museum, ses dessins ressemblent plus aux gribouillages d'un amateur de science-fiction inspiré qu'à l'œuvre d'un génie de la technologie.

Une interprétation répondant aux attentes actuelles

On a tendance à présenter Léonard de Vinci comme un visionnaire à l'origine de nombreuses inventions récentes. En vérité, ce point de vue est assez peu défendable car, ainsi que le soulignent les spécialistes, nombre de ses carnets n'ont été trouvés qu'à la fin du XIXe siècle (deux d'entre eux n'ont même fait surface qu'en 1965). Ils sont donc apparus à une époque où l'on travaillait déjà depuis longtemps sur les engins qui y sont représentés, tels que les machines volantes ou la voiture. En outre, on sait aujourd'hui qu'un ingénieur inconnu de Sienne avait réalisé des dessins de parachutes quarante ans avant le grand maître.

Personne ne nie que Léonard de Vinci était aussi clairvoyant qu'imaginatif. Cependant, cela ne signifie pas pour autant qu'il s'agissait d'un inventeur technique accompli et en avance sur son temps. Il est plus probable que nos esprits modernes aient préféré interpréter ses croquis de façon à ce qu'ils répondent à certaines attentes actuelles.

* * *

IL N'A JAMAIS VU TOMBER LA MOINDRE POMME

Isaac Newton est avant tout connu pour avoir posé les jalons de la mécanique classique en établissant les trois lois universelles du mouvement. Ses théorèmes strictement rationnels et logiques ont révolutionné la façon dont l'homme perçoit son environnement et contribué à faire de la physique une discipline scientifique à part entière. En décrivant les relations entre masse, poids, inertie, force et gravité, le physicien anglais a apporté une vision nouvelle et cohérente du monde. Il est devenu possible d'expliquer mathématiquement tous les comportements mécaniques à partir d'une seule théorie. Newton a « mécanisé » le monde. Il nous a débarrassés des concepts archaïques de la Grèce antique. Désormais, de rigoureux principes mécaniques permettaient de tout expliquer (et de tout prédire).

Il est donc surprenant que Newton ait également été très versé dans l'occultisme, le mysticisme et l'alchimie. Ce n'est pas ainsi que l'on nous a appris à le connaître et à l'admirer. Sa face cachée n'a été dévoilée qu'en 1997 dans une biographie au titre provoquant, *Isaac Newton : The Last Sorcerer* (« Isaac Newton : le dernier sorcier »). On y découvre, par exemple, qu'il aurait inventé l'histoire de la pomme qui tombe en 1665 afin de cacher une ennuyeuse réalité. En fait, ce seraient ses expériences occultes qui l'auraient mené à la loi de la gravitation universelle. D'ailleurs, le fait qu'il ait fait appel à sa jolie nièce – qui était également son agent littéraire – pour faire courir l'anecdote fictive dans sa vaste coterie d'admirateurs tend à corroborer cette affirmation. En 1987, quand il publia officiellement son ouvrage majeur, *Philosophiae Naturalis Principia Mathematica (*« Principes mathématiques de philosophie naturelle »), le mythe de la pomme était déjà bien implanté et prêt à passer à la postérité.

Inspiré par l'alchimie

Newton aurait donc commencé par observer l'attraction et la répulsion en pratiquant l'alchimie et cela l'aurait amené à prendre conscience qu'il était quotidiennement témoin des mêmes phénomènes (aussi bien sur terre que dans le ciel puisqu'on sait que le passage d'une comète l'a énormément inspiré). Il semble, en effet, plus plausible qu'un scientifique élabore une grande théorie suite à des expériences plutôt qu'à une soudaine étincelle d'inspiration due à la chute d'une pomme.

Dans l'Angleterre du XVIIe siècle – à l'apogée de la chasse aux sorcières –, l'alchimie était une pratique risquée et c'était une raison largement suffisante pour inventer un mensonge. Passionné de magie, Newton dévorait des quantités de traités importés en contrebande d'Europe continentale. De toute évidence, les promesses d'élixir de vie et d'explications à tout l'avaient convaincu que c'était avec l'alchimie qu'il parviendrait à la grande théorie unificatrice qu'il recherchait. Ses collaborateurs de Cambridge ont rapporté qu'en quittant l'université il a délibérément fait brûler un grand nombre de ses notes (ce qui ne l'a pas empêché de nous laisser plus de deux millions de mots sur le sujet). Il s'agit là d'une facette de sa vie que les historiens ont eu tendance à effacer car elle ne cadrait pas avec son image traditionnelle de scientifique cartésien.

Newton le devin

En 2003, le Canadien Stephen Snobelen, chercheur au King's College d'Halifax, en Nouvelle-Écosse, a annoncé qu'on avait découvert des écrits religieux de Newton cachés dans des archives israéliennes. Entre autres choses, ils nous apprennent que le scientifique a consacré plus de cinquante ans (et quatre mille cinq cents pages) à essayer de décrypter la Bible, dans laquelle il espérait trouver les secrets des principes divins qui régissent l'univers. S'il n'existe pas de rapport avéré entre ces recherches et les lois que Newton a véritablement établies, il n'en reste pas moins que l'on a trouvé quelque chose d'inattendu : une page de calculs manuscrits, basés sur ses études du livre saint, dont la conclusion est que la fin du monde aura lieu en 2060. Voilà encore qui est surprenant de la part d'un personnage généralement dépeint comme l'archétype du rationaliste.

GUEULE D'ABOIS ?

Bien avant de concentrer sa carrière sur l'architecture, le jeune Christopher Wren fut un véritable esprit universel : astronome talentueux, il enseigna au Gresham College de Londres dès 1657 (son premier poste universitaire, à l'âge de vingt-quatre ans) ; il fut un mathématicien révolutionnaire ; il conçut des cadrans solaires et toutes sortes d'engins compliqués, dont un « moteur pneumatique » et une machine à écrire dans le noir ; il créa un langage pour les sourds-muets ; et il s'avéra également être un biologiste innovant. Alors qu'il était étudiant à Oxford, il fut l'un des premiers à conduire des expériences sur l'anesthésie et, en 1656, il démontra que l'on pouvait endormir les chiens en leur injectant de l'opium en intraveineuse avant de les opérer. Cependant, il fit d'autres tests sur des chiens vivants qu'un auteur actuel a estimé être « de nature spectaculairement cruelle ». Non sans une certaine fierté, Wren a, un jour, écrit à l'une de ses connaissances : « J'ai injecté du vin et de la bière à [...] un chien vivant, dans une veine, en bonne quantité, jusqu'à ce qu'il soit extrêmement ivre. » Il lui est même arrivé de devoir faire courir l'animal en état d'ébriété pendant une demi-heure pour qu'il ne succombe pas à un coma éthylique.

Plus tard, quand le gouvernement cessa de lui attribuer suffisamment de fonds pour terminer la cathédrale Saint-Paul, Wren se fit élire comme député et trouva l'argent nécessaire en triplant la taxe sur le charbon à Londres.

PATRIMOINE GÉNÉTIQUE ?

Si l'on se souvient de Charles Darwin comme du créateur de la théorie de l'évolution par la sélection naturelle (« la survie du plus fort »), on ignore souvent tout ce qu'il devait à son grand-père. Remarquable esprit universel, Erasmus Darwin avait, en effet, développé ce même concept soixante-cinq ans avant la parution du livre dont on n'attribue généralement le mérite qu'à son petit-fils.

Erasmus en est venu à l'évolution en s'intéressant à la botanique et à la classification des plantes. Il a, d'ailleurs, contribué à la traduction anglaise des travaux du pionnier suédois Carl von Linné. Fasciné par la variété des créatures vivantes, il avait entrepris de classifier tout le monde naturel selon le système de von Linné, par ordres et espèces, ce qui l'a forcément conduit à réfléchir aux connexions qui existaient entre ces dernières. En 1794, quinze ans avant la naissance de Charles, il a publié ses idées dans un ouvrage controversé : *Zoonomie*. Il s'agissait non seulement d'un travail de catégorisation mais également de spéculation sur la façon dont s'était créée la grande diversité de la nature.

Erasmus avait dû présenter son texte de manière détournée car, au XVIIIe siècle, remettre en question la primauté de Dieu dans la création de la vie était autant considéré comme une hérésie que passible de sévères sanctions pénales. Risquant la déportation en Australie, il s'était contenté de parler de la métamorphose des têtards en grenouilles. Il s'était bien gardé de soulever autant de controverses que le ferait plus tard son petit-fils avec *De l'origine des espèces* (qui dans l'esprit populaire ne consistait qu'à déterminer si l'Homme descendait ou non du singe) et c'est peut-être ce qui explique que ses idées aient aussi peu été mises en avant.

Quand on analyse aujourd'hui ses notes de travail, il apparaît clairement qu'il avait compris que la sélection naturelle était le mécanisme menant au changement et à la diversification. Il a, d'ailleurs, écrit : « C'est l'animal le plus fort et le plus actif qui doit propager l'espèce, qui s'en trouvera alors améliorée. » Ceci est l'essence même du darwinisme deux générations avant Charles. Ce dont Erasmus ne disposait pas encore, c'était de la preuve scientifique étayée par un raisonnement solide qui allait constituer la contribution cruciale de son petit-fils.

Charles rend hommage à Erasmus

Quand, en juillet 1837, Charles Darwin s'est mis à étudier les spécimens qu'il avait rapportés de son voyage sur le *Beagle*, il a noté ses réflexions dans son premier carnet. Sur la première page, en lettres capitales, il a écrit *Zoonomie*. Il n'aurait guère pu indiquer plus clairement qu'il considérait poursuivre l'œuvre de son grand-père.

En fait, il n'a pas connu Erasmus (qui est mort sept ans avant sa naissance) mais il a lu son livre quand il était à l'université, peu avant son périple de cinq ans. Consciemment ou non, cela l'a forcément influencé et guidé dans ses recherches. Selon l'un de ses biographes, il a, d'ailleurs, essayé de reconnaître cette dette vers la fin de sa vie en écrivant une biographie de son grand-père contenant de généreux hommages à ses travaux. Hélas, sa fille, Henrietta, tenait absolument à ce qu'il conserve son statut, alors incontesté, de « père de l'évolution ». Elle révisa donc le manuscrit et en supprima la plupart des références à Erasmus. Et c'est ainsi que Charles Darwin est resté *le* créateur de la théorie de l'évolution pour la postérité.

* * *

GROSSE TÊTE, PETITE MENTALITÉ

Bien que mondialement considéré comme l'homme le plus intelligent du XXe siècle, Albert Einstein – un nom synonyme de « grosse tête » dans le langage quotidien – ne partit pas sur les chapeaux de roue à l'université. À l'âge de seize ans, il rata son examen d'entrée à l'École polytechnique fédérale de Zurich. Cela ne le surprit peut-être même pas puisque le directeur de son école précédente, à Munich, lui avait prédit (visiblement à tort) qu'il « ne parviendrait jamais à rien ». Il obtint son examen à la deuxième tentative. Après cela, il ne réussit pas à accéder au métier qu'il souhaitait, à savoir celui d'enseignant. Il prit donc un petit emploi administratif (« expert technique, troisième classe ») à l'Office fédéral des brevets de Berne. Cinq ans plus tard, en 1905, il produisit le document sensationnel dans lequel il établissait les grandes lignes de sa révolutionnaire théorie de la relativité. Pourtant, cela ne lui apporta pas encore la reconnaissance. Peu de gens avaient conscience de l'importance de ses idées. Quand, deux ans plus tard, il postula à l'université de Berne, sa candidature ne fut pas retenue. Il devrait attendre encore un an avant qu'on ne lui accorde un petit poste de professeur, et 1909 – alors qu'il avait maintenant trente ans – pour être nommé à Zurich. En 1913, cependant, il comptait parmi les plus célèbres scientifiques du monde et huit ans plus tard, il remportait un prix Nobel.

Sa vie n'en est pas devenue simple pour autant. En 1932, il dut même fuir l'Allemagne nazie et s'installer aux États-Unis où il reprit ses travaux à l'université de Princeton. À sa mort, en 1955, les héritiers du « scientifique le plus célèbre du monde » décidèrent que son image devait rester immaculée et entreprirent donc de la protéger. En 1958, ils allèrent même jusqu'à traduire son fils aîné en justice afin de l'empêcher de publier des mémoires familiaux. Il fallut attendre quarante ans, après leur propre mort, pour obtenir un portrait plus complet du grand cerveau.

Des qualités toutes relatives

En 1993, des documents restés privés jusqu'alors nous ont révélé un Einstein plus déplaisant que prévu. On connaissait déjà le doux rêveur excentrique mais pas encore le mari épouvantablement égoïste. Sa (seconde) épouse, Elsa, a dû tout endurer. Lors de ses fréquentes crises d'insomnie, par exemple, le scientifique jouait du violon dans la cuisine parce qu'il trouvait que la puissante réverbération du carrelage lui donnait un meilleur son. Et tant pis si sa femme essayait de dormir. Einstein était aussi extrêmement sale et, à en croire certains témoignages, Elsa avait toutes les peines du monde à obtenir qu'il se lave régulièrement. D'ailleurs, le manque d'hygiène semblait même l'attirer. En évoquant les frasques extraconjugales du savant, un de ses amis a expliqué que plus ses partenaires étaient « vulgaires, transpirantes et odorantes » plus il était content. Étonnamment, d'après des lettres rendues publiques en 2006, il aurait eu dix maîtresses.

Il avait déjà été infidèle durant son premier mariage en entamant sa relation avec Elsa (qui était sa cousine). Il avait alors écrit à Mileva – son épouse, dont il avait déjà trois enfants – pour lui annoncer qu'il ne partagerait plus son lit. Désormais, elle lui servirait ses repas dans sa chambre et ne lui adresserait la parole que s'il l'interrogeait. La pauvre femme sombra dans une dépression dont elle ne se remit jamais. Quand le fils aîné du couple fut, à son tour, victime de troubles mentaux puis interné dans une clinique psychiatrique, Einstein le renia et ne lui rendit jamais la moindre visite. Bien qu'on n'en ait pas la preuve, on pense également qu'il aurait abandonné son premier enfant – une fille illégitime née avant son mariage – dans un orphelinat de Belgrade (la capitale de la Serbie natale de Mileva). Il se pourrait donc qu'une branche de la famille Einstein y vive encore…

Bien qu'Einstein ait eu plusieurs aventures avec des femmes riches, il s'est avéré de plus en plus misogyne au fil des ans. En 1993, quand toutes ces révélations sont parues dans la presse mondiale, sa petite-fille a déclaré qu'il « n'était rien qu'un sale macho ».

La tête ailleurs

La célèbre intelligence d'Einstein s'accompagnait également d'une forme d'excentricité classique dont on a rarement parlé car elle aurait nui à son image d'homme maîtrisant parfaitement son environnement : en fait, il était incroyablement étourdi. Il lui est même arrivé de perdre un livre dans lequel il avait utilisé un chèque de mille cinq cents dollars comme signet.

* * *

DE DÉCOUVERTE EN DÉCOUVERTE

La course aux découvertes scientifiques a donné lieu à nombre de magouilles, de coups fourrés et de pures tricheries dont on ne parle pas souvent dans nos manuels d'histoire.

Savoir se faire un nom

Si Louis Pasteur est connu pour avoir créé les premiers vaccins contre plusieurs maladies mortelles, on sait aujourd'hui qu'il a usurpé la paternité de l'un d'entre eux. Après être devenu célèbre en découvrant le microbe qui décimait les vers à soie, il a développé le vaccin contre la rage en 1885. Mais avant cela, en 1881, il a participé à une « bataille » pour trouver un vaccin contre la maladie du charbon, dont l'épidémie ravageait les élevages de moutons. Le gouvernement faisait pression sur les scientifiques et celui qui l'emporterait avait beaucoup à gagner. Hélas pour Pasteur, son vaccin n'était pas au point et ne fonctionnait qu'avec les bactéries affaiblies. L'un de ses rivaux, Jean-Joseph Henry Toussaint, avait développé une méthode différente permettant à un germe tué de conserver son caractère immunisant. Lors de sa grande expérience de démonstration, Pasteur utilisa secrètement la technique de Toussaint face à la presse, aux officiels et à ses confrères. La découverte lui fut donc entièrement attribuée et il se garda bien de mentionner son emprunt. Il fut ensuite admis à l'Académie française et devint un héros national. En 1888, on inaugura le désormais célèbre institut Pasteur. Ce n'est qu'en 1998 qu'un historien universitaire de Princeton a découvert la supercherie.

Pillard.com

En réalité, Samuel Morse – dont le nom évoque instantanément le code télégraphique sur lequel ont reposé toutes les communications longue distance pendant un siècle et demi – s'est contenté d'améliorer des idées empruntées et de se les approprier. Il n'était absolument pas du genre à rendre à César ce qui est à César. Bien que communément cité comme l'inventeur du télégraphe (dont il détenait effectivement le brevet), il s'était copieusement servi dans les travaux de son compatriote Joseph Henry. Celui-ci avait construit le premier électroaimant en 1831 – soit une dizaine d'années avant Morse – et c'était précisément ce qui allait permettre de générer des signaux télégraphiques. Adepte de l'utilisation collective des inventions, il n'avait pas déposé de brevet, ce qui permit à Morse de reprendre son travail et de l'exploiter commercialement avec le gouvernement américain à la fin des années 1830. Quand les autorités prirent conscience du potentiel du télégraphe, il déposa son propre brevet (en 1840) et fit alors fortune sans jamais saluer la contribution de Henry.

Morse n'a même pas inventé le code qui porte son nom. Il s'agissait, en fait, de l'œuvre de l'un de ses collaborateurs, Alfred Vail. À l'origine, Morse n'avait trouvé qu'un système compliqué, inspiré des sémaphores, dans lequel les mots étaient symbolisés par des codes à quatre chiffres. Cela nécessitait l'emploi d'un énorme dictionnaire. Ce fut Vail qui eut l'idée de représenter chaque lettre par une combinaison de traits et de points mais, cette fois encore, Morse déposa le brevet et le nom du véritable inventeur passa à la trappe.

Mètre à (re-)penser ?

Tout le monde ne connaît peut-être pas le nom de l'homme qui a établi le mètre mais le travail qu'ont accompli Pierre François André Méchain et le tout aussi admirable Jean-Baptiste Joseph Delambre de 1792 à 1799 a permis de déterminer la mesure précise sur laquelle repose tout le système moderne. Cependant, d'après des informations publiées en 2002, les chiffres fournis par Méchain étaient falsifiés. Le système métrique tout entier a été créé à partir d'une erreur et n'a jamais été rectifié.

Le gouvernement révolutionnaire français avait chargé Méchain et Delambre de concevoir un nouveau système de mesure pour remplacer l'ancien qui était associé à la récemment défunte monarchie. La nouvelle unité serait le dix millionième de la distance entre le pôle Nord et l'Équateur et les deux hommes devaient donc calculer ce que cela représentait exactement. Ils consacrèrent sept années à mesurer la longueur du méridien d'un bout à l'autre de la France avec un souci de la précision encore inédit. À partir de là, ils pourraient calculer la taille de la Terre et donc quelle fraction représenterait exactement le mètre. Selon les révélations parues en 2002, alors que le projet était déjà bien avancé, Méchain s'aperçut qu'il avait commis une erreur vers le début. Dans l'impossibilité de revenir sur ses pas et de tout recommencer, il décida de n'en rien dire et continua. Il en résulta que le calcul du mètre était faux. La différence n'était que de deux millimètres, mais quand on recherche l'exactitude…

Plus de deux siècles après que la prestigieuse Académie des sciences eut présenté une barre de platine – un tout petit peu trop courte – comme mètre étalon, on découvrit les journaux de Delambre. Leur contenu s'avéra d'une étonnante candeur : « J'ai déposé ces notes ici pour justifier mon choix de la version des informations de Méchain à publier. Parce que je n'ai pas dit au public ce qu'il n'a pas besoin de savoir. J'ai supprimé tous les détails qui risqueraient de diminuer sa confiance en une mission aussi importante [...] J'ai soigneusement passé sous silence tout ce qui pourrait nuire, ne serait-ce qu'un peu, à la bonne réputation qu'a légitimement méritée monsieur Méchain. »

Aujourd'hui, pour plus de fiabilité (puisque le métal peut évidemment se dilater ou se contracter avec les variations de température), le mètre ne se mesure plus officiellement à l'aide de la barre de platine de Méchain et Delambre mais à la distance parcourue par la lumière dans un espace vide en un 299192458^{e} de seconde. Cependant, cette durée a été déterminée par rapport à la fameuse barre et le système métrique repose donc toujours sur une erreur camouflée par un scientifique paniqué.

QUELQUES PAVÉS
DANS LA MARE DES IDÉES REÇUES

Le fossé entre l'idée que l'on se fait de l'Histoire et la réalité peut être extraordinairement large. Nous allons voir ici quelques points de repère culturels que l'on pourrait croire bien définis, compris et acceptés… si ce n'est qu'en y regardant de plus près, on s'aperçoit que beaucoup de choses ont été laissées de côté.

LES PAPES

En tant que chef de l'Église catholique, le pape occupe l'une des positions les plus influentes du monde. Le titulaire actuel est le plus récent représentant d'une succession remontant à saint Pierre, disciple de Jésus. En dépit de la suprême spiritualité qui est devenue l'essence même de la papauté moderne, tous les « saints pères » n'ont pas toujours totalement agi conformément aux attentes de l'Église. Et certains d'entre eux se sont même montrés particulièrement matérialistes. Bien évidemment, leurs faits et gestes ne sont traditionnellement pas mis en avant quand on retrace l'histoire du catholicisme.

Le pape Jean XII, qui a régné de 955 à 964, aurait de nombreuses raisons pour le moins étranges d'être célèbre. Pour commencer, il n'avait que dix-huit ans lorsqu'il monta sur le trône et ceci avait plus à voir avec la Realpolitik qu'avec la religion. En fait, il avait été élu par les nobles parce que son père (qui était gouverneur de Rome) le leur avait fait jurer, sur son lit de mort, un an plus tôt. Une fois nommé, Jean XII entreprit de voler la plus grande partie du trésor papal pour financer son obsession pour le jeu et imposa son pouvoir grâce à une bande de voyous qu'il rétribuait. Il organisait également des orgies d'une incroyable débauche et, un jour de beuverie, il alla même jusqu'à porter un toast au diable devant l'autel de la basilique Saint-Pierre. Son appétit sexuel intarissable seyait peu à sa fonction. D'ailleurs, à l'époque, certains n'hésitaient pas à comparer le fonctionnement du Vatican à celui d'une maison de passes. La fin de Jean XII fut remarquablement appropriée au personnage et l'on peut lire dans un ouvrage historique consacré aux souverains pontifes qu'« aucun pape n'est jamais allé rejoindre Dieu dans une situation aussi embarrassante ». Le mari de sa dernière maîtresse en date l'avait pris sur le fait et roué de coups de marteau, ce dont il était mort trois jours plus tard.

Benoît IX – qui détient un record unique en ayant été pape trois fois (de 1032 à 1044, en 1045 puis de 1047 à 1048) – n'avait que douze ans lorsqu'il a été élu grâce aux manigances de son père. Il vécut le plus clair de son règne « de façon extrêmement dissolue ». Il fut même renvoyé du Vatican par les citoyens romains pour cause de corruption mais il parvint à reprendre le trône. En 1045, il vendit son titre à son parrain qui régna alors quelque temps sous le nom de Grégoire VI.

Grégoire IX ruina tellement le Vatican que lorsque son successeur, Innocent IV, monta sur le trône en 1243 après un interrègne prolongé (il avait fallu deux ans pour élire un nouveau pape), il dut se cacher dans un coin du palais du Latran lors de sa cérémonie d'accession pour échapper à une bande de créanciers venus réclamer leurs impayés de longue date.

Que d'indulgences !

On se souvient généralement de Sixte IV, qui a régné de 1471 à 1484, pour avoir fait construire la chapelle Sixtine – l'un des plus beaux monuments du monde – mais on ignore souvent comment il s'y prenait pour récolter des fonds. Il avait soumis les maisons closes romaines à des licences, ce qui lui rapportait trente mille ducats par an. Les contraintes sacerdotales étaient traitées de façon pragmatique : tout prêtre qui se mariait (ce qui était interdit par la loi canonique) ou avait des maîtresses (ce qui était contraire aux enseignements de l'Église) était taxé plutôt que d'être défroqué. C'était là une méthode beaucoup plus avantageuse à tous points de vue. Sixte IV avait également décrété un monopole papal sur toutes les transactions de céréales effectuées à Rome et inventé des fonctions et des titres dans l'unique but de les vendre. Il fut également le créateur de l'escroquerie financière la plus lucrative de l'histoire de l'Église en élargissant la vente des indulgences. À partir de 1476, on pouvait non seulement en acheter pour expier ses propres péchés mais également pour ses proches en attente au purgatoire. C'est, d'ailleurs, ce qui allait mener à la révolte protestante de Luther au siècle suivant.

Même pour l'époque, l'ampleur de son népotisme était surprenante. Trois de ses six neveux furent nommés cardinaux (dont un devint pape). À l'un d'entre eux, il ne se contenta pas de donner un évêché, comme le voulait la coutume, mais quatre, dont Séville, Valence et Florence. Cela permit au jeune homme d'amasser deux cent mille florins d'or avant que les conséquences médicales de sa vie de débauche ne l'emportent deux ans plus tard à l'âge de vingt-huit ans.

Le mal nommé Innocent VIII, qui succéda à Sixte IV, perpétua la tradition de son prédécesseur. D'après l'un de ses biographes, « ni sa personnalité ni ses accomplissements passés ne justifiaient son élévation ». Il fut le premier pape à reconnaître ouvertement avoir eu des enfants illégitimes de plusieurs maîtresses. En échange des fiançailles de l'un de ses fils avec la fille du célèbre Lorenzo de Médicis, il nomma le fils de ce dernier cardinal alors qu'il n'avait que treize ans.

Le meilleur du pire

Le comble a été atteint par le pape suivant. Pour commencer, Rodrigo Borgia avait déjà engendré plusieurs enfants illégitimes – quatre, cinq ou sept, selon les sources – avant de devenir Alexandre VI en 1492. (En incluant son règne, le compte final s'élève à dix.) Il se disait également qu'il avait commis son premier meurtre à l'âge de douze ans. De plus, il devait son élection à la corruption : comme il lui manquait encore une voix après avoir acheté la défection de son plus proche rival pour quatre ânées d'argent, il avait fait appel à un vieux cardinal sénile de quatre-vingt-seize ans pour faire basculer le vote en sa faveur. Une fois élu, il avait nommé cardinaux quarante-sept de ses amis et collaborateurs, dont cinq membres de sa propre famille.

Une fois pape, il a souvent organisé des orgies au Vatican. Lors d'un banquet, par exemple, un prix fut proposé à l'homme qui parviendrait à copuler le plus grand nombre de fois. On dit également qu'Alexandre VI aurait entretenu une relation incestueuse avec sa célèbre fille Lucrèce Borgia. Aucune source ne le confirme de façon certaine mais si cela était, il aurait établi un record, même pour un pape de la Renaissance, en ayant couché avec trois générations de femmes – sa fille, sa mère et sa grand-mère. L'autre grand classique de Borgia consistait à demander d'énormes pots-de-vin à ceux qui souhaitaient devenir cardinaux puis à les empoisonner afin d'accélérer le roulement. Non seulement cela lui procurait des revenus réguliers mais les biens des cardinaux morts revenaient à l'Église – et qui était l'Église sinon le pape ? Alexandre VI mourut brutalement en 1503. Certains pensent qu'il aurait bu par erreur le breuvage empoisonné qu'il avait préparé pour un cardinal.

La folie au pouvoir

L'événement le plus inexplicable de toute l'histoire de la papauté est le procès que fit Étienne VI, en janvier 897, à l'un de ces prédécesseurs, le pape Formose, alors que ce dernier était déjà mort. Son cadavre avait été exhumé, vêtu d'une tenue de cardinal et placé sur une chaise. Ce que l'on a appelé le Concile cadavérique se déroula de manière strictement conforme à la loi, le corps étant entendu comme témoin. Il fut évidemment reconnu coupable d'avoir fait preuve d'une conduite contraire au droit canon et officiellement retiré de la liste des papes. Peu après le procès, Rome fut victime d'un tremblement de terre, ce qui fut considéré comme un signe divin, et en août de la même année, Étienne VI fut déposé à son tour.

Plus récemment

Depuis le XIXe siècle, les papes respectent mieux leurs engagements religieux. Cependant, certaines de leurs pratiques pourraient encore nous surprendre. Passionné de billard, Pie IX (1846-1878) s'en était fait installer deux tables, l'une au Vatican l'autre dans sa maison de campagne. Il passait le plus clair de ses moments de détente à y jouer contre ses gardes suisses. Pie XII (1939-1958) avait toujours une flasque de vin « pour raisons médicales » sous sa soutane (sous laquelle se trouvait également une tapette à mouches car il avait la phobie de ces insectes). Son successeur, Jean XXIII (1958-1963), fumait un paquet de cigarettes par jour. Sous ses tenues officielles, pendant la majeure partie de sa vie d'adulte, Paul VI (1963-1978) a porté une chemise de bure équipée de pointes de métal qui lui écorchaient le torse, souvent jusqu'au sang. On dit encore que Jean Paul II (1978-2005) – qui a été gardien de but avant d'entrer en religion – aurait fait planifier sa cérémonie d'intronisation de manière à ne pas manquer un match important à la télévision.

Une erreur vieille de sept cents ans

Bien qu'un grand nombre de scandales passent inaperçus, le Vatican reste préoccupé par certains points concernant sa réputation. Dans une encyclique de 1975, Paul VI a jugé utile de supprimer un pape de la liste officielle sept cents ans après les faits. Adrien V n'a pourtant régné que quarante-cinq jours, durant l'été 1276. De plus, si son nom devait disparaître, ce n'était ni pour cause de fornication ni en raison d'actes criminels. On lui reprochait de n'avoir été ni évêque ni cardinal au moment de son élection. D'un point de vue strictement technique, il n'aurait donc jamais dû être pape. Certaines choses sont *vraiment* importantes… même sept siècles plus tard.

* * *

UN EXEMPLE À SUIVRE ?

Puisqu'on sait depuis longtemps que la Bible a été rédigée des décennies, voire des siècles, après les événements qu'elle décrit, ce n'est pas à l'aune de la vérité factuelle que l'on peut estimer ce qu'on y trouve. Mais qu'y apprenons-nous *réellement* ? L'image qui vient à l'esprit de la plupart des gens est probablement celle d'un ensemble d'injonctions émanant d'un être d'une moralité supérieure qui nous instruit, nous simples mortels, quant à la meilleure façon de nous conduire pour le bien de tous. Les thèmes le plus souvent mis en avant nous sont familiers et nous paraissent positifs : la paix, l'amitié, la justice sociale, l'honnêteté, la tolérance ; les paroles d'un Dieu d'amour et de miséricorde. Tel est ce qui semble constituer l'essentiel du message de la Bible. Cependant, en scrutant bien ses recoins les plus poussiéreux, on s'aperçoit rapidement que ce tableau est très incomplet. Les saintes écritures comportent, en effet, certains éléments surprenants, voire dérangeants.

Dieu est amour ?

La Bible cautionne très souvent la violence. La loi mosaïque prescrit la peine de mort pour le fait de maudire ses parents *(Exode 21.17, Lévitique 20.9)*, l'adultère *(Lévitique 20.10, Deutéronome 22.22-24)*, le viol *(Deutéronome 22.25)*, l'inceste *(Lévitique 20.11-12)*, l'homosexualité *(Lévitique 20.13)* et même le travail le jour du Sabbat *(Exode 31.15 et 35.2)*. (Dans *Nombres 15.32-36*, on parle d'un homme qui a été tué pour avoir ramassé du bois ce jour-là.) Les parents ont le droit de tuer un fils « indocile et rebelle » *(Deutéronome 21.18-21)* ou une fille qui n'est pas vierge au moment de son mariage *(Deutéronome 22.20-21)*. La peine de mort en tant que châtiment du meurtre est citée au moins en six endroits différents, dont la *Genèse 6.6*, l'*Exode 21.12* et le *Lévitique 24.7*. Tuer pour se venger est autorisé *(Lévitique 24.19-20)*, tout comme le célèbre « œil pour œil, dent pour dent »... dont on connaît souvent moins la suite : « main pour main, pied pour pied, brûlure pour brûlure, blessure pour blessure, meurtrissure pour meurtrissure » *(Exode 21.24-25)*.

Les commandements concernant des formes de violence moins extrêmes sont tout aussi stricts. En appliquant la fameuse règle relative au châtiment corporel « Celui qui ménage son bâton hait son fils » *(Proverbes 13.24)*, on apporte la sagesse à sa progéniture (« La sottise est attachée au cœur de l'enfant ; mais la baguette de correction l'en éloignera », *Proverbes 22.15*) et lui évite de finir en enfer (« En le frappant avec le bâton, tu délivres son âme du séjour des morts », *Proverbes 23.14*). Et la langue perverse sera tranchée *(Proverbes 10.31)*.

Que la paix soit avec vous ?

Dans la Bible, de manière générale, la violence n'est pas loin d'être un élément central de la vie. Josué approuve l'exécution d'Achan – un voleur lapidé et brûlé pour avoir dérobé deux cents shekels d'argent et cinquante d'or *(Josué 7.21-25)* – et il massacre les douze mille habitants de la ville d'Aï en une seule journée *(Josué 8.21-29)*. Juda coupe les pouces et les gros orteils d'un roi captif *(Juges 1.6-7)*. On y montre plusieurs fois Dieu mécontent de ses fidèles car ils n'ont pas détruit suffisamment de cités *(Juges 2.1-2, I Samuel 15.9)*. Et quand David contrarie Dieu, celui-ci tue son enfant *(II Samuel 12.15)*.

Un des premiers rois d'Israël, Abimelech, tue soixante-dix de ses frères pour accéder au trône *(Juges 9.5)*. Samson massacre pour encore moins que cela – il extermine trente personnes parce qu'on n'a pas réussi à résoudre une énigme qu'il avait posée *(Juges 14.18-19)*. En tant que chef militaire, ce même Samson utilise une méthode inhabituelle pour détruire les moissons de ses ennemis : il attache des brandons enflammés à la queue de plus de trois cents renards et les lâche dans les champs de maïs, les vignes et les oliveraies *(Juges 15.4-6)*.

Élisée fait tuer quarante-deux petits enfants parce qu'ils se sont moqués de sa calvitie *(II Rois 2.23-24)*. Les talents de diplomate de Jéhu ont peu de chances de mener à des relations amicales : il tue les soixante-dix fils d'Achab, un roi rival, et renvoie leurs têtes chez eux dans des paniers. Il assassine également les quarante-deux émissaires d'Ochozias, le roi de Judée (*II Rois 10.13-16*). Et, apparemment, convertir les non-croyants n'est pas celle des attentes de Dieu dont on se soucie le plus : Jéhu envoie des invitations « à travers tout Israël » pour réunir les idolâtres présumés lors d'une cérémonie en l'honneur de Baal, l'esprit du mal. Une fois le rite commencé, il les massacre tous *(II Rois 10.20-28)*.

Un père bienveillant ?

Isaïe ouvre grand la porte à la vengeance divine lorsqu'il annonce comment seront châtiés les mécréants : « Leurs enfants seront écrasés sous leurs yeux, leurs maisons seront saccagées et leurs épouses seront violées » *(Isaïe 13.13-16)*. Pour punir les Samaritains de s'être rebellés contre l'être suprême, « leurs petits enfants seront écrasés et l'on fendra le ventre de leurs femmes » *(Osée 13.16)*. Un verset assez méconnu dit exactement le contraire du célèbre « Ils transformeront leurs épées en socs » : « Préparez la guerre, réveillez les héros, que tous les hommes de guerre approchent ; transformez vos socs en épées et vos serpes en lances. Que le faible dise : je suis fort » *(Joël 3.9-10)*.

Et les spécialistes des saintes écritures s'interrogent encore sur la véritable signification de la fin du psaume 137 : « Heureux qui prendra tes petits enfants et les brisera contre la pierre. »

Ce que l'on préfère oublier

Certaines paroles de Jésus sont également parfois ambiguës et, quand tel est le cas, on ne les entend pas aussi souvent que celles qui véhiculent son message d'harmonie et d'amour universel. « Ne pensez pas que je sois venu apporter la paix sur terre ; je ne suis pas venu apporter la paix mais une épée. Car je suis venu semer la division entre un homme et son père, et entre une fille et sa mère » *(Matthieu 10.34-36)*, et « Vous croyez que je viens apporter la paix sur terre ? Non, je vous le dis, mais la division » *(Luc 12.51)*. On préfère généralement ne pas mentionner l'existence de ces phrases plutôt que de chercher à les expliquer.

La Bible propose aussi quelques principes déconcertants. Un voleur incapable de rendre ce qu'il a pris doit être vendu comme esclave afin de rembourser la somme *(Exode 22.3)*. Tout le monde doit sacrifier son premier garçon *(Exode 22.29)*. Les lépreux doivent être totalement exclus *(Lévitique 13.45-46)*. Les femmes ne doivent pas porter de vêtements masculins ni les hommes de vêtements féminins *(Deutéronome 22.5)*.

Des actes surprenants

La Bible dévoile aussi des aspects de certains personnages dont on ne nous a pas parlé au catéchisme : Moïse est un meurtrier *(Exode 2.12)*. Abraham se rend coupable d'adultère avec sa servante *(Genèse 16.4)*. Samson a des rapports sexuels avec une prostituée *(Juges 16.1)*. Saül, jaloux, complote contre David en prétendant vouloir en faire son fils légitime et lui accorder la main de sa fille. En échange, il lui impose de lui rapporter les prépuces de cent Philistins dans l'espoir qu'il se fera tuer en tentant d'accomplir cette mission mais David revient avec deux cents *(I Samuel 18.25-27)*. Bien que ce soit rigoureusement interdit, Saül consulte la sorcière d'Endor *(I Samuel 28.7)*.

* * *

ON CROIT SAVOIR…

De nombreux éléments de la Bible que nous considérons comme établis s'avèrent infondés et sont parfois même tout le contraire de ce que l'on croit. Par exemple, il n'y est fait mention d'aucune pomme au jardin d'Eden mais simplement du « fruit » de l'arbre défendu *(Genèse 3.6)*. La pomme vient probablement d'une traduction du IVe siècle, celle du théologien saint Jérôme, qui a utilisé le mot latin *malum* pour décrire ce fruit. Ce terme signifie « mal » mais peut également se traduire par « pomme ».

Embûches de Noël

Le véritable moment de la naissance de Jésus reste indéterminé (il ne s'agit certainement pas du 25 décembre – cette date n'a été fixée par les dirigeants de l'Église qu'au IVe siècle et a beaucoup à voir avec des rites païens célébrant le solstice d'hiver bien antérieurs au christianisme). En ce qui concerne l'année, il existe un désaccord évident : Matthieu la situe sous le règne d'Hérode, qui est mort en l'an 4 avant J.-C., alors que Luc la place à l'époque où Cyrénius était gouverneur de Syrie – ce qui, selon les historiens spécialisés, n'a pas été le cas avant l'an 6 après J.-C.

Quant à la naissance proprement dite, on ne sait pas si elle a eu lieu dans une crèche *(Luc 2.7-16)* ou dans une maison *(Matthieu 2.11)*. Il n'est nulle part question d'étable. Aucune information n'est donnée quant au jour ou au moment de l'année. Le seul indice se trouve dans l'évangile selon saint Luc qui nous apprend que l'enfant est né pendant que les bergers « passaient dans les champs les veilles de la nuit pour garder leurs troupeaux » *(Luc 2.8)*, ce qui tend à prouver qu'on n'était pas en hiver. En 1999, des calculs astronomiques reposant sur l'« étoile dans l'orient » qui a supposément guidé les Rois mages ont abouti à la conclusion qu'il pourrait s'agir du mois d'avril.

Le nombre des Rois mages n'est pas spécifié et leur existence n'est mentionnée que dans un seul des quatre évangiles, celui de Matthieu (*2.1*, dans lequel il est seulement écrit « des mages vinrent de l'Orient »). On a probablement déduit qu'ils étaient trois à cause de leurs cadeaux : l'or, la myrrhe et l'encens. Leurs noms ne sont pas donnés non plus. En outre, on ne parle ni de bœuf, ni d'âne, ni de moutons, ni même du moindre animal.

La nativité elle-même n'est citée que dans deux évangiles *(Matthieu et Luc)*. D'ailleurs, on croit souvent que la célèbre phrase « un enfant nous est né » fait référence à la naissance de Jésus mais ce n'est pas le cas. Elle figure dans l'Ancien Testament *(Isaïe 9.6)* et n'en est donc qu'une prophétie.

De même, la Bible ne dit à aucun moment que Jésus serait tombé trois fois en portant sa croix. D'ailleurs, seul *Jean* (*19.17*) stipule que le Christ l'a portée lui-même. Les trois autres évangiles disent que Simon l'a fait pour lui *(Matthieu 27.32 ; Marc 15.21 ; Luc 23.26)*. Quant à l'image de Jésus en pagne, elle est arrivée bien après. Selon Matthieu, il a été mis à nu et ses bourreaux se sont partagé ses vêtements.

Des erreurs bien ancrées

Certaines idées fausses sont bien ancrées dans nos esprits. Adam et Ève n'ont pas eu deux fils (Caïn et Abel) mais trois *(Genèse 4.25)*. Et c'est, en fait, de ce troisième, Seth, que descend Jésus *(Luc*

3.38). On croit souvent que Dieu a mis un signe sur Caïn pour le désigner comme meurtrier alors que c'est précisément le contraire. En fait, la *Genèse* (*4.14-15*) dit clairement que le but était justement d'empêcher qu'il se fasse tuer, probablement pour que son châtiment, l'exil, dure aussi longtemps que possible. Le rameau d'olivier symbolise la paix car la colombe est censée en avoir porté un à Noé pour lui annoncer la fin du déluge mais il s'agissait en réalité d'une feuille et non d'une branche *(Genèse 8.11)*. Les cheveux de Samson n'ont pas été coupés par Dalila mais par un homme qu'elle avait appelé pour *cela (Juges 16.19)*. Jonas n'est avalé que par un « grand poisson » *(Jonas 1.17)* et non par une baleine. La fille d'Hérodias qui demande à Hérode la tête de Jean-Baptiste – et qui l'obtient – n'est jamais présentée sous le nom de Salomé *(Matthieu 14.3-11)*.

Si c'est assez bien pour Lui…

Le poète anglais John Milton, qui croyait profondément à l'utilité de mentir quand cela lui était bénéfique, a dressé la liste de tous les passages de l'Ancien Testament dans lesquels Dieu semble approuver le mensonge.

* * *

LA FÊTE DES AMOUREUX ?

De nos jours, le seul saint que pratiquement tout le monde connaît (mis à part saint Nicolas, alias le

Père Noël, dont nous avons déjà parlé) est probablement saint Valentin, le patron des amoureux. Quoi qu'il en soit, la logique derrière tout cela n'est peut-être pas aussi simple qu'on pourrait le croire car ce n'est pas en l'honneur d'un saint particulier que l'on fête la Saint-Valentin chaque 14 février. En fait, cette date marque la veille des Lupercales, le point culminant d'une série de fêtes hivernales dans la Rome antique. Partout en Europe, on rendait alors hommage à Februa – la déesse romaine du mariage, de la naissance et de la sexualité – tout en célébrant l'arrivée du printemps et de la fertilité. La veille au soir, c'est-à-dire le 14, les jeunes hommes s'efforçaient d'obtenir les faveurs des femmes locales et, le jour même, tout se terminait dans la luxure en orgies alcoolisées. Afin de reprendre la situation en main et de faire oublier les origines païennes de ces festivités, l'Église chercha une figure chrétienne reconnue pour remplacer Februa. Ses possibilités étaient limitées car il lui fallait choisir parmi les saints ayant été martyrisés à cette date : il n'y avait pas de femmes et les candidats masculins s'appelaient tous deux Valentin. Il s'agissait d'un prêtre romain et d'un évêque d'Ombrie mais on ignore lequel l'a finalement emporté. Bizarrement pour l'époque, l'Église a donc dû choisir un homme comme symbole d'une célébration axée sur la fécondité et la naissance. Elle s'en est visiblement accommodée. Tant que cela permettait de calmer les ardeurs de la jeunesse…

Désormais, quand vous fêterez la Saint-Valentin, vous vous souviendrez qu'à l'origine et du point de vue de l'Église, il ne s'agissait pas d'entretenir l'amour mais, au contraire, d'en tempérer la fougue.

* * *

JEAN D'ARC ?

Des recherches publiées en 1981 dans le *British Journal of Sexual Medicine* éclairent Jeanne d'Arc sous un jour nouveau : il s'agissait peut-être d'un homme.

Cela fait longtemps que les érudits religieux se disputent au sujet de l'étrangeté théologique que représente le fait que la sainte s'habillait en homme, ce qui était strictement contraire aux commandements de la Bible. Ils citent des exceptions approuvées par l'Église dans des cas d'extrême nécessité – comme, par exemple, quand on est sur un champ de bataille pour tenter de bouter les Anglais hors de France – mais ils ont des difficultés à expliquer la réticence de la pucelle à abandonner sa tenue masculine pendant son procès. Il n'y avait plus de nécessité absolue. À moins que « Jeanne » n'ait eu quelque chose de très intime à cacher…

L'analyse du biologiste américain Robert Greenblatt, basée sur les descriptions de Jeanne d'Arc, l'a mené à conclure qu'« elle » souffrait d'un syndrome rare, la féminisation testiculaire. Cette anomalie donne des caractéristiques féminines à une personne génétiquement de sexe masculin. Le sujet n'a, notamment, ni règles ni poils pubiens.

Ceci expliquerait les témoignages d'époque. Malgré ses vêtements d'homme, Jeanne avait, semble-t-il, une apparence féminine. Deux sages-femmes l'auraient examinée peu avant son exécution et rapporté qu'elle n'était pas encore pubère (probablement à cause de l'absence de poils) alors qu'elle avait dix-neuf ans. Par ailleurs, elle n'aurait jamais eu de menstruations.

Ces éléments sont tous théoriquement compatibles avec l'hypothèse de Greenblatt.

* * *

NAPOLÉON IMPÉRATRICE ?

Greenblatt est réapparu dans le même journal en 1983 pour y parler d'un autre grand personnage historique. Selon lui, au cours des dix dernières années de sa vie, Napoléon était en train de se transformer en femme. Il montrait des symptômes du syndrome de Zollinger-Ellison, une maladie des glandes endocrines connue pour entraîner des déséquilibres hormonaux. Cela pourrait expliquer la prise d'embonpoint, les difficultés à dormir et le jaunissement de la peau de l'Empereur rapportés par son entourage. D'après une description de son autopsie – effectuée après sa mort en exil à Sainte-Hélène en 1821 –, Napoléon avait « une poitrine que beaucoup de femmes jalouseraient ».

Officiellement, Napoléon Bonaparte est mort d'un cancer de l'estomac. Ce qui est intéressant avec le nouveau diagnostic, c'est que le syndrome de Zollinger-Ellison – qui n'a été identifié pour la première fois qu'en 1955 – génère également des tumeurs et des ulcères gastriques. Il reste donc parfaitement logique que les médecins de l'époque aient conclu que leur patient souffrait d'un cancer.

* * *

UNE BEAUTÉ LÉGENDAIRE

Depuis deux mille ans, Cléopâtre est universellement dépeinte comme l'une des plus grandes beautés de son époque, voire de tous les temps. Les auteurs grecs, Shakespeare et, plus récemment, Hollywood ont fait d'elle une séductrice emblématique, celle qui subjugua aussi bien Jules César que Marc Antoine. Cependant, des éléments découverts il y a peu semblent indiquer qu'elle était loin d'être si belle que cela. (Et, soit dit en passant, elle n'était pas égyptienne mais macédonienne). En 2007, dans une obscure collection d'un musée de Newcastle, on a retrouvé une pièce de monnaie sur laquelle figure l'une des rares représentations connues de Cléopâtre. On l'a identifiée comme étant un denier d'argent de l'an 32 avant J.-C., c'est-à-dire deux ans avant la mort de la reine à l'âge de trente-neuf ans. Et son portrait n'a rien de flatteur. Il montre un visage distinctement fade et ordinaire avec un nez effilé, un menton pointu, des lèvres fines et une grande bouche.

La conservatrice du musée, Lindsay Allason-Jones, a rappelé que les descriptions romaines de

Cléopâtre soulignent son intelligence, son charisme et sa voix envoûtante mais qu'on n'y parle pas de ses traits. L'image qu'en donnent les livres d'histoire semble donc plutôt découler de la littérature, voire de certaines déductions. (Après tout, il était logique de supposer que l'inspiratrice de l'une des plus grandes histoires d'amour de tous les temps devait avoir un physique avantageux… jusqu'à ce que l'on découvre, au revers de la même pièce, que Marc Antoine n'était pas particulièrement beau non plus. Il est représenté avec un nez crochu, des yeux globuleux et un cou extraordinairement épais. Apparemment, les deux faisaient la paire.)

* * *

L'HOMME QUI NOTAIT ABSOLUMENT TOUT

Samuel Pepys est le plus célèbre des mémorialistes anglais du XVIIe siècle – même si l'on est souvent surpris d'apprendre qu'il n'a tenu son journal que pendant neuf ans, de 1660 à 1669. Il y notait, cependant, plus de choses que ce qui nous en est transmis dans la plupart de ses éditions modernes. En effet, grand amateur de pornographie, il indiquait chacune de ses séances de masturbation par un symbole spécial. De même, selon les termes du *Dictionary of National Biography*, il « chroniquait systématiquement » ses nombreuses aventures illégitimes et signalait tous ses rapports sexuels par un autre symbole.

Il utilisait le plus souvent un code abrégé librement mélangé à des langues étrangères pour rédiger les passages les plus osés. On n'a pas réussi à le décrypter avant 1825, époque à laquelle plus de la moitié de ses trois mille pages ont été publiées. Ce travail a pris plus de trois ans à un étudiant de Cambridge, à raison de douze à quatorze heures par jour. La majeure partie du texte est parue dans une édition plus longue en 1899 mais il a fallu attendre 1983 pour la version complète et non expurgée.

LA VÉRITÉ TOUTE NUE

On connaît surtout Lewis Carroll pour ses œuvres féeriques et innocentes de l'époque victorienne, *Alice au pays des merveilles* et *De l'autre côté du miroir*. Cependant, on trouve souvent dérangeant aujourd'hui qu'il ait également adoré photographier des petites filles nues. On estime qu'il a entretenu des rapports amicaux avec quelque deux à trois cents fillettes. Afin de pouvoir les distraire en privé, sa chambre à l'université d'Oxford (où il a enseigné toute sa vie) regorgeait de jouets. Il emmenait également les enfants en vacances au bord de la mer. Il s'était lancé dans la photo en 1856, soit une décennie avant la balade en canot – avec Alice (alors âgée de dix ans) et ses deux sœurs (de huit et treize ans) – qui allait lui inspirer sa fameuse œuvre. Au début, ses clichés représentaient des enfants posant dans de beaux habits. Il en existe même un d'Alice en personne. Lewis Carroll a toujours insisté sur la pureté de ses motivations. D'ailleurs, quand il s'est mis à photographier les fillettes nues, en 1867, il en a étonnamment informé leurs parents. « La question des vêtements indiffère les enfants qui me connaissent », a-t-il, un jour, écrit à une mère.

* * *

SCOUTISME ET CROIX GAMMÉE

Robert Baden-Powell, le fondateur du scoutisme, avait intégré la croix gammée au « Thanks Badge » bien avant qu'elle ne devienne le plus célèbre emblème des nazis. En fait, le svastika est un vieux symbole porte-bonheur sanskrit. Il est devenu populaire chez les nationalistes européens peu avant la Première Guerre mondiale et c'est dans l'Autriche natale d'Hitler qu'il a été utilisé pour l'une des premières fois dès 1907. Les scouts, eux, l'ont adopté à partir de 1912 environ. Malgré la montée du nazisme, Baden-Powell n'y a pas renoncé avant 1935, c'est-à-dire au moment où les scouts ont commencé à être victimes d'agressions à cause de la confusion. Le point de vue du créateur du mouvement était pourtant très clair puisqu'il affirmait considérer *Mein Kampf* comme « un livre magnifique ».

* * *

Y A QUELQU'UN, LÀ-HAUT ?

Étant donné que beaucoup le considèrent comme le plus grand inventeur du XXe siècle et qu'il avait déposé plus de mille brevets au moment de sa mort, on s'imagine peut-être Thomas Edison comme l'un des hommes les plus rationnels que la terre ait jamais portés. En réalité, il avait pourtant d'étranges convictions quant au fonctionnement de notre cerveau. Selon sa théorie, les millions de cellules qui le composent étaient des créatures sous-microscopiques qu'il comparait à de minuscules êtres humains. Il les appelait « les petits peuples ». Dans *Mémoires et observations*, il les dépeint en train de s'agiter en tous sens pour accomplir les tâches que leur confient des « entités maîtresses ». À sa mort, Edison travaillait non seulement sur une machine visant à communiquer avec ces « petits peuples » mais également sur une autre qui devait servir à enregistrer les messages en provenance du monde des esprits.

* * *

SINGERIES À LA BARRE

En 1925, dans une petite ville du fin fond de l'Amérique rurale, s'est tenu ce que l'on a appelé le « procès du singe » : John Scopes, un jeune professeur de biologie bien sous tous rapports, s'est retrouvé propulsé face au puissant État du Tennessee qui venait juste d'interdire l'enseignement de la théorie de l'évolution de Darwin. Ou c'est, du moins, ce que l'Histoire en a retenu. En fait, il s'agissait d'un coup monté. Les notables de la ville de Dayton s'étaient réunis quand ils avaient compris qu'ils obtiendraient d'énormes retombées commerciales et publicitaires en accueillant ce qui allait devenir un numéro de cirque. Leur ville dépérissait, les entreprises fermaient et les habitants partaient (la population était tombée de trois mille âmes dans les années 1890 à mille huit cents au moment du procès). Elle avait besoin que le reste du monde la remarque. Le procès lui donna pour toujours sa place sur la carte.

Sachant que l'Union américaine pour les libertés civiles avait l'intention de porter plainte contre le Tennessee afin d'établir une jurisprudence, les notables de Dayton s'étaient dit qu'il s'agissait là d'une occasion à saisir. Ils avaient alors persuadé John Scopes de se lancer. Celui-ci n'était même pas le professeur de biologie habituel de l'école mais un simple remplaçant qui, normalement, enseignait la physique, les mathématiques et le football américain. Par chance, il était néanmoins en mesure d'affirmer qu'il avait déjà utilisé en classe un ouvrage de biologie contenant les informations interdites et il accepta d'être la figure de proue du procès. Il avait le profil idéal : jeune, sans attaches ni responsabilités familiales et ne projetant pas de s'installer à Dayton de façon permanente, il n'avait rien à perdre.

La ville organisa donc très rapidement le procès. Cette précipitation n'avait rien à voir avec la gravité présumée de l'affaire mais plutôt avec le fait que d'autres petites municipalités du Tennessee avaient eu la même idée et commençaient à se porter candidates pour accueillir l'événement.

Dès le début du procès, au mois de juillet, deux cents journalistes affluèrent de tout le pays, et même de Grande-Bretagne, pour couvrir l'événement. Ils ne tardèrent pas à être rejoints par des cameramen des actualités filmées et, selon les termes d'un texte sur l'histoire locale, par « une foire à la limonade, des stands de hot dogs, des bannières et des fanions à l'effigie de singes, des primates en cage, des colporteurs de publications religieuses ou biologiques, des prêcheurs illuminés et des évangélistes ». Dayton fut ainsi le centre du monde pendant la quinzaine de jours que dura l'affaire. Cela lui rapporta beaucoup d'argent à court terme et la fit entrer dans les livres d'histoire américains.

* * *

UNE IMAGE DE PURETÉ

Le plus célèbre tableau américain de tous les temps est probablement *American Gothic* de Grant Wood – le portrait d'un fermier au visage impassible et de sa fille, leurs images allongées accentuées par le fait que l'homme tient une longue et fine fourche devant une maison de style gothique que l'on suppose être l'exploitation familiale. Ce tableau, terminé en 1930, alors que la Grande Dépression ne faisait qu'empirer, est considéré comme un emblème du stoïcisme laborieux, de la pureté et de la droiture du cœur de l'Amérique. Pour le réaliser, Wood a trouvé la maison devant laquelle il a fait poser ses sujets dans la petite ville d'Eldon, dans son Iowa natal. Il était tombé sous le charme de son air accueillant. Ce n'est que plus tard, qu'il a appris qu'il s'agissait d'un bordel.

* * *

PICOLER OU DÉCOLLER ?

Buzz Aldrin, le deuxième homme à avoir marché sur la Lune, est lui aussi une figure emblématique des États-Unis. En 1976 – soit sept ans après son voyage historique –, il a avoué qu'il était déjà alcoolique depuis des années *avant* la mission Apollo 11. Il n'avait arrêté de boire que deux jours avant le décollage et avait repris peu après son retour. Depuis le milieu des années 1980, il est devenu un célèbre porte-parole de la lutte contre l'alcoolisme.

* * *

AH, L'ESPRIT DES JEUX OLYMPIQUES !

Selon la version politiquement correcte, on doit la renaissance des jeux Olympiques, à la fin du XIXe siècle, aux efforts incessants de l'aristocrate français Pierre de Coubertin. Ce dernier aurait été motivé par le désir de rassembler un monde de plus en plus divisé sous la bannière d'une humanité solidaire et d'un esprit de compétition amicale. Ce thème reste toujours une forte marque identitaire des JO actuels. La référence évidente aux olympiades originelles augmente, d'ailleurs, cette idée de retour aux normes de la civilisation antique. La vérité était pourtant tout autre.

En réalité, Pierre de Coubertin a été inspiré par l'importance croissante que prenait le sport dans les grandes écoles privées britanniques à cette époque. À partir de 1883, il s'est rendu plusieurs fois en Angleterre afin de mieux examiner le phénomène et a visité les universités de Harrow, Eton, Rugby,

Oxford et Cambridge. Jusqu'en 1887, il s'est rendu chaque année au Royaume-Uni et, lors de son plus long séjour, en 1886, il a passé tout l'été à faire le tour des universités. On sait qu'il est allé à Charterhouse, Marlborough, Toynbee Hall, Wellington, Westminster, Winchester. Il s'agissait là de tous les bastions du florissant mouvement qu'était la « muscular Christianity » en Grande-Bretagne vers la fin de l'ère victorienne. On considérait que le sport permettait d'apprendre le respect des règles, l'honnêteté, le fair-play et le sens de l'effort collectif. C'était grâce à ces traits de caractères, acquis sur les terrains d'entraînement, que l'empire britannique se trouvait à son apogée en termes de droiture morale et de supériorité sur ses concurrents.

Coubertin s'en est copieusement inspiré. Il avait été frappé par la différence entre la vigueur avec laquelle les Anglais élevaient leurs futures générations et le défaitisme apathique dont souffraient les Français depuis la défaite écrasante que leur avait infligée l'Allemagne alors en pleine ascension – et désormais unifiée – de Bismarck en 1871. Il regrettait de ne pas trouver chez lui les « hommes véritablement nobles » qu'il avait vus en Angleterre mais simplement des dandys et des oisifs « prisonniers des ruines du passé ». Il devint alors un ardent défenseur du renforcement de la fibre nationale grâce à une éducation physique énergique qui – soulignait-il avec admiration – produit « des volontés fortes et des cœurs justes, en même temps que des corps robustes ».

Inspiration anglaise, revanche grecque

Convaincu que c'était en réveillant la vigueur de la France que celle-ci redorerait son blason, Coubertin voulait y importer le concept d'« éducation athlétique ».

En mettant son pays en compétition avec d'autres, son but n'était pas de promouvoir l'harmonie et la fraternité internationales. Ses écrits démontrent clairement qu'il cherchait avant tout à renforcer la France. « Il faudrait organiser des rencontres entre notre jeune athlétisme français et les nations qui l'ont précédé sur la voie de la culture sportive. »

En 1896, alors que les premiers Jeux modernes se déroulaient à Athènes dans un feu d'artifice de gloire et de succès, Coubertin a écrit quelque chose dont il a dû regretter la franchise : « Quand on prend conscience de l'influence que peut avoir l'exercice physique sur l'avenir d'un pays et la force de toute une race, on est tenté de se demander si une nouvelle ère ne va pas commencer pour la Grèce en 1896. Il serait vraiment curieux que l'athlétisme devienne l'un des facteurs de la Question d'Orient. Qui peut dire si, en apportant une augmentation de vigueur notable aux habitants de ce pays, on n'accélérera pas la solution à ce problème épineux ? »

Une réponse mal accueillie

C'est effectivement ce qui s'est produit. La Grèce entretenait des rapports difficiles avec la Turquie depuis des siècles mais surtout, plus récemment, à cause du problème de la Crète : bien que celle-ci soit plus proche de la Grèce et largement habitée par des

Grecs, elle appartenait à la Turquie depuis un accord de paix international signé une vingtaine d'années plus tôt. Dix mois après les Jeux d'Athènes (et trois mois après le commentaire de Coubertin), une insurrection nationaliste se développa en Crète et aboutit, pour le premier anniversaire des Jeux, à une guerre entre les antiques rivaux. Celle-ci dura jusqu'en 1897 et la Crète fut finalement rattachée à la Grèce en 1913.

Même si, à l'époque, les Jeux ont été présentés de manière à refléter l'esprit internationaliste qui les caractérise encore officiellement aujourd'hui, Coubertin ne pouvait guère s'étonner de leur violent post-scriptum. Il se peut fort, en effet, que ce soit la ferveur patriotique des JO qui ait redonné du poil de la bête aux Grecs. Dans ce cas, Coubertin a obtenu exactement ce qu'il recherchait quand il avait commencé à rêver aux bienfaits que peut exercer l'« éducation athlétique » sur une nation.

Les cinq anneaux

Présenter l'événement comme une nouvelle version de son modèle grec antique a souvent donné lieu à des exagérations. On croit souvent à tort que les anneaux olympiques datent des Jeux originels depuis que cinq cercles gravés sur un rocher ont été découverts à Delphes (où se déroulait l'événement). Dans les années 1950, deux archéologues de passage les avaient pris, par erreur, pour des inscriptions antiques et la légende était née. Ils s'étaient laissé emporter à écrire : « Dans le stade de Delphes se trouve un autel de pierre sur lequel sont gravés cinq anneaux [...] Ils constituent un lien entre les olympiades antiques et modernes […] Trois experts estiment que ces cercles entrecroisés, irréfutablement liés aux anciens Jeux, sont vieux de trois mille ans. »

On a appris plus tard qu'ils avaient été gravés là par le réalisateur nazi Leni Riefenstahl lors du tournage des scènes grecques de son tristement célèbre documentaire sur les Jeux de Berlin de 1936. Même le Comité international olympique s'y est laissé prendre. Aussi tard qu'en 1980, un guide officiel affirmait encore que le symbole des anneaux remontait aux Jeux antiques. En vérité, ce logo a été créé par Coubertin pour un congrès mondial olympique prévu en 1914 mais qui n'a jamais eu lieu à cause de la Première Guerre mondiale. Il signifiait seulement que cinq JO modernes avaient déjà eu lieu. Il est devenu le symbole officiel des Jeux quand ceux-ci ont repris à Amsterdam en 1920.

* * *

COURIR PLUS POUR VIVRE MOINS

Le New-Yorkais Jim Fixx a gagné des millions de dollars en lançant la mode du jogging et en vantant ses mérites comme méthode pour vivre longtemps et en bonne santé. En 1984, il est mort d'une crise cardiaque lors sa course matinale à l'âge de cinquante-deux ans.

LES ARTS – DE LA PATHOLOGIE À L'INSPIRATION

On imagine volontiers les génies artistiques comme des gens bénis des dieux et insouciants qui jouissent de dons miraculeux que le commun des mortels ne peut que leur envier. Pourtant, leur destin n'est souvent pas si rose et beaucoup d'entre eux ont dû mener des existences empoisonnées par le tourment, les psychoses et la maladie. On découvre étonnamment souvent des liens entre créativité et pathologie (physique ou mentale). En fait, certains médecins sont convaincus que ce sont des réactions physiologiques qui ont affûté les sens et le talent même de certains des plus grands artistes du monde. Le génie ne serait donc peut-être pas une pure bénédiction mais plutôt quelque chose qui se paie parfois très cher.

À QUOI ÇA RIME ?

En 2001, l'anthropologue Daniel Nettle, auteur d'une étude sur le rapport entre l'instabilité mentale et le génie poétique a conclu qu'« être poète en Grande-Bretagne au XVIIIe siècle revenait à courir dix à trente fois plus de risques que la moyenne nationale de souffrir de troubles bipolaires, cinq fois plus de se suicider et vingt fois plus d'être interné dans un hôpital psychiatrique. »

LA FLAMME POÉTIQUE

John Keats, l'un des poètes britanniques les plus accomplis du XIXe siècle, est mort prématurément à l'âge de vingt-cinq ans. À l'époque où il a écrit ses meilleures œuvres, il souffrait de consomption (le terme que l'on utilisait alors pour désigner la tuberculose). On sait qu'en provoquant des fièvres qui accélèrent le métabolisme cette maladie peut exacerber les sens et enflammer l'imagination.

* * *

TRAVAUX SECRETS

Emily Dickinson, l'une des plus grandes poétesses américaines du XIXe siècle, a eu une étrange vie adulte : elle est restée confinée la plupart du temps dans une seule pièce de sa demeure du Massachussetts. Les psychologues pensent qu'elle était devenue profondément psychotique (peut-être suite à un échec sentimental dans sa jeunesse) ou encore qu'elle souffrait d'agoraphobie. Elle n'a pratiquement plus jamais quitté sa chambre à partir du début des années 1860, c'est-à-dire peu après son trentième anniversaire. À partir de 1867 environ, elle n'a plus laissé entrer personne. Elle parlait à ses visiteurs à travers la porte.

Ceci a eu des effets dévastateurs sur elle en tant qu'être humain mais lui a apporté une intensité poétique qui vaut à ses écrits d'être toujours considérés aujourd'hui comme comptant parmi les plus puissants de tous les temps sur le plan émotionnel. Un critique est même allé jusqu'à déclarer que son œuvre était « probablement la meilleure jamais écrite par une femme en langue anglaise ». Des mille sept cent soixante-quinze poèmes dont elle est l'auteur, seuls sept ont été publiés de son vivant. Après les avoir écrits, elle les cousait ensemble sous forme de petits recueils et les rangeait dans une boîte. Il y en a eu des centaines. Même sa sœur, qui a passé toute sa vie sous le même toit, l'ignorait. Ce n'est qu'en 1886, quand Emily est morte à l'âge de cinquante-six ans, qu'elle a trouvé de quoi constituer soixante volumes, le produit d'une vie entière de souffrances solitaires.

* * *

LE COUP D'ŒIL

En 2005, des neurochirurgiens de Harvard ont annoncé qu'ils avaient découvert le secret de Rembrandt : le maître hollandais avait eu un œil paresseux, ce qui l'empêchait de voir en relief et lui facilitait donc la tâche pour reproduire ce qu'il percevait sur toile. Les scientifiques ont découvert l'amblyopie du grand peintre en analysant trente-six de ses autoportraits : un seul d'entre eux ne comportait pas le signe révélateur, à savoir que son œil droit regardait en face tandis que le gauche pointait vers l'extérieur.

SOUFFRIR POUR SON ART

Le *Journal of Medical Biography* a rapporté en 2004 que Michel-Ange montrait tous les signes du syndrome d'Asperger, une forme modérée d'autisme qui affecte l'aptitude du sujet à entretenir des relations sociales et à communiquer. Cependant, ceux qui en souffrent font souvent preuve de talents créatifs inhabituels. On sait, par ailleurs, que Michel-Ange était un solitaire, incapable d'exprimer des émotions, obsédé par la routine et par le besoin de contrôler tous les aspects de sa vie et de son métier.

En 2005, cette révélation a été suivie de l'analyse d'un expert spécialisé dans le syndrome d'Asperger selon laquelle de nombreux autres génies artistiques en auraient également souffert. Le professeur Michael Fitzgerald du Trinity College, la meilleure université d'Irlande, à Dublin, a identifié des traits similaires chez plusieurs grands noms de la littérature ou de la peinture.

Telles que décrites par le médecin qui a identifié cette maladie en 1943, les caractéristiques typiques de l'autisme sont « une grande distance dans les contacts avec autrui, un désir obnubilant de préserver les choses telles qu'elles sont et un rapport adroit aux objets ». L'obsession pour les schémas routiniers, une préoccupation exagérée pour les détails et de faibles aptitudes motrices en sont d'autres signes courants. Parmi ceux dont on pense aujourd'hui que le talent était partiellement dû à l'autisme ou au syndrome d'Asperger, on compte :

Hans-Christian Andersen. L'auteur de contes de fées était connu pour son hypersensibilité (il glissait des journaux sous sa chemise pour dissimuler son thorax en entonnoir) et son obsession pour la ponctualité. Quand il prenait le train, il arrivait toujours des heures en avance à la gare. Sa phobie aiguë de l'incertitude était également révélatrice. Lorsqu'il séjournait dans un hôtel, il apportait toujours une corde pour le cas où il y aurait un incendie et il se retournait toujours deux fois avant de quitter une pièce pour s'assurer que toutes les bougies étaient bien éteintes. Il avait également du mal à fréquenter les autres. Après lui avoir rendu visite, Charles Dickens a déclaré que passer un petit moment en compagnie d'Andersen était « une grande victoire ».

Jonathan Swift. Le légendaire auteur irlandais des *Voyages de Gulliver* était notoirement peu sociable. « Il ne souriait jamais et ne riait presque jamais. » On dit qu'il lui serait arrivé de passer un an entier sans parler à personne. Selon l'un de ses biographes, il « haïssait l'humanité » et particulièrement les Écossais, les femmes et les enfants. Il a, d'ailleurs, écrit que les femmes étaient « une espèce se situant à peine un degré au-dessus du singe ». De même, il a un jour déclaré qu'aucune femme ne méritait qu'on lui abandonne le milieu de son lit. Il a fini par devenir sénile (mais qui l'aurait remarqué ?) et il était probablement déjà gravement perturbé psychologiquement à l'époque où il a écrit les *Voyages de Gulliver*, sa célèbre œuvre surréaliste, à l'âge de cinquante-neuf ans.

Lewis Carroll (alias Charles Lewis Dodgson). Le pasteur qui a, lui aussi, créé son propre monde surréaliste dans *Alice au pays des merveilles* notait méticuleusement le menu de tous les repas qu'il servait à ses invités afin de ne jamais leur proposer deux fois la même chose. Il était, lui aussi, très réservé. Mark Twain l'a décrit comme l'adulte le plus timide qu'il ait jamais rencontré. Il n'aimait pas se faire remarquer et c'est, d'ailleurs, pourquoi il a écrit la plupart de ses œuvres populaires sous un pseudonyme. Il refusa même de poser pour être caricaturé dans *Vanity Fair* – ce qui était pourtant un grand symbole de succès à cette époque – parce qu'il aurait « trouvé extrêmement déplaisant que des étrangers connaissent [son] visage ».

Les inadaptés sociaux

À l'école, W.B. Yeats était un solitaire et avait de grandes difficultés avec les conversations en tête à tête. « Je n'ai aucun instinct pour tout ce qui est relationnel », avouait-il. Ce mélange de distance et d'imagination très vive est typique de l'autisme, dont un autre signe se retrouvait chez le poète : les mouvements compulsifs. Alors qu'il composait ses vers en déambulant dans les rues de Dublin, il lui arrivait d'agiter violemment les bras. D'ailleurs, ceci lui a, un jour, valu d'attirer malgré lui l'attention d'un policier qui passait par là.

Dans les années 1990, des scientifiques sont parvenus à la conclusion qu'Isaac Newton et Albert Einstein étaient atteints du syndrome d'Asperger, ce qui expliquerait partiellement leur aptitude à conceptualiser l'univers de manière totalement unique. Tous deux en montraient divers symptômes classiques : obsessions, problèmes de communication et difficultés à entretenir des relations sociales. Newton se laissait souvent tellement absorber par son travail qu'il en oubliait de manger et se disputait avec tout le monde. Einstein préférait toujours la solitude à la compagnie. Nous avons déjà parlé de ses lamentables relations familiales dans le chapitre six.

La mémoire fantastique dont jouissait Mozart est également une caractéristique classique du syndrome d'Asperger. Le prodige était, en effet, capable d'écrire, entièrement par cœur, la partition complète d'un morceau qu'il n'avait entendu qu'une fois. En 1992, le docteur Benjamin Simkin (de la célèbre clinique Cedars-Sinai de Los Angeles) a publié un article dans le *British Medical Journal*. Selon lui, Mozart était probablement atteint de la maladie de Gilles de La Tourette, dont les symptômes classiques sont l'hyperactivité, l'agitation et – comme chacun sait – la profération incontrôlable d'obscénités.

Pour désigner cette pathologie de façon imagée, on parle parfois d'« incontinence émotionnelle ». Cette description correspond parfaitement au cas de Mozart. Le musicien était, d'ailleurs, connu pour son comportement odieux (qui était généralement accueilli avec beaucoup de tolérance, ainsi que cela se produit souvent avec les génies). Jusqu'à présent, les historiens attribuaient cela à quelque chose de similaire au cocktail toxique dont sont aujourd'hui abreuvées les stars du rock et du sport : célébrité, argent, jeunesse et excès en tous genres. Cependant, les nouvelles études, basées sur l'analyse du courrier du compositeur, donnent à penser que son comportement était plus physiologique et profondément ancré que celui de quelqu'un qui se contente d'abuser d'un entourage indulgent.

Les lettres ont révélé que Mozart faisait une fixation sur les obscénités et adorait réciter des vers vulgaires à ses orchestres. Les partitions de certains de ses opéras comportaient des annotations que sa femme devait modifier avant qu'elles ne partent chez l'éditeur. L'une d'entre elles, qui nous est finalement arrivée sous la forme « soyons heureux », disait à l'origine « lèche mon cul, vite, vite ». Les recherches ont permis d'établir un lien intéressant entre ces accès de grossièreté et la créativité de Mozart. Ces symptômes ont, en effet, connu une pointe en 1791, juste au moment où le compositeur terminait deux opéras importants et son *Requiem*.

L'autre caractéristique typique du syndrome, l'agitation constante, se retrouvait également chez Mozart. Ses proches disaient que son corps était « perpétuellement en mouvement ». Il « jouait constamment avec ses mains ou tapait sans arrêt des pieds sur le sol ». Même lors de ses ablutions matinales, « il faisait les cent pas [...] et ne tenait pas en place ». Souvent, il faisait « d'extraordinaires grimaces avec sa bouche ».

Aux yeux des experts, il est donc possible que le génie auquel nous devons les œuvres musicales les plus sublimes de tous les temps ait tiré sa force d'une maladie étrange et désagréable pour son entourage.

PAS FACILE !

Aujourd'hui, on pense que Beethoven souffrait, lui aussi, du syndrome d'Asperger – ainsi que de coliques et de diarrhées chroniques vers la fin de son adolescence et de problèmes d'auditions, à partir de l'âge de vingt-sept ans, qui ont abouti à sa surdité complète. On soupçonne aussi une défaillance immunitaire d'être à l'origine de ses violentes sautes d'humeur. D'après ces éléments, on pense que le compositeur a fini par succomber à des problèmes de reins et de foie, compliqués par sa consommation excessive d'alcool. Tout cela explique probablement sa personnalité ténébreuse, asociale et irascible.

Sur une autre planète

Beethoven était mal à l'aise avec les autres et trouvait le monde « détestable ». Il se comportait de façon obsessionnelle. Chaque matin, il utilisait exactement le même nombre de grains, qu'il comptait un par un, pour préparer son café. Il était également enclin à se mettre en colère à la moindre provocation et était connu pour être désagréable avec ses employés de maison. Il leur jetait sa nourriture si elle n'était pas à son goût et accusait pratiquement tous les gens qu'il rencontrait de l'escroquer.

En vérité, c'était plutôt l'inverse. Des lettres de sa main nous apprennent qu'à un certain point, alors qu'il venait de travailler sur trois œuvres déjà promises à cinq éditeurs différents, il n'en avait finalement vendu qu'une seule et à un tout autre client. Pour résoudre les problèmes de ce genre, il utilisait toujours la même ruse : il se mettait à crier le premier en accusant les autres d'essayer de le duper jusqu'à ce que la dispute prenne de telles proportions que la partie adverse préfère abandonner.

On le voyait souvent errer dans les ruelles de son quartier, en train de composer en agitant les bras et en poussant de puissants « aboiements » qui, paraît-il, effrayaient les vaches. En 1820, sept ans avant sa mort à l'âge de cinquante-six ans, il fut pris pour un clochard, arrêté et jeté en prison. Des amis durent venir pour le faire sortir.

Son logement était aussi sale que ses vêtements, ses affaires financières étaient en désordre et la patience de son entourage était constamment mise à l'épreuve.

Au cœur du problème

Ses problèmes physiques ne faisaient qu'empirer. Et si cela ne le rendait certainement pas plus sociable, des éléments apparus en 1996 dénotent que cela pourrait l'avoir aidé à composer. Des médecins pensent aujourd'hui que certaines de ses œuvres lui auraient été inspirées par la dégradation de l'état de son cœur. Selon un professeur de l'université de Bonn, ses partitions semblent indiquer qu'à mesure que sa surdité s'aggravait et que son cœur battait de plus en plus irrégulièrement, le rythme inhabituel de ce dernier lui donnait des idées musicales. Le professeur Berndt Luderitz a, d'ailleurs, remarqué une sonate pour piano de 1809, *Les Adieux*, dont le tempo façon « marche-arrêt » est particulièrement original. Il se pourrait que ses temps faibles correspondent à ceux d'un cœur défaillant. Le spécialiste a également remarqué que les passages clés de l'opéra *Fidelio* ont des rythmes comparables à ceux d'un cœur et que la célèbre *Symphonie n° 3*, dite « Héroïque », comporte des passages curieusement à contretemps ou irréguliers. « Si vous montiez une colline en courant en ayant des problèmes de cœur, c'est le genre de chose que vous entendriez probablement dans votre tête. »

Ces théories n'ont pas été contredites par les autres musicologues. « Quand on est sourd, on n'entend rien d'autre que son propre cœur », a déclaré l'un d'entre eux. Selon un de ses confrères, de nombreux compositeurs se sont inspirés des battements du cœur et certains s'en servaient même pour mesurer le tempo avant l'apparition du métronome. Beethoven est peut-être un exemple typique du paradoxe qui veut que l'innovation artistique découle souvent de difficultés personnelles.

Des « inspirations » extérieures

L'année où les recherches sur le cœur de Beethoven ont révélé la possibilité d'une inspiration intérieure jusqu'alors inconnue, un autre musicologue a publié des éléments fournissant une explication moins innocente à l'origine de certaines des œuvres du compositeur allemand : apparemment, il ne se serait pas privé de plagier des confrères moins connus que lui.

Le chef d'orchestre britannique John Eliot Gardiner dirige, en France, l'Orchestre révolutionnaire et romantique et a récemment enregistré les œuvres complètes de Beethoven. Selon lui, ce dernier aurait emprunté certains de ses plus célèbres passages – dont l'incontournable ouverture en quatre notes de sa *Symphonie n° 5* – à d'obscurs compositeurs de la Révolution française.

Beethoven devait connaître la musique de la jeune France révolutionnaire des années 1790 car il vivait à Bonn, c'est-à-dire pas très loin de la frontière. La découverte la plus surprenante est que le début de la *Cinquième* – le destin frappant à la porte –, qui est pratiquement devenu sa signature, est une copie conforme d'une œuvre intitulée *L'Hymne dithyrambique*, signée du compositeur de *La Marseillaise*, Claude Joseph Rouget de Lisle. La fin de la célèbre *Symphonie pastorale*, l'un des tableaux musicaux les plus évocateurs d'un paysage rural jamais écrits, a été copiée sur l'*Hymne à l'agriculture* du compositeur français Jean-Xavier Lefèvre. L'émouvant dernier mouvement de la *Septième*, encore un des plus célèbres, doit beaucoup à une œuvre du Belge François Gossec. De nombreuses sonates pour piano de Beethoven ressemblent également étrangement à celles du pionnier de la composition pianistique italien Muzio Clementi.

En dépit de la gravité de ces affirmations, la plupart des historiens musicaux approuvent les conclusions de Gardiner. L'éditeur de la bible des mélomanes, le *Grove Dictionary of Music*, considère que Beethoven aurait été « un compositeur comme les autres » s'il n'avait pas succombé à la tentation de se servir chez les autres. Si les experts estiment qu'il n'y a pas de quoi fouetter un chat, l'auditeur lambda se posera peut-être quelques questions quant à l'originalité des œuvres de Beethoven la prochaine fois qu'il les écoutera.

MORTEL !

Gustav Mahler souffrait de graves crises de dépression et a été obsédé par la mort tout au long de son existence. Il a composé sa première marche funèbre à l'âge de six ans.

* * *

UN SOUTIEN DISCRET

La vie de Tchaïkovski a également été gâtée par la dépression. Il se disait « hanté par une terreur indéfinissable ». D'ailleurs, on considère que c'est en 1877 qu'il a produit ses meilleures œuvres – sa *Symphonie n° 4* et son opéra *Eugène Onéguine* – alors qu'il était stressé psychologiquement et que son mariage battait de l'aile. Un mois après avoir épousé l'une de ses étudiantes qui l'admirait, il avait pris conscience que cette union était catastrophique. Parti au bout de trois mois, il a passé le reste de sa vie à tenter de se défaire de cet engagement. Il essaya même de se suicider en restant toute une nuit dans les eaux glaciales de la Moskova. Il en fut quitte pour une pneumonie à laquelle il survécut. Il accusa alors son épouse d'adultère (ce qui était infondé) pour tenter d'obtenir le divorce mais elle refusa. Quand, quatre ans plus tard, il apprit qu'elle l'avait enfin trompé, il hésita à intenter une procédure de divorce de crainte qu'elle ne révèle son propre secret : son homosexualité. Finalement, il la soutint financièrement jusqu'à sa propre mort en 1893.

Parallèlement à ce mariage fatidique, Tchaïkovski eut une autre relation très importante dans sa vie. Une femme riche, fascinée par sa musique (et non par sa personne), le gratifiait de son attention et de son argent. Elle lui versait un salaire de six mille roubles par an afin qu'il soit indépendant. Bizarrement, elle tenait à ce qu'ils ne se rencontrent jamais et ne communiquent que par courrier. Ils ont échangé plus de mille lettres en treize ans.

* * *

VOL AU-DESSUS D'UN NID DE COUCOU

Le compositeur Robert Schumann est mort au jeune âge de quarante-six ans, après deux ans et demi d'internement dans un établissement psychiatrique de Bonn et une vie entière à souffrir de dépression récurrente. Il avait lui-même demandé à être enfermé après une tentative de suicide manquée. Il commençait à avoir des hallucinations et avait peur d'être devenu fou depuis longtemps. Il était entré à l'asile dans l'espoir qu'on l'y aiderait à guérir et convaincu que, puisqu'il s'y était présenté volontairement, il lui serait facile d'en repartir quand il s'y sentirait prêt. D'après les analyses modernes du traitement qu'il a reçu, son séjour à l'hôpital a certainement plus contribué à le faire sombrer qu'à remonter la pente : il était privé de ses livres et de son écritoire et son régime alimentaire consistait en d'énormes repas suivis de laxatifs et de diurétiques. Il demanda plusieurs fois à sortir mais ses requêtes furent rejetées. À en juger par des évaluations effectuées par des spécialistes en 2001, Schumann n'était probablement pas fou à sa mort. Il a sûrement vécu le cauchemar d'être le seul patient normal de l'asile et d'en être parfaitement conscient.

* * *

AU BORD DU GOUFFRE

D'autres artistes semblent également avoir été inspirés par d'importantes pathologies physiques ou mentales.

D'après des estimations médicales modernes, certains comportements du philosophe Emmanuel Kant étaient symptomatiques d'une légère schizophrénie.

Charles Dickens était un travailleur forcené et inépuisable. Il écrivait constamment, souvent plus d'un livre à la fois. Selon une étude psychiatrique, il ne s'arrêtait jamais car cela lui aurait coûté de sombrer dans la dépression.

Honoré de Balzac souffrait lui aussi de dépression. Son étrange façon d'y remédier consistait à faire exprès de s'endetter énormément, ce qui le forçait à écrire comme un fou pour régler ses notes. En outre, il aggravait son cas en buvant de grandes quantités de café pour tenir le coup. Il en consommait jusqu'à cinquante tasses par jour, ce qui a, d'ailleurs, fini par le tuer. De toute façon sa vie avait mal commencé : ses parents l'avaient envoyé en pension quand il avait huit ans et ne lui avaient jamais rendu la moindre visite avant qu'il atteigne l'âge de quinze ans.

Robert Louis Stevenson a imaginé l'incroyable intrigue de son chef-d'œuvre, *L'Étrange Cas du docteur Jekyll et de mister Hyde*, lors d'une nuit de 1886 passée à consommer de la cocaïne.

Une tragédie évitable

Comme chacun sait, Vincent Van Gogh s'est coupé l'oreille, supposément lors d'une crise de dépression et de désespoir psychologique, à la veille de Noël 1888. Il s'est ensuite volontairement fait admettre dans un asile où il a été diagnostiqué épileptique. Il y était autorisé à peindre mais le personnel avait remarqué qu'il buvait sa térébenthine et essayait de manger sa peinture. Quand il s'est donné la mort dix-huit mois plus tard, il n'avait que trente-sept ans et avait juste commencé à peindre les tableaux qui le rendraient célèbre.

Pour les premiers historiens médicaux, la thèse de l'épilepsie semblait confortée par l'emploi des couleurs vives, un signe souvent associé à la forme de cette maladie qui touche le lobe temporal. Plus récemment, d'autres spécialistes se sont orientés vers une cause non moins débilitante et tout aussi susceptible d'expliquer l'automutilation de Van Gogh. En 1990, à l'occasion du centenaire de sa mort, on a publié des recherches reposant sur l'examen minutieux de sept cent quatre-vingt-seize lettres. D'après le contenu de ces dernières – écrites lors des six dernières années de sa vie, alors que son état de santé se dégradait –, il aurait pu souffrir de la maladie de Menière, une affection douloureuse due à la production excessive de liquides dans l'oreille interne. Dans ses courriers, l'artiste se plaignait, en effet, d'entendre des bruits étranges et d'être victime de violentes crises de vertige qui duraient souvent plusieurs jours. Il semble donc très probable que ce soit l'intensification intolérable de ces maux qui l'ait conduit à se trancher l'oreille.

Il se peut même que l'erreur de diagnostic lui ait coûté la vie car la maladie de Menière avait été identifiée par un médecin français trente ans plus tôt et se soignait déjà facilement. Hélas, cela ne se savait pas encore en Provence, où Van Gogh s'était réfugié, et c'est probablement ce qui nous a privés des œuvres qu'il aurait encore pu produire. Ce que l'on ignore souvent, c'est que sa jeune sœur, Willemina, a passé la dernière moitié de sa vie dans un institut psychiatrique. Elle y est entrée en 1902, plus de dix ans après la mort du peintre, à cause de problèmes dont on ne sait pas grand-chose. En tout cas, il se pourrait fort bien que l'association avec son illustre frère ait nui à son dossier et l'ait condamnée à rester internée jusqu'à sa mort en 1941.

Une vision différente du monde

Certains neurologues estiment que le changement de style radical de Pablo Picasso au milieu de sa vie trouve probablement ses origines dans une forme rare de migraine. Au début, le style du peintre était tout à fait normal. Il représentait les gens normalement. Puis soudain, vers 1937, alors qu'il avait environ cinquante-cinq ans, ses travaux ont spectaculairement changé et il s'est mis à faire les portraits modernistes que tout le monde connaît aujourd'hui. Ces visages étrangement défigurés – avec leurs yeux et leurs oreilles de taille différente et leurs bouches difformes – ne sont pas sans évoquer ce que l'on peut voir dans un miroir brisé. En 2000, le professeur Michel Ferrari, de l'université de Leyde, aux Pays-Bas, a expliqué que cette distorsion visuelle est exactement la même que celle de ses patients souffrant de cette fameuse forme rare de migraine. En effet, cette maladie génère chez le sujet une « division verticale » de ce qu'il perçoit. Ferrari a également précisé que, dans certains cas isolés, les symptômes peuvent apparaître sans les maux de tête qui permettraient d'identifier la maladie. Cela pourrait expliquer qu'on n'ait jamais entendu dire que Picasso se plaignait de céphalées. Selon Ferrari, les crises peuvent durer jusqu'à une heure mais sont moins handicapantes qu'une véritable migraine. Quoi qu'il en soit, elles « pourraient avoir inspiré Picasso car elles vous font vraiment voir le monde très différemment ».

Hors du monde

La vie de Marcel Proust a été étrangement affectée par ses problèmes de santé. Certes, il n'est devenu mondialement célèbre que grâce à un seul livre… mais quel travail ! *À la recherche du temps perdu* est constitué de treize volumes parus sur une durée de quatorze ans, dont la moitié après la mort de leur auteur en 1922. En écrivant l'œuvre la plus introspective de toute l'histoire de la littérature, Proust a été influencé par d'importants facteurs médicaux et psychologiques : il était sévèrement asthmatique (bien que certains médecins pensent que nombre de ses crises étaient psychosomatiques). À cause de son allergie aux fleurs, à la poussière, au parfum et à la fumée, ainsi que de sa vulnérabilité au froid et à l'humidité, ses contacts avec l'extérieur représentaient un danger pour lui, aussi bien mentalement que physiquement. Il était également sensible au bruit et ne pouvait écrire que dans le silence complet.

Sa mère s'occupait beaucoup de lui et quand elle mourut en 1905, Proust se retrouva privé de son unique lien avec le monde extérieur. Cette perte le poussa alors à s'isoler complètement. Il s'enferma dans une pièce insonorisée aux murs couverts de liège dans son appartement du boulevard Haussmann et consacra les dix-sept dernières années de sa vie tourmentée à déterrer son passé, sans entretenir la moindre relation avec le reste de l'humanité.

Ses crises étant moins sévères la nuit, il vivait totalement à l'inverse des autres. Il ne travaillait que durant les heures d'obscurité et se couchait à huit heures du matin, tout habillé, souvent avec des gants pour se protéger du froid et en tenant ses volets bien fermés pour qu'aucune lueur ne puisse entrer.

Toutes sortes de secrets se cachent derrière la réussite de nombreux autres personnages célèbres :

UN LONG VOYAGE D'AFFAIRES

L'auteur de nouvelles américain O. Henry a été inspiré par la peine de trois ans de prison qu'il a purgée dans l'Ohio à partir de 1898 suite à un détournement de fonds. Pendant son incarcération, l'employé de banque indélicat a publié quatorze nouvelles sous divers pseudonymes. Un de ses amis transmettait ses textes aux éditeurs afin que personne ne sache où il se trouvait. Il n'a jamais dit la vérité à sa fille de onze ans mais seulement qu'il était « en voyage d'affaires ». Au bout du compte, il a écrit plus de deux cent cinquante nouvelles et est devenu l'un des plus grands noms du genre, particulièrement apprécié pour ses chutes inattendues.

* * *

L'EMPRUNTEUR

J.R.R. Tolkien, l'auteur du *Seigneur des anneaux*, a toujours aimé dire que son inspiration lui venait de légendes et de mythes obscurs (celtiques, nordiques ou islandais) et depuis longtemps oubliés. Cela ajouta un certain cachet intellectuel à son ouvrage quand celui-ci fit sensation au milieu des années 1950. On notera également que le livre était déjà remarquable du fait du profil original de son auteur : Tolkien avait soixante-deux ans et enseignait l'anglais à l'université d'Oxford depuis 1925. Sorti de l'imagination d'un homme d'une telle érudition, *Le Seigneur des anneaux* ne pouvait qu'appartenir à une catégorie littéraire bien supérieure à celle d'un simple roman d'aventures. Ah oui ? Vraiment ?

En 1981, une controverse a éclaté dans l'univers généralement figé des « tolkienologues » quand deux critiques littéraires respectés ont publié une analyse selon laquelle, loin d'être ésotériques, les sources de l'auteur étaient à chercher du côté de quelque chose de moins élitiste. Les effrontés affirmaient avoir des preuves que l'auteur s'était, en fait, inspiré des histoires paraissant dans des journaux destinés aux jeunes garçons (dont un certain *Boy's Own Paper*) que tous ceux qui, comme lui, avaient grandi dans l'Angleterre du début du XXe siècle connaissaient forcément.

Des influences bien britanniques

Les critiques Robert Giddings et Élizabeth Holland ont bousculé quelques idées reçues en expliquant que les thèmes de l'œuvre de Tolkien semblent plutôt découler de classiques britanniques tels que *Les Mines du roi Salomon*, *Les Trente-Neuf Marches* ou *Le Vent dans les saules*. « Comme tous les grands écrivains, Tolkien était un plagiaire invétéré », a annoncé Giddings à un milieu littéraire stupéfait. « Les intrigues du *Seigneur* ne sont pas sorties des brumes nordiques. » Selon lui, le thème du début du *Seigneur des anneaux* est quasiment identique à celui des *Trente-Neuf Marches* : dans les deux cas, le personnage principal découvre un secret capital pour le monde entier, sa maison est cambriolée par de mystérieux poursuivants, il s'enfuit et c'est là que ses aventures commencent. Giddings pointe même du doigt certains indices que Tolkien aurait pu glisser dans son texte en guise d'hommage discret à ses inspirateurs. Dans la version originale, le pays de Bouc (l'endroit où Frodon s'arrête pour manger) s'appelle Buckland. L'auteur des *Trente-Neuf Marches* s'appelait Buchan et Giddings est profondément convaincu que Tolkien – philologue et fervent amateur de mots croisés – a délibérément semé plusieurs indices tels que celui-ci en guise de bonus pour les passionnés curieux. Selon le critique, on en trouve à pratiquement toutes les pages.

Dans le roman de Tolkien, les mines se situent à Moria. Dans la Bible, le roi Salomon bâtit son temple à… Moriah. *Le Seigneur des anneaux* et *Les Mines du roi Salomon* comportent, d'ailleurs, une scène identique : un étrange vagabond qui semble tout savoir de la mission se présente au groupe et s'avère, par la suite, être un roi. La topographie de la Terre du milieu – dont les auteurs font remarquer que c'est la signification de « Méditerranée » et qu'elle présente des similitudes avec la côte de cette dernière entre la Turquie et l'Égypte – est inspirée par la fameuse carte du *Vent dans les saules*. En outre, chez Tolkien, le Comté est traversé par la rivière Withywindle (dont le nom est judicieusement traduit par Tournesaules dans la version française).

On comprendra aisément que les fans de Tolkien aient été outragés par les accusations portées contre leur idole : il a été démontré qu'ils avaient tort et qu'aucune source mythologique ne vient rendre les aventures qu'ils sont si fiers de lire plus respectables que les autres.

ÉLÉMENTAIRE

En 1993, des universitaires ont publié une intégrale des enquêtes de Sherlock Holmes accompagnée d'explications et, à l'en croire, Sir Arthur Conan Doyle aurait, lui aussi, beaucoup emprunté à d'autres. Un travail d'investigation digne du grand détective lui-même a permis de mettre en lumière des similitudes flagrantes avec les intrigues qui paraissaient dans la presse populaire du moment. À cette époque, Conan Doyle écrivait très vite (jusqu'à une histoire par semaine) et il ne semble donc pas improbable qu'il ait cherché partout des idées accrocheuses.

Apparemment, au début, il se serait surtout servi chez deux grands auteurs de romans policiers à succès : Edgar Allan Poe, le célébrissime Américain dont les œuvres sont parues dans les années 1830 et 1840, et Émile Gaboriau, le pionnier français des histoires de détectives qui a publié des années 1860 aux années 1880. Les premières nouvelles mettant Sherlock Holmes en scène sont parues, elles, vers la fin des années 1880. À en croire les auteurs du recueil annoté, les premiers travaux de Conan Doyle n'étaient pas seulement inspirés par ces écrivains mais parfois « copiés si fidèlement qu'il les citait littéralement ».

* * *

JUGE ET... PARTI !

Anthony Burgess est surtout connu pour avoir fait polémique en 1962 en publiant le roman *Orange mécanique*, portrait d'une société britannique futuriste et marquée par la violence. Cela ne l'empêchait pas, parallèlement, de travailler comme critique littéraire pour le *Yorkshire Post* et d'avoir écrit deux romans sous le pseudonyme de Joseph Kell. Quand, sans le savoir, son rédacteur en chef lui demanda de chroniquer l'un d'entre eux, l'homme à la double casquette n'eut aucun scrupule à lui rendre un article dithyrambique. On découvrit le pot aux roses et Burgess fut licencié.

* * *

L'ŒIL ET LA MAIN

Certains des peintres les plus réputés de tous les temps ont probablement eu recours à une tricherie technologique pour exécuter leurs œuvres. Cette théorie, émise pour la première fois en janvier 2000, ne nous vient pas de quelque obscur universitaire. Elle émane de l'un des plus grands artistes vivants, le Britannique installé à Los Angeles David Hockney, ce qui lui confère un certain poids auprès des critiques.

Hockney affirme avoir fait cette découverte en trouvant des explications à ce sujet dans les archives de grandes galeries d'art. Selon lui, le soudain « âge d'or » durant lequel sont apparus de nombreux tableaux d'un incroyable réalisme, au XVe et au

XVIe siècle, serait dû à l'utilisation de la *camera obscura* à partir du moment où l'on a pu la doter d'une lentille de verre de qualité. On installait cette dernière devant un minuscule trou dans une toile tendue, on plaçait une source de lumière derrière et ce qui se trouvait à proximité était projeté sur le mur d'en face (ou sur une toile). Selon Hockney, les peintres utilisaient ce système pour commencer à composer leurs tableaux. Ceci expliquerait les avancées majeures accomplies par de grands artistes tels que Léonard de Vinci, Le Caravage, Vermeer, Holbein et Van Eyck en termes de proportions, de perspective et de réalisme. Et si cela s'est produit soudainement, c'est parce qu'une bonne lentille était indispensable et que, justement, l'apparition de la verrerie vénitienne permettait d'obtenir les meilleures jamais fabriquées depuis la Rome antique.

C'est le fait que Le Caravage préférait travailler dans une cave sombre qui a mis la puce à l'oreille de David Hockney. « Je pense qu'il faisait poser ses modèles à un bout de la pièce puis posait sa lentille, qu'il avait toujours dans son sac, sur un pied au milieu de la pièce et entourait le tout d'un rideau. Le tableau était alors projeté par le trou vers l'endroit où il se tenait avec son pinceau et sa toile. Il ne lui restait plus qu'à esquisser des contours qu'il pouvait ensuite remplir en l'absence de son modèle. » À l'époque, il valait mieux ne pas parler de cette technique car elle pouvait sembler proche de la magie et de l'hérésie. Les modèles et les assistants ne demandaient donc probablement qu'à garder le silence. Et s'ils tenaient à continuer à bénéficier de l'estime – et de la générosité – de leurs admirateurs, les artistes n'avaient aucun intérêt non plus à dévoiler leur botte secrète.

Les indices se multiplient

En 2001, une nouvelle biographie de Vermeer est venue étayer cette théorie. La raison pour laquelle les rayons X de ses tableaux ne révèlent aucun dessin en sous-couche a toujours été un mystère. En effet, la plupart des artistes commencent par faire une esquisse avant de peindre et ce n'était, apparemment, pas le cas de Vermeer. Alors, comment faisait-il pour que ses tableaux présentent des formes et des proportions parfaites ? La réponse ne peut que résider en la *camera obscura* : l'image était projetée sur sa toile.

Le biographe de Vermeer fait également remarquer la qualité sans précédent de ses effets de lumière, qui semblent trop subtils pour un œil et une main non aidés. Ce qui est encore plus convaincant, c'est que lorsqu'on compare des photos à ses tableaux d'intérieurs, ceux-ci sont d'une précision irréprochable jusque dans les moindres proportions, ce qui est pratiquement impossible à l'œil nu. C'est là l'un des éléments qui tendent le plus à prouver qu'un des peintres les plus célèbres du monde a bel et bien caché un point important de sa méthode de travail. Et il semblerait que bien d'autres en aient fait de même.

La théorie a, bien sûr, été contestée et de furieuses disputes s'en sont suivies dans le milieu généralement mesuré de la critique artistique classique. Cette révélation technique n'enlève pourtant rien au talent des grands maîtres concernés. On a simplement découvert un secret que les peintres ne voulaient pas que leurs mécènes connaissent de crainte que cela fasse baisser le montant de leurs gains – car s'ils avaient véritablement du génie, ils n'avaient peut-être pas toutes les aptitudes pour lesquelles leurs protecteurs croyaient payer.

* * *

ON ACHÈVE BIEN LES CHEVAUX

Le plus célèbre peintre animalier britannique, George Stubbs, connu pour la perfection des scènes hippiques qu'il a réalisées au XVIIIe siècle, utilisait des méthodes assez peu raffinées et très éloignées de l'idyllique ambiance bucolique qui émane de ses toiles. Dans une ferme isolée du Lincolnshire, il disséquait des cadavres de chevaux pour comprendre leur anatomie et les utiliser comme modèles. Il les gardait dans son atelier pendant des semaines entières. Après les avoir vidés de leur sang, il leur injectait une solution solidifiante dans les veines et, ceci fait, il les suspendait debout à des crochets de métal pour leur donner l'apparence de la vie.

* * *

LE MÉLANGE DES GENRES

Michel-Ange, qui était homosexuel, utilisait souvent des modèles masculins pour sculpter des statues de femmes. *L'Aurore,* la femme nue allongée qui agrémente le tombeau de Laurent de Médicis à Florence, en montre tous les signes révélateurs. Un critique a dit de ses jambes qu'elles « ne feraient pas honte à un demi d'ouverture » et de ses seins qu'ils ressemblaient « plutôt à des ventouses de plombier ».

* * *

AVIDA DOLLARS

Le légendaire peintre espagnol Salvador Dali est l'un des plus reconnaissables du XXe siècle. Qu'on l'adore ou l'exècre, il n'en reste pas moins que ses œuvres ont porté le surréalisme au summum de son succès populaire. Tout le monde connaît ses représentations oniriques de montres molles et d'animaux bizarres. Il était également excentrique dans son apparence physique : la moustache longue, fine, recourbée et cirée, il s'habillait comme un Monsieur Loyal. Et s'il est célèbre dans le monde entier, c'est parce qu'il a su repousser les frontières de l'art moderne.

Après sa mort, à l'âge de quatre-vingt-quatre ans, en 1989, il est devenu évident que le pseudo-charlatanisme dont il aimait jouer n'était, en fait, que trop proche de la réalité. Sa vie était apparemment plus axée sur l'argent facile que sur l'accomplissement artistique. L'arrestation de l'ancien administrateur de ses affaires en 1999 a révélé l'incroyable ampleur de son insatiable cupidité. Ce n'est pas pour rien qu'André Breton – fondateur du surréalisme et ami déçu – a noté que son nom était l'anagramme d'« Avida Dollars ». Et cela ne s'est jamais mieux illustré que vers la fin de sa vie lorsqu'il s'est mis à signer des milliers de toiles vierges afin qu'on puisse y peindre des faux et les mettre sur le marché mondial. Il est devenu l'artiste le plus contrefait de tous les temps. On estime le total des pertes de ses victimes à plus de deux milliards d'euros. En 1999, la police a trouvé dix mille fausses lithographies lors d'une descente à la galerie de son ex-administrateur et ce dernier a avoué aux enquêteurs que le maître avait signé, en tout, trois cent cinquante mille supports vierges. Une fois, il lui est même arrivé d'en signer mille huit cents en une heure. En 2004, l'administrateur a été condamné pour le délit mineur d'avoir retouché une œuvre et donc, selon la loi espagnole, « porté atteinte aux droits de l'auteur ». En revanche, personne n'a jamais été jugé pour l'escroquerie de masse qui continue de hanter le milieu de l'art aujourd'hui chaque fois qu'un Dali est à vendre. Peut-être pour la très bonne raison que le coupable est, lui, authentiquement mort.

* * *

TRAVAIL D'ÉQUIPE

En juin 1999, le plus grand spécialiste italien de Léonard de Vinci a annoncé à la presse mondiale qu'il disposait d'une « preuve inédite » que le maître n'avait probablement pas peint lui-même *La*

Cène, l'un des tableaux les plus emblématiques de son œuvre.

Le professeur Carlo Pedretti a expliqué avoir fait cette découverte à la British Library dans un ouvrage de 1538 que personne n'avait ouvert depuis des siècles. Signé de l'artiste Giovanni Lomazzo, le livre cite Vinci confirmant personnellement qu'il n'a fait que « diriger » le travail et que la peinture proprement dite a été exécutée par deux de ses assistants. Il donne même leurs noms : Marco da Oggiono et Giovanni Antonio Boltraffio. Située dans une abbaye milanaise, la fresque a été commandée en 1494 et réalisée entre 1495 et 1498. Pour Pedretti, ce scénario est d'autant plus plausible qu'on sait qu'à cette époque Vinci était débordé et avait créé une école artistique pour laquelle il avait recruté les deux maîtres adjoints en question.

On ne dispose que de peu d'informations sur la période exacte à laquelle *La Cène* a été peinte. Au monastère Santa Maria delle Grazie, tous les registres relatifs au projet ont disparu. Par conséquent, personne ne sait dans quelle mesure Vinci a lui-même utilisé son pinceau. Il reste logique qu'on lui attribue ce tableau puisque c'est à lui que son mécène milanais, le duc Ludovic Sforza, l'a commandé. Puisqu'il était prestigieux de posséder un Vinci, personne – pas plus le duc que les moines ou le peintre – n'avait intérêt à ce que l'on sache qu'il s'agissait d'un travail d'équipe dont des assistants avaient effectué la majeure partie. Même à cette époque, on était très attaché à la « marque ».

Présentée ainsi, cette nouvelle version des faits semble encore plus crédible. D'après le livre de

Lomazzo, Léonard de Vinci a lui-même divulgué ce qui s'était réellement passé quelques années plus tard. Pourquoi aurait-il cherché à minimiser son rôle si ce n'était pas la vérité ?

* * *

BACH IS BACK

Contrairement à ce que l'on pourrait croire, Jean-Sébastien Bach est loin d'avoir connu une gloire constante. Bien qu'il soit aujourd'hui considéré comme une figure incontournable de la musique occidentale, il n'en a pas moins été complètement oublié pendant quatre-vingts ans après sa mort en 1750. Il avait joui d'une grande réputation de son vivant mais celle-ci ne lui avait pas survécu. Son style (religieux et choral) était passé de mode et dénotait par rapport à l'exubérance de compositeurs modernes tels que Beethoven, Mozart ou Schubert. Même ses propres fils estimaient que ses œuvres étaient d'un autre temps – ce qui leur a, d'ailleurs, valu de perdre un grand nombre de ses partitions.

Ce ne fut que lorsque Mendelssohn ressuscita sa *Passion selon saint Matthieu* en 1829 que l'on commença à se souvenir de Bach. Quoi qu'il en soit, le rétablissement fut lent et l'intégrale officielle de son œuvre ne fut éditée qu'en 1900. Et il fallut attendre six ans de plus avant que l'on retrouve sa tombe à Leipzig.

* * *

LA CORDE SENSIBLE

Niccolò Paganini était un violoniste d'une telle virtuosité que de nombreux musiciens estiment toujours que ses œuvres sont inexécutables, en partie parce qu'elles nécessitent des écarts de doigts anormalement grands. Les siens pouvaient aller jusqu'à quarante-cinq centimètres et l'on pense que ceci était dû au syndrome d'Ehlers-Danlos, une affection génétique qui rend les articulations extrêmement souples. Un observateur a noté que « son poignet était tellement flexible qu'il pouvait le bouger et le tordre dans tous les sens. Bien que sa main ne soit pas disproportionnée, il pouvait ainsi doubler ses écarts et jouer dans les trois premières positions sans démancher. »

Paganini avait également le sens du spectacle et n'hésitait pas à avoir recours à d'habiles subterfuges pour que son public s'extasie encore plus face à son talent déjà fabuleux. L'une de ses ruses préférées consistait à monter volontairement des cordes usées sur son violon. Quand elles cassaient au milieu du spectacle, il pouvait faire la preuve de sa dextérité en finissant le morceau sur les cordes restantes. Ce qu'il préférait, c'était quand il n'en restait qu'une. Ces exploits avaient beau paraître totalement spontanés et déclencher des explosions de ferveur admirative… ils étaient entièrement préparés à l'avance.

* * *

UNE VIE EN DEUX PARTIES

Contrairement à ce que pourraient laisser penser les portraits que l'on fait de lui aujourd'hui, Gioacchino Rossini n'a pas composé jusqu'à la fin de ses jours. Il a écrit trente-huit opéras durant les trente-sept premières années de sa vie et aucun autre pendant les trente-neuf suivantes. Après avoir accédé à la gloire internationale en 1829 avec son *Guillaume Tell*, dont l'ouverture est légendaire, il a décidé de s'en tenir là et de se la couler douce. Au moment où il a pris sa retraite, il était le compositeur d'opéra le plus populaire de tous les temps et avait le monde à ses pieds. Cet abandon prématuré a toujours laissé perplexes les historiens de la musique, qui salivent à l'idée de tout ce qu'il aurait pu faire s'il avait continué. Au moment le plus prolifique de sa carrière, Rossini avait composé vingt opéras en seulement huit ans (de 1815 à 1823).

Pourtant, il a choisi de mener une vie de solitude, de plaisirs et de gourmandise – principalement à Paris – pendant presque quarante ans. Personne n'a jamais vraiment compris pourquoi il avait fait ce choix étonnant si ce n'est, tout simplement, qu'il en avait la possibilité. Peut-être qu'un jour un squelette surgira du placard.

* * *

L'HOMME QUI IGNORAIT SON PROPRE SECRET

Le luthier Antonio Stradivari (souvent plus connu sous son nom latinisé, Stradivarius) est universellement reconnu pour avoir fabriqué les meilleurs violons du monde. Cependant, il se pourrait qu'il n'ait jamais su lui-même à quoi ses instruments devaient leur son inégalable.

En 2001, un biochimiste universitaire texan qui a consacré sa vie à tenter de découvrir le secret de Stradivari a publié les résultats de ses recherches. Selon lui, le maître luthier n'était pas un génie mais juste quelqu'un de très chanceux.

Dans son laboratoire, Joseph Nagyvary a étudié les propriétés vibratoires des violons Stradivarius et essayé de recréer leur mélange d'érable et d'épicéa mais n'a pas réussi à obtenir la même qualité sonore. Il a ensuite découvert que le bois des Stradivarius originaux avait été traité au borax, un sel utilisé pour lutter contre les vers à bois. En analysant les effets chimiques du produit, Nagyvary s'est aperçu qu'il modifie la liaison des molécules du bois, ce qui génère donc un son distinctif. Il a donc cherché à confirmer sa théorie en fabriquant lui-même un violon traité de la même façon et en demandant à un concertiste d'utiliser alternativement celui-ci et un Stradivarius lors du même récital. Les auditeurs experts et le violoniste lui-même ont affirmé qu'il était impossible de les distinguer l'un de l'autre par leur son.

À l'époque où Stradivari fabriquait ses instruments, Crémone, la ville où il vivait, a justement connu une invasion de vers à bois. Après la mort du luthier, le fléau s'est arrêté et l'on a cessé de protéger les violons au borax. Nagyvary est convaincu que personne n'avait remarqué l'effet du produit sur les propriétés sonores, pas même Stradivari qui ignorait, bien sûr, que ses instruments seraient toujours considérés comme exceptionnels des siècles plus tard. Le maître a emporté son « secret » dans sa tombe sans même le savoir.

* * *

UN HOMME D'AVENIR

Le nom de H.G. Wells évoque des romans de science-fiction comptant parmi les plus célèbres et les plus innovants du début du XXe siècle. Il est indubitable que *Les Premiers Hommes dans la Lune*, *La Machine à explorer le temps*, *L'Homme invisible* ou *La Guerre des mondes* ont ouvert des voies littéraires. Et si leur auteur a touché l'imagination de tant de gens, c'est parce que ses pronostics scientifiques paraissaient souvent très plausibles. On se souvient, d'ailleurs, de lui comme d'un grand visionnaire sur le plan technologique. En revanche, ses perspectives sociales sont passées un peu plus inaperçues, ce qui est probablement aussi bien pour lui car elles n'avaient rien de très reluisant.

Wells croyait en l'eugénisme et en la « gestion » de la population. En 1901, fort du succès de ses huit romans, il a publié son utopie sociale, *Anticipations*. Il y prévoyait la fin du mode de vie de son époque, qu'il jugeait trop démocratique et inefficace. À la place – et il attendait cela pour la décennie suivante –, l'avenir de l'Homme allait bientôt reposer sur l'émergence de « personnes d'un genre nouveau ». Ces dernières feraient appel à la manipulation sociale (et à d'autres méthodes plus brutales) pour donner naissance à une société homogène fondée sur « un système éthique […] conçu pour favoriser la création de ce qui est bon et efficace […] dans l'humanité ». Cela nécessiterait de contrôler la croissance démographique des plus faibles : « Dans certains cas, pour le bien de l'Homme, il faut avoir recours à la mort. »

Le monde n'est pas une œuvre de bienfaisance

Quiconque se trouvait du mauvais côté de la barrière avait de quoi s'inquiéter. « Pour une multitude de créatures méprisables et idiotes, guidées par la peur, impuissantes et inutiles […] faibles, laides, inefficaces, nées de pulsions sexuelles incontrôlées et qui se multiplient autant par pure incontinence que par stupidité, les hommes de la nouvelle république auront peu de pitié et encore moins de bienveillance. » On voit très bien de qui il voulait parler. « Et pour les autres – ces essaims de gens noirs, marrons et jaunes qui ne répondent pas aux besoins de l'efficacité ? Eh bien, le monde n'est pas une œuvre de bienfaisance et j'en déduis qu'ils devront partir. »

La méthode proposée n'était également que trop claire : « Cette chose, l'euthanasie des faibles et des débauchés, est possible. Je suis pratiquement certain qu'à l'avenir, on la planifiera et la pratiquera. » Certains pourraient, néanmoins, être autorisés à vivre mais « seulement par tolérance, au nom de la pitié et de la patience, et à condition qu'ils ne se multiplient pas ; et je ne vois aucune raison de supposer que [les dirigeants de la nouvelle république] hésiteront à tuer quand on abusera de cette tolérance ».

Wells considérait *Anticipations* comme sa « première ligne de navires de guerre ». Les critiques ne lui ayant pas accordé beaucoup d'attention à une époque où les horreurs du totalitarisme devenaient de plus en plus évidentes, ses idées ne sont pas restées attachées à son nom. Aujourd'hui, on les a pratiquement oubliées et seul son statut de romancier visionnaire a subsisté. D'ailleurs, en 1946, sa nécrologie dans le *Times* omettait totalement son côté sombre : « Nul doute que son nom restera célèbre comme celui d'une grande figure publique de son temps, d'une force éducatrice [...] Il était également d'une profonde humanité. »

* * *

UNE MÈRE IMPITOYABLE

Enid Blyton a écrit certaines des histoires pour enfants les plus populaires de tous les temps. Véritable phénomène littéraire, elle a publié plus de six cents livres (jusqu'à cinquante-neuf en un an). De la Seconde Guerre mondiale aux années 1960, des générations de bambins ont grandi avec les exploits de *Oui-Oui*, du *Club des cinq* et du *Clan des sept*. Plus de vingt ans après sa mort, cette femme qui semblait autant connaître ce qui intéresse et amuse nos chers petits anges nous a été présentée sous un tout nouveau jour.

En 1989, sa fille cadette, Imogen, a sorti un ouvrage dans lequel elle relate sa vie auprès d'elle. Contre toute attente, le livre fait état d'une relation très distante et sans amour. Enid Blyton y est décrite comme une mère « impitoyable, presque sadique » qui ignorait la plupart du temps sa progéniture et refusait de lui faire la lecture (ce qui est tout de même un comble de la part d'un auteur de livres pour la jeunesse). En fait, ses deux filles manquaient d'affection car elle les tenait à l'écart de sa vie professionnelle et leur interdisait d'entrer dans son bureau. À en croire un critique littéraire, ce comportement en dirait long sur les histoires qu'écrivait la romancière. Selon lui, elles étaient conçues pour avoir sur ses jeunes lecteurs le même effet que celui qu'elle imposait à ses propres enfants : « les emprisonner dans un monde de fausses émotions infantiles, loin des […] réalités sociales et psychologiques ». Ce point de vue sévère contraste beaucoup avec l'image chaleureuse et innocente dont Enid Blyton a bénéficié pendant des décennies et qui est probablement celle qu'en gardent la plupart des gens.

* * *

DERRIÈRE LA MAGIE

Walt Disney a, lui aussi, laissé une image ambiguë dans la mémoire collective. Son nom et son œuvre évoquent systématiquement une sorte de douce innocence idéale. La marque Disney est, d'ailleurs, synonyme d'aventures gentillettes et optimistes. Pourtant, en 1993, une biographie – sous-titrée « Le Prince noir d'Hollywood » – nous a fait découvrir un autre visage du maître du dessin animé trente ans après sa mort.

Walt Disney était quelqu'un de profondément perturbé, non seulement parce que son père l'avait maltraité durant son enfance mais également parce qu'il s'était mis, plus tard, à soupçonner ses parents de l'avoir adopté. En effet, en 1917, alors qu'il était âgé de seize ans, que l'Amérique venait d'entrer dans la Première Guerre mondiale et qu'il avait voulu s'engager dans l'armée, sa famille lui avait annoncé qu'il n'avait pas d'acte de naissance. Il n'a jamais pu dissiper ce doute et le thème de l'enfant perdu ou orphelin revient un nombre incalculable de fois dans ses films : *Blanche Neige*, *Pinocchio*, *Bambi*, *Dumbo*, *Peter Pan*, *La Belle et le Clochard* ou *Les 101 Dalmatiens* pour n'en citer que quelques-uns.

Un cœur glacial

Ses angoisses le rendaient glacial envers les autres, ce qui contrastait énormément avec son image publique professionnelle d'homme sympathique et détendu. En coulisses, il gérait son usine à magie avec un autoritarisme extrême, même par rapport aux normes hollywoodiennes. Ses employés n'avaient le droit ni de fumer ni de boire. De même, un étrange préjugé faisait que personne n'était autorisé à porter la moustache ou la barbe. Quand des membres de son équipe lui projetèrent un film d'animation mettant Mickey et Minnie en situation osée qu'ils avaient réalisé pour son anniversaire, Disney renvoya sur-le-champ tous les responsables et quitta la salle sans un mot de plus. Il ne vantait que très rarement les mérites de ses équipes de dessinateurs et faisait tout pour que l'on pense qu'il effectuait tout le travail créatif lui-même. (D'après ses collaborateurs, il ne dessinait pourtant pas mieux qu'un autre.) Après sa mort, survenue en 1966, la rumeur courut qu'il avait demandé à ce que son corps soit conservé à très basse température. Dans ses studios, la blague du moment était qu'il avait probablement cherché à devenir un peu plus chaleureux.

Disney a toujours été fragile sur le plan mental et l'on sait qu'il a souffert d'au moins une dépression nerveuse. Il buvait beaucoup et, au petit déjeuner, rien ne lui plaisait plus que de tremper des beignets dans son whisky. C'était également un informateur du FBI. Apparemment, il pensait qu'aider les fédéraux lui permettrait de découvrir la vérité sur ses parents. Il leur donnait donc des informations sur les militants syndicalistes et les communistes présumés d'Hollywood. À la fin de la Seconde Guerre mondiale, à l'apogée de la croisade anticommuniste de McCarthy, il a témoigné avec enthousiasme face à la commission de la Chambre sur les activités antiaméricaines. Il y a dénoncé certains de ses anciens animateurs en tant que communistes et les a accusés d'organiser des grèves pour semer le désordre à Hollywood. Dans ses registres, le comité le qualifie de « bon témoin ».

* * *

QU'EN AURAIT PENSÉ SHERLOCK HOLMES ?

Sir Arthur Conan Doyle, le créateur de Sherlock Holmes, stupéfiait peut-être ses lecteurs avec son approche extrêmement rationnelle de la résolution des mystères criminels mais il avait une autre grande passion qui éclaire son attitude envers la vie sous un jour tout différent : c'était un spiritualiste convaincu. Il est même allé jusqu'à faire passer des photos étayant le fameux canular de Cottingley (deux écolières de Bradford prétendaient avoir photographié des fées dans leur jardin) dans le magazine où paraissaient les histoires de son célèbre détective. Plus tard, en 1922, il publia un livre bizarre, *Les Fées sont parmi nous*, dont le titre exprime clairement ce qu'il s'efforce d'y prouver.

Selon lui, les fées étaient probablement aussi nombreuses que les humains. En plus de défendre avec ferveur les affirmations des fillettes de Cottingley, il avait dressé une liste d'occasions où des elfes et des gobelins s'étaient montrés à des humains. Un de ses correspondants affirmait que ces créatures « mesurent de quatre-vingts à quatre-vingt-dix centimètres de haut et portent des vêtements de toile marron ». Un autre témoin déclarait avoir

« vu, dans la lumière obscure et les lueurs embrumées de la lune, ce qui s'est avéré être une petite armée de silhouettes indistinctes – très petites, vêtues de tulle. Semblant parfaitement heureuses, elles avançaient en sautillant le long de la route ». Des anecdotes similaires s'étalaient sur des pages entières et Conan Doyle y voyait « de nombreux indices difficiles à ignorer quant à l'existence de ces petits êtres ».

Le fait que l'on puisse les photographier signifiait qu'ils « devaient avoir une existence physique par nécessité ». Les fées étaient des formes de vie « dont les corps sont si ténus et subtils qu'ils échappent à nos sens normaux » et « d'une densité que l'on pourrait décrire, en langage non technique, comme de nature plus légère que le gaz ». Il concluait ensuite par un répertoire géographique des différents types de tribus vivant sur terre, avec leurs caractéristiques distinctives, depuis les « petits hommes vifs, joyeux, orange et violet ou écarlate et or, qui dansent dans les vignes de Sicile » jusqu'aux « adorables espèces blanc et or » de Californie et au « riche mélange de couleurs délicieusement lumineuses, presque barbares par leur intensité et leur profusion » que l'on trouvait en Inde.

Prendre ses désirs pour des réalités

Nul ne sait exactement ce qui a poussé Conan Doyle à adhérer de façon aussi peu critique à ce monde d'illusions mais ce qui est certain, c'est qu'il s'investissait totalement dans le spiritualisme. D'ailleurs, en 1883, alors qu'il venait d'avoir trente-quatre ans, il n'avait pas hésité à entrer dans les rangs de la toute nouvelle Société pour la recherche psychique. (Son épouse était encore plus convaincue que lui et prétendait servir de canal pour recevoir des messages de personnages aussi anciens que des scribes arabes de l'an 3000 avant J.-C.) Comme beaucoup d'autres choses, ces croyances connurent un regain dans le sillage de la Grande Guerre car ceux qui avaient survécu au carnage étaient en quête de nouvelles façons d'appréhender la condition humaine. Ayant lui-même perdu un fils, Conan Doyle faisait régulièrement appel à des médiums pour tenter d'entrer en contact avec lui dans l'au-delà. Il n'en reste pas moins que toutes ces histoires des fées lui ont valu l'hostilité de certains de ses lecteurs. Pour ces derniers, en prenant parti dans l'affaire de Cottingley (dont on a confirmé qu'il s'agissait d'une mystification qu'en 1981), Conan Doyle a encouragé les fillettes à maintenir leurs affirmations plus longtemps qu'elles ne l'auraient fait autrement. En effet, il leur était probablement encore plus difficile d'avouer qu'il s'agissait d'une mystification alors que l'une des plus célèbres personnalités du pays défendait leur cause avec tant de véhémence.

* * *

LA PIRE INTRIGUE D'AGATHA CHRISTIE

Le plus célèbre événement de la vie d'Agatha Christie fut sa mystérieuse disparition en 1926.

Pendant onze jours, l'Angleterre vécut dans le suspense, à se demander ce qui avait bien pu arriver à l'étoile montante du roman policier. (Elle avait trente-six ans et venait de publier son sixième livre.) Quand on la retrouva enfin dans un hôtel de Harrogate, à presque trois cents kilomètres de son domicile du Berkshire, on expliqua qu'elle avait été victime d'une crise d'amnésie temporaire suite à un accident de la route. Elle a toujours maintenu qu'elle avait oublié son identité jusqu'à ce que des pensionnaires de l'hôtel la reconnaissent d'après les photos parues dans la presse et appellent la police. Telle a été la version officielle des faits jusqu'à la fin de ses jours. Il s'agissait pourtant de tout autre chose.

En 1998, plus de vingt ans après la mort de la romancière, c'est après des années d'enquête que l'auteur Jared Cade nous a fourni la véritable explication : tout avait été calculé dans les moindres détails et exécuté avec le même sang-froid que dans ses livres.

Sale week-end pour Archie

La disparition de l'écrivain n'était absolument pas un accident mais le geste tout à fait délibéré d'une femme cherchant à punir son mari infidèle. Au soir du vendredi 3 décembre, sachant que son Archie avait l'intention de passer le week-end avec sa maîtresse, elle avait abandonné sa voiture dans un site pittoresque isolé près de Guilford. En fait, elle l'avait même spectaculairement disposée à cheval au bord d'une falaise de craie afin que l'on pense qu'elle avait eu un problème. Pour faire bonne mesure, elle avait ajouté une touche de mystère à la scène en laissant son manteau de fourrure dans le véhicule. Quand les policiers trouvèrent ce dernier le lendemain matin, ils se dirent qu'étant donné que la nuit avait été froide, la romancière n'avait pas pu se priver volontairement de ce vêtement.

Comme prévu, le week-end d'Archie fut gâché car la police l'interrogea sur les circonstances et l'état d'esprit dans lesquels sa femme était partie. À mesure que les heures devenaient des jours, l'Angleterre apprit que le couple traversait une phase difficile et Archie se mit à redouter d'avoir poussé son épouse au suicide. Et quand la police examina une nouvelle fois la voiture, les soupçons prirent une sinistre orientation. Le véhicule avait été abandonné au point mort, sans le frein à main, et il n'y avait aucune trace de freinage dans la pente qui menait au précipice. Les enquêteurs interrogèrent alors le personnel de maison et découvrirent que le couple s'était violemment disputé au matin de la disparition. On commença à se demander s'il ne pourrait pas s'agir d'un homicide conjugal.

Tout part de travers

Pendant ce temps-là, avec la complicité de sa meilleure amie, Nan Watts (qui serait celle par qui la vérité arriverait soixante-dix ans plus tard), Agatha Christie s'était rendue à Harrogate et laissait son époux mariner. Nan avait déjà prévu que la romancière devrait simuler l'amnésie à la fin de l'histoire afin d'éviter les explications bancales. En outre, la « disparue » avait écrit une lettre au frère d'Archie dans laquelle elle lui disait être partie pour une station thermale dans le Yorkshire. Cependant, elle l'avait volontairement adressée à son lieu de travail afin d'en retarder la réception de quelques jours. Elle espérait que cela permettrait qu'on la localise quand la situation aurait causé suffisamment de soucis à son mari. Mais elle ne s'attendait pas à faire la une de tous les journaux et ce qui était, au départ, une querelle privée était devenue une affaire publique. Elle décida donc de faire profil bas en se disant que, de toute façon, on la retrouverait rapidement.

Pour une raison inexpliquée, la lettre au frère d'Archie ne conduisit pas la police à suivre la piste de Harrogate et il fallut finalement attendre onze jours avant que deux pensionnaires repèrent la fugueuse et la signalent aux autorités locales. Elle ne parut absolument pas surprise quand elle se retrouva face à son mari – et à la police du Berkshire – dans le hall de l'hôtel. Peu après, elle dîna avec Archie et lui raconta tout. Elle était authentiquement choquée et atterrée par toute la publicité que l'affaire avait générée. Si la vérité venait à se savoir, cela nuirait gravement à son image. Étant donné que cela ne ferait aucun bien non plus à celle d'Archie, le couple s'entendit pour confirmer la version de l'accident et de l'amnésie. Telle fut donc l'explication officielle et c'est ainsi que naquit un mythe qui allait survivre soixante-dix ans. Le couple divorça un an plus tard (Archie épousa sa maîtresse trois semaines après) et Agatha Christie connut une carrière sans faille jusqu'à ce qu'elle emporte son secret dans sa tombe, presque cinquante ans après les faits.

LE MYSTÈRE SHAKESPEARE

Il est de notoriété publique qu'on ne sait que peu de chose sur la vie de William Shakespeare. Des controverses aussi anciennes que récurrentes persistent : a-t-il vraiment écrit les pièces qu'on lui attribue ? N'était-il qu'un prête-nom pour leur véritable auteur, Christopher Marlowe, qui avait besoin d'une couverture pour être publié en Angleterre puisqu'il avait été exilé sur le continent pour sa propre sécurité depuis qu'on avait découvert que c'était un espion du gouvernement ? Était-il homosexuel ? Qu'a-t-il fait pendant les années dont on ne sait rien, entre 1585 (quand la naissance de ses jumeaux a été consignée dans un registre baptismal) et 1592 (année où le dramaturge nous est signalé pour la première fois à Londres) ? Comment a-t-il pu se permettre d'acheter dix pour cent des parts du Globe et la deuxième plus grande maison de Stratford en 1597 alors qu'il n'avait que trente-trois ans ? Se pourrait-il qu'il ait travaillé comme précepteur chez une riche famille catholique (ce qui l'aurait exposé à de grands risques de persécution en cette époque d'intolérance religieuse) ? Toutes ces questions n'ont pas fini de tourner autour du nom de Shakespeare. Des aspects assez méconnus de sa vie font néanmoins surface de temps en temps et nous apportent de nouveaux éléments sur les origines de son inspiration.

To smoke or not to smoke

En mars 2001, des chercheurs sud-africains du musée du Transvaal de Pretoria ont publié les résultats d'analyses effectuées sur des pipes d'argile trouvées dans la maison de Shakespeare, à Stratford-upon-Avon. Elles contenaient des résidus de cocaïne, de divers hallucinogènes et de substances résultant de la combustion de cannabis. Il se pourrait donc que « le barde » ait puisé une partie de son inspiration dans les drogues psychotropes.

La découverte de cocaïne est très intéressante car il s'agit de la plus ancienne trace de son utilisation en Europe. Jusque-là, on pensait qu'elle n'y était pas arrivée avant les années 1860. Rien ne prouve que les pipes aient véritablement appartenu à Shakespeare mais ce qu'on a trouvé dans leurs vingt-quatre fragments indique que fumer autre chose que du tabac était d'un usage beaucoup plus répandu qu'on ne le pensait jusqu'alors. Au vu de cette information, les « enquêteurs littéraires » n'ont pas tardé à voir dans les écrits de Shakespeare des références étayant la thèse selon laquelle des drogues l'auraient peut-être un peu aidé. Ils ont, par exemple, noté que le sonnet 27 fait référence à « un voyage dans [sa] tête ». De même, Othello parle de « fleur sauvage, si adorablement belle et dont le parfum si suave enivre douloureusement les sens ». Bien entendu, pour les critiques classiques, il ne s'agit que d'un simple hasard…

* * *

LE VÉRITABLE CHARLOT

Charlie Chaplin, le plus grand génie comique de l'époque du cinéma muet, est légitimement salué pour ses performances à l'écran. Charlot, son petit clochard espiègle et innocent, a été le premier « personnage » sur pellicule et c'est l'image qui nous reste aujourd'hui. Cependant, dans le privé, son interprète était très différent.

Après son arrivée à Hollywood, il ne lui a pas fallu plus de cinq ans pour devenir célèbre et pour que les aspects les plus déplaisants de sa personnalité commencent à se voir. Sa vie amoureuse était à l'extrême limite de l'acceptable. Selon un article biographique de 1997, il était « avide de sexe, menteur et, de manière générale, un être humain pitoyable ».

Ayant commencé à vingt-quatre ans – avec un contrat d'un an à cent cinquante dollars la semaine – aux studios Keystone de Mack Sennett en 1913, Chaplin devint très vite célèbre en tournant trente-quatre courts métrages d'affilée. Fin 1915, son salaire était de mille deux cent cinquante dollars par semaine (soit l'un des plus élevés du monde à l'époque) et l'année d'après, il gagnait dix mille dollars par semaine (ce qui correspondrait aujourd'hui à plus de deux cent trente mille euros). En 1918, il épousa la première de ses quatre femmes, Mildred Harris, une actrice de dix-sept ans. (Il avait commencé à la « voir » quand elle avait tout juste quatorze ans.) Leur mariage dura à peine deux ans.

Roulez jeunesse !

En 1924, il épousa Lillita (« Lita ») Grey, qui avait alors juste seize ans. Il l'avait remarquée pour la première fois quand elle n'avait encore que six ans. À douze ans, elle était déjà devenue l'une des starlettes du studio et elle n'en avait que quinze lorsqu'elle eut ses premières relations sexuelles avec son mentor – ce qui, selon la loi californienne, était assimilé à un viol. Lillita a confessé qu'une fois leurs ébats terminés, Chaplin avait l'habitude de l'envoyer faire ses devoirs. L'année suivante, la jeune fille tomba enceinte et le couple dut se marier au Mexique. Sur le trajet de retour, l'acteur suggéra à sa toute nouvelle épouse de se suicider en sautant du train.

Chaplin demanda le divorce deux ans plus tard. Entre-temps, d'après les documents archivés au tribunal, il avait eu cinq maîtresses. Il dut verser six cent vingt-cinq mille dollars (environ sept millions de dollars aujourd'hui) à Lillita pour qu'elle ne révèle pas publiquement le nom de ces femmes.

Son troisième mariage, avec Paulette Goddard, dura officiellement sept ans. Il avait rencontré la jeune fille de vingt ans en 1930 mais ne lui avait secrètement passé la bague au doigt qu'en 1936. Il divorça en 1942 et, l'année suivante, il épousa Oona, la fille du dramaturge Eugene O'Neill. Elle n'avait que dix-sept ans tandis qu'il en avait cinquante-quatre. Elle lui donna huit enfants. De nos jours, Charlie Chaplin serait considéré comme un pédophile.

Le dictateur

Chaplin avait d'autres particularités qui contrastaient avec le comportement décontracté qu'il affichait en public. Selon la biographie très complète que lui a consacrée Kenneth Lynn (1997), il ne supportait pas que d'autres acteurs apparaissent en gros plan dans ses films et il détestait reconnaître les mérites des autres. Quand on donnait une soirée à Hollywood, il tenait à toujours être le premier invité annoncé. Il se montrait également capricieux quand les choses se passaient mal sur le plateau. Un jour, il alla même jusqu'à demander à ce qu'un chat qui l'avait griffé durant une prise soit tué et empaillé afin qu'il ne cause plus de problème quand on tournerait de nouveau la scène.

* * *

HOLLYWOOD – USINE À RÊVES OU À CAUCHEMARS ?

Les frasques des stars et starlettes d'Hollywood sont souvent couvertes par leurs attachés de presse afin que leur image reste immaculée mais il arrive parfois que certaines informations fassent néanmoins surface…

L'argent, l'argent, l'argent

Dans le milieu du cinéma, Demi Moore a très tôt été surnommée « Gimme Moore » (« Donnez-moi plus ») du fait que ses exigences paraissent excessives même dans une industrie pourtant habituée à choyer des *ego* démesurés. Pour la promotion de *Ghost*, le film à succès qui l'a révélée au grand public en 1990, elle tenait à être accompagnée par six personnes, ce qui représentait une dépense de dix mille dollars par jour. L'équipe qui lui semblait indispensable était constituée d'un garde du corps, d'une masseuse, d'une coiffeuse, d'une maquilleuse, d'une habilleuse et d'une assistante personnelle. En arrivant dans un célèbre festival cinématographique français, elle aurait demandé à changer de suite parce que les couleurs de la sienne n'allaient pas avec sa tenue.

Bas salaires

Lors du tournage *Gandhi* – qui a connu un succès phénoménal et rapporté plus de cinquante millions de dollars rien qu'aux États-Unis –, Richard Attenborough a payé chacun des figurants de la légendaire scène des funérailles environ quarante-cinq centimes d'euro. Il faut reconnaître qu'ils étaient quatre-vingt-quatorze mille cinq cent soixante. Étrangement, trois cent mille autres ont tourné bénévolement.

Persuasion

En 1931, lors du tournage du film pour enfants *Skippy*, le réalisateur Norman Taurog n'est parvenu à faire pleurer Jackie Cooper (son acteur principal âgé de dix ans) qu'en le menaçant de faire abattre son chien. Il alla jusqu'à demander à un vigile d'emmener l'animal et de dire à l'enfant : « Le policier a ton chien… il va le tuer parce que tu ne veux pas pleurer. » Quand un coup de feu retentit, il ajouta : « Il a descendu ton chien parce qu'il te distrayait. » Le gamin fondit en larmes et Taurog tourna sa scène. Voilà comment Jackie Cooper devint le plus jeune nominé aux Oscars et conserva ce record pendant quarante ans… et comment Taurog obtint l'Oscar du meilleur réalisateur. Et dire que l'enfant était son propre neveu !

Otto Preminger est parvenu au même résultat avec un groupe d'enfants comédiens en leur disant que leurs mères ne voulaient plus d'eux et qu'elles étaient parties pour toujours. Dans *Les Oiseaux*, Alfred Hitchcock a réalisé la scène spectaculaire de l'attaque contre le personnage principal en attachant des mouettes vivantes aux vêtements de Tippi Hedren avec des élastiques et en les filmant tandis qu'elles essayaient de fuir. L'une d'entre elles faillit crever un œil de l'actrice et celle-ci refusa, dès lors, de se plier aux méthodes du réalisateur. Ce dernier la menaça alors de ruiner sa carrière en la gardant sous contrat sans la faire tourner. « Et c'est ce qu'il a fait », a-t-elle expliqué lors d'une interview quarante ans plus tard. Pour tourner la célèbre scène d'ivresse de *Citizen Kane,* Orson Welles a forcé Joseph Cotton à passer une nuit blanche la veille du tournage afin qu'il soit désorienté.

Des stars exigeantes

Dans son contrat avec Joan Crawford, la MGM spécifiait l'heure à laquelle l'actrice devait être couchée. Le visage impassible qui était la marque de fabrique de Buster Keaton faisait également l'objet d'une clause de son contrat ; la MGM lui interdisait de sourire à l'écran. Le contrat de Maurice Chevalier avec la Paramount aurait été déclaré nul et sans valeur si l'artiste français avait perdu son accent.

Les stars ont parfois également réussi à imposer leurs plus fantasques volontés. Le contrat de la star du muet Clara Bow précisait que personne sur le plateau n'avait le droit de prononcer de gros mots si elle était assez proche pour les entendre. Tous les contrats de Roger Moore stipulaient qu'il devait disposer de cigares cubains roulés à la main. Les contrats du fan de cricket Trevor Howard l'exemptaient de tournage les jours où l'Angleterre participait à un test match. Steve McQueen exigeait que les films dans lesquels il jouait comportent des scènes le montrant torse nu. Dans l'un de ses contrats, Goldie Hawn a demandé à ce que ses fesses soient mises en évidence.

La star glamour des années 1930 Claudette Colbert était connue pour sa beauté mais tenait à ce que l'on ne prenne que son profil gauche. Quand ils construisaient leurs décors, les studios devaient en placer l'entrée de sorte que ce caprice puisse être satisfait. Marlene Dietrich a fabriqué son séduisant sourire aux joues creusées en se faisant arracher plusieurs molaires. L'image de Carole Lombard était celle d'un ange mais, à en croire ceux qui ont travaillé avec elle, elle « jurait comme un charretier ». Elle était également si timide qu'elle refusait de se déplacer dans les studios sans un attaché de presse ou une secrétaire à ses côtés. En dépit de la douceur qu'affichait Julie Andrews à l'écran, Christopher Plummer (qui avait joué à ses côtés dans *La*

Mélodie du bonheur) disait que travailler avec elle équivalait à « se faire taper sur la tête avec une carte de Saint-Valentin ». Le critique cinématographique Leslie Halliwell l'a, un jour, décrite comme une « nonne avec un couteau à cran d'arrêt ». Quand elle a donné la réplique à Rock Hudson en 1970 – c'est-à-dire quinze ans avant qu'il ne meure du sida et à une époque où tout le monde ignorait encore son homosexualité en dehors du milieu du cinéma –, elle n'arrêtait pas de le charrier en public : « N'oublie pas que c'est *moi* qui joue le premier rôle féminin. » Quand Robert Redford voyageait en avion, il réservait toute une rangée de sièges pour ne pas avoir à parler à d'autres passagers.

Edward G. Robinson – qui a incarné la plupart des gangsters du cinéma hollywoodien dans les années 1930 et 1940 – était extrêmement sensible au bruit. En 1931, lors du tournage du film qui l'a rendu célèbre, chaque fois qu'il devait tirer un coup de feu sur le plateau, un réflexe le faisait loucher. Après plusieurs prises manquées, on prit l'habitude de lui scotcher les paupières.

Quand quelques mots suffisent

À Hollywood, où être dans l'air du temps est une obsession, l'arrivée du cinéma parlant à la fin des années 1920 mit tout le monde sous une pression sans précédent. Toutes les ruses étaient bonnes pour passer à la caisse. Quand *Le Chanteur de jazz*, le premier film parlant, est sorti en 1927, Gary Cooper venait juste de finir le tournage d'un film muet, *L'Ange impur*. La Paramount demanda au réalisateur, Richard Wallace, d'y ajouter une ou deux répliques. Par chance, il restait une scène de mariage à tourner. Cooper et le premier rôle féminin, Nancy Carroll, se dirent donc « oui » l'un à l'autre, ce qui permit de vendre le film comme un « parlant ».

Il n'y a pas de petites économies

Gary Cooper était également plutôt futé. Lorsqu'il faisait le plein de sa voiture, il réglait toujours par chèque. En général, le pompiste ravi s'en emparait en expliquant qu'il allait le faire encadrer. Quand on lui demanda, un jour, combien de ses chèques étaient finalement présentés pour paiement, l'acteur répondit d'un air malicieux, « environ un sur dix ».

Pas si simple

La star de l'époque du muet Stan Laurel s'est marié huit fois... mais avec quatre femmes seulement. Il a, en effet, épousé deux d'entre elles trois fois chacune.

* * *